Die Botschaft der Bibel
in einfachem Deutsch

Seine Geschichte – Unsere Rettung
Die Botschaft der Bibel in einfachem Deutsch

Die englische Originalausgabe erschien unter dem Titel „His Story: The Rescue. The Bibel message from Genesis to Christ in easy English", © 2016 AccessTruth, PO Box 8087, Baulkham Hills, NSW 2153, Australien, info@accesstruth.com, www.accesstruth.com

Autoren der Originalausgabe: Paul und Linda Mac
Editor: Matthew Hillier
Illustrationen: Maxwell Hillier
Übersetzung: Tabea Husmann
Lektorat: Barbara Hagemann

AccessTruth würdigt dankbar die Pionierarbeit von Trevor McIlwain und anderen, die chronologisches Bibellehrmaterial entwickelt haben. Ihre Ressourcen waren eine bedeutsame Inspiration für dieses Buch.

Die Bibeltexte der deutschsprachigen Ausgabe wurden nach der folgenden Übersetzung zitiert: NeÜ bibel.heute, © 2010 Karl-Heinz Vanheiden und Christliche Verlagsgesellschaft Dillenburg.

ISBN: 978-0-6484151-1-4

© 2018 der deutschsprachigen Ausgabe AccessTruth Australien | www.accesstruth.com

German Translation of *His Story: The Rescue, The Bible Message from Genesis to Christ in Easy English*

INHALT

5   Einleitung

9   KAPITEL 1
       Im Anfang

17   KAPITEL 2
       Gott schuf den ersten Mann und die erste Frau

25   KAPITEL 3
       Adam und seine Frau gehorchten Gott nicht

33   KAPITEL 4
       Gott schickte Adam und dessen Frau aus dem Garten

41   KAPITEL 5
       Kain und Abel wurden außerhalb des Gartens geboren

49   KAPITEL 6
       Gott vernichtete die Erde mit einer Flut

59   KAPITEL 7
       Gott brachte Abram nach Kanaan

69   KAPITEL 8
       Gott rettete Lot. Gott rettete Abrahams Sohn Isaak

79   KAPITEL 9
       Gott erwählte Jakob. Gott sandte Jakobs Sohn Josef nach Ägypten

93   KAPITEL 10
       Gott sandte zehn Plagen nach Ägypten

107   KAPITEL 11
       Gott rettete die Israeliten und schloss mit ihnen einen Bund

121   KAPITEL 12
       Gott erklärte den Israeliten, wie sie ihn anbeten sollten

131	KAPITEL 13 Gott brachte die Israeliten nach Kanaan
143	KAPITEL 14 Gott sandte Johannes, um Israel auf den Retter vorzubereiten
153	KAPITEL 15 Jesus wurde geboren, wuchs heran und ließ sich taufen
165	KAPITEL 16 Jesus begann seinen Dienst
175	KAPITEL 17 Jesus sagte, dass die Menschen von neuem geboren werden müssen
187	KAPITEL 18 Jesus zeigte seine große Macht
199	KAPITEL 19 Jesus ist die einzige Tür zum ewigen Leben
207	KAPITEL 20 Jesus erweckte einen toten Mann wieder zum Leben
217	KAPITEL 21 Jesus wurde von seinen Feinden gefangengenommen
231	KAPITEL 22 Jesus wurde gekreuzigt und begraben, aber stand aus dem Tod wieder auf
245	Unser Platz in Gottes Geschichte
255	Anhang – Verzeichnis der Worterklärungen in den Fußnoten

EINLEITUNG

Gott erzählt uns seine Geschichte in der Bibel. Er erzählt uns die wahre Geschichte, wie die Welt entstand. Er erzählt uns, was er gesagt und getan hat, von Anbeginn der Zeit an. Er erzählt uns, wie er ist und was er heute tut. Gott möchte, dass jeder Mensch diese Geschichte, was er gesagt und getan hat, kennt. Er möchte, dass du die wahre Geschichte der Welt kennst, in der du lebst. Es ist eine erstaunliche Geschichte.

Gottes Geschichte handelt von einer Errettung. Sie handelt von Gott, der Menschen vom Tod rettet. Es ist die größte Rettungsaktion, die je stattgefunden hat und jemals stattfinden wird. Aber dies ist keine fiktive Geschichte, die du in einem Film sehen oder in einem Roman lesen könntest. Diese Geschichte ist wahr. Sie begann am Anfang der Zeit und geht heute noch weiter. Deine Familie, deine Freunde und du seid Teil dieser Geschichte. Gott möchte, dass du die Wahrheit über diese Errettung kennst. Er möchte, dass du weißt, was er tat, um die Menschen zu retten, die ohne ihn sterben würden.

Gott möchte, dass jeder seine Geschichte kennt, also stellte er sicher, dass sie in der Bibel klar und deutlich[1] niedergeschrieben wurde. Wir werden ganz am Anfang der Bibel beginnen. Dann werden wir der Geschichte durch die Bibel folgen. Wir werden ihr solange folgen, bis wir zu dem Zeitpunkt kommen, als der Gottessohn kam, um auf der Erde zu leben. Wir werden in diesem Buch nicht alle Einzelheiten der Geschichte Gottes betrachten. Stattdessen werden wir auf die Teile der Geschichte schauen, die dir helfen werden, die Kernbotschaft zu verstehen. Gott möchte, dass jeder Mensch weiß, wie er ist und was er getan hat.

---

1. **Klar und deutlich** – leicht zu verstehen.

SEINE GESCHICHTE – UNSERE RETTUNG

Jeder von uns hat sich schon Gedanken über die Frage gemacht, wie Gott ist. Doch wie können wir es herausfinden? Wir können es durch das Lesen der Bibel herausfinden. Wir können lesen und verstehen, was Gott alles gesagt und getan hat. Gott ließ alles über ihn zum Nachlesen in der Bibel aufschreiben, alles, was für uns Menschen wichtig zu wissen ist.

Wenn wir Zeit mit anderen Menschen verbringen, lernen wir sie immer besser kennen durch das, was sie tun und sagen. Wir merken dann, ob sie freundliche oder fröhliche Menschen sind. Wir können sie kennenlernen durch die Art und Weise, wie sie sprechen und was sie tun. So ähnlich können wir auch Gott kennenlernen. Wir können herausfinden, worüber er sich sorgt. Wir können herausfinden, wie er denkt. Gott möchte, dass wir herausfinden, wie er ist und wie wir ihn kennenlernen können. Deswegen stellte er sicher, dass seine Geschichte klar und deutlich für uns zum Nachlesen niedergeschrieben wurde. Er kennt uns sehr gut und er möchte, dass wir ihn auch sehr gut kennen.

Es gibt ein paar Eigenschaften, die du über Gott wissen solltest, bevor wir mit der Geschichte beginnen. Das ist wichtig, um dir zu helfen, den Anfang der Geschichte zu verstehen. Diese Eigenschaften zählen wir im folgenden Text auf. Gott hat sie in seiner Geschichte selbst über sich gesagt. Darüber weitaus gibt es allerdings noch mehr Charakterzüge über Gott, die du später im Lauf der Geschichte selbst entdecken wirst.

Gott lebt nicht innerhalb der Zeit, so wie wir es tun. Wir leben nur zu einem Zeitpunkt und dann gehen wir zum nächsten Zeitpunkt über. Wir können die Minuten, die Tage und die Wochen verstreichen sehen. Wir können nicht in die Zukunft[2] gehen oder zurück in die Vergangenheit, wenn wir möchten. Doch Gott existiert zu allen Zeitpunkten gleichzeitig. Gott ist zur gleichen Zeit in der Vergangenheit, in der Gegenwart und in der Zukunft.

Gott hat keinen Körper und er ist nicht nur an einem Ort. Wir leben nur an einem Ort zu einer Zeit in unseren Körpern. Doch Gott ist an keinen Körper gebunden. Er ist eine echte Person, aber er lebt nicht in einem Körper, wie wir es

---

2. **Zukunft** – die Zeit nach jetzt.

EINLEITUNG

tun. Wir können nur zu einer Zeit an einem Ort sein, aber Gott ist gleichzeitig überall. Er ist frei, überall zu sein, wo er möchte und wann immer er es möchte.

Über dieses Buch

Während wir in diesem Buch durch Gottes Geschichte gehen, werden wir viele Verse aus der Bibel lesen. Nimm dir Zeit und lies diese Verse aufmerksam mit! Wenn Deutsch nicht deine Herzenssprache ist, dann kannst du die angegebenen Bibelstellen auch in einer Bibel deiner Sprache lesen. Wenn du diese Verse aus der Bibel liest oder zuhörst, wie jemand anderes diese Verse vorliest, dann höre aufmerksam zu. Denn diese Worte sind die Worte, die Gott selbst dir erzählen möchte und von denen er möchte, dass du sie verstehst. Die Erklärungen dazu, die wir in diesem Buch geschrieben haben, sollen dir helfen zu verstehen, was Gott in der Bibel sagt.

Wenn du dieses Bild mit dem Buch siehst, dann bedeutet das, dass daneben ein Text aus der Bibel steht. Die Kapitel- und Versangaben stehen direkt daneben. Du kannst den entsprechenden Bibeltext also auch in deiner eigenen Bibel (und gegebenenfalls in deiner eigenen Sprache) finden und lesen.

Die deutsche Bibelversion, die wir benutzt haben, ist die *NeÜ bibel.heute*. Diese Bibel gibt es auch online.

Wir haben dieses Buch in einfachem Deutsch geschrieben. Viele Menschen lernen, Deutsch zu lesen und zu sprechen. Wenn du Deutsch lernst, hoffen wir, dass du die Worte, die wir gebraucht haben, verstehst. Einige Worte sind vielleicht neu für dich, also haben wir sie erklärt – diese Erklärungen können am Ende der Seite gefunden werden. Am Ende dieses Buches findest du auch eine Liste mit Worterklärungen.

Am Ende jedes Kapitels wirst du dieses Fragezeichen sehen. Dort kannst du einige Fragen finden, über die du nachdenken oder über die du mit anderen Leuten sprechen kannst.

LEKTION 1

IM ANFANG

¹Im Anfang schuf Gott Himmel und Erde.

1 MOSE 1:1

Gott möchte uns die wahre Geschichte, wie alles begann, wissen lassen. Also beginnt er seine Geschichte mit *im Anfang*. Seine Geschichte beginnt ganz am Anfang der Zeit.

Hier steht, dass *Gott im Anfang* bereits da war. Das bedeutet, dass Gott vor dem Anfang der Zeit da war.

Dann sagt Gottes Geschichte, dass *Gott Himmel und Erde schuf*. Das Wort *schuf* bedeutet, etwas aus dem Nichts zu machen. Nur Gott kann etwas aus dem Nichts machen. Niemand sonst kann das. Wenn Menschen Dinge erstellen, dann müssen sie es aus etwas machen. Doch Gott kann neue Dinge aus dem Nichts schaffen. Er brauchte nichts weiter, um zu existieren[3], sodass er die Himmel und die Erde erschaffen konnte. Er konnte dies tun, weil er Gott ist. Nur Gott kann etwas aus dem Nichts erschaffen.

---

3. **Existieren** – da sein, um etwas zu tun.

SEINE GESCHICHTE – UNSERE RETTUNG

Gott weiß weitaus mehr als das, was alles in allen Büchern und Webseiten dieser Welt gefunden werden kann. Gottes Macht ist viel größer, als all die Macht in der Welt, die Menschen haben. Gott ist nicht nur ein bisschen mächtiger, er ist sehr viel mächtiger. Alle Kenntnis[4] und alle Macht dieser Welt könnten nichts Neues kreieren, das es zuvor noch nicht gab. Doch Gott kann das. Am Anfang schuf Gott die Himmel und die Erde, als es vorher noch nichts gab.

² Die Erde war formlos und leer. Finsternis lag über der Tiefe, und der Geist Gottes schwebte über dem wogenden Wasser.

1 MOSE 1:2

Gottes Geschichte erzählt uns, wie es auf der Erde war, als Gott sie gerade schuf. Es wird gesagt, dass die Erde *formlos* und leer war. Formlos bedeutet, dass sie keine Form hatte und nicht in Ordnung war. Es wird auch gesagt, dass die Erde leer war. Es steht dort, dass die Erde leer war, weil es noch kein Leben gab – keine Menschen, Pflanzen oder Tiere. Tiefe lag[5] über der ganzen Erde und es war dunkel. Gott hatte die Erde geschaffen, aber sie war noch kein Ort, an dem jemand oder etwas hätte leben können.

Dann erzählt Gottes Geschichte, dass der Geist Gottes da war. Es steht geschrieben, dass *der Geist Gottes über dem wogenden Wasser schwebte*. Schweben bedeutet, dass er dort gewartet[6] hat. Er wartete über den tiefen Wassern.

Doch wer oder was ist der Geist Gottes? Gottes Geschichte erzählt uns später noch viel mehr über den Geist. Er ist eine echte Person, die ein Teil von Gott ist. Er ist keine andere und auch keine weitere Person. Gott ist eine Person, in der sich drei vereinen – der Vater, der Sohn und der Heilige Geist. Manchmal nennen Menschen Gott die „Dreieinigkeit". Dreieinigkeit bedeutet „drei in eins". Später in der Geschichte wirst du mehr über den Vater, den Sohn und den Heiligen Geist hören und mehr über sie herausfinden.

Gottes Geist wartete also über den Wassern der dunklen, leeren Erde. Er wartete darauf, etwas zu tun.

³ Da sprach Gott: „Es werde Licht!" Und das Licht entstand.

1 MOSE 1:2

---

4. **Kenntnis** – alles, was Menschen wissen.
5. **Lag** – Grundform: liegen; ausgebreitet sein.
6. **Gewartet** – Grundform: warten; irgendwo stehen, bis zu einem späteren Zeitpunkt.

LEKTION 1: IM ANFANG

Nun erzählt uns Gottes Geschichte, was Gott als Nächstes tat. Er sagte etwas. Er sagte: „Es werde Licht!" Und sofort *entstand* auch tatsächlich das Licht. Somit machte Gott Licht, nur indem er sprach. Er musste nirgendwo hingehen und etwas holen. Er musste nichts weiter tun. Er sagte nur, was er wollte. Er sagte es und dann passierte es. Er wollte Licht entstehen lassen, also sagte er nur, dass es Licht geben solle, und das Licht entstand.

Licht ist das Erste, was Gott entstehen ließ, nachdem er die Himmel und die Erde gemacht hatte. Zunächst war die Erde dunkel, aber dann machte Gott Licht. Licht bringt Energie[7] und wird für Leben und Wachstum gebraucht. Gott ließ Licht entstehen, weil er später noch vieles erschaffen wollte, was Licht braucht. Gott wusste, was er erschaffen würde und dass seine Schöpfung Licht zum Sehen, zum Warmbleiben, zum Leben und zum Wachsen brauchte.

[4] Gott sah es an: Es war gut. Da trennte Gott das Licht von der Finsternis.

1 MOSE 1:4

Gott erzählt uns in seiner Geschichte, dass er sah, dass das Licht, das er gemacht hatte, *gut war*. Alles, was Gott macht, ist gut. Wenn Gott sagt, dass etwas gut ist, dann gibt es auf keinen Fall etwas Schlechtes darin. Es ist vollkommen. Vollkommen bedeutet, dass es nichts Schlechtes oder Falsches darin gibt. Gott macht immer alles perfekt. Alles, was Gott macht, ist vollkommen.

Das Nächste, was Gott tat, war, dass er das Licht von der Finsternis trennte[8]. Er bewegte die Finsternis und das Licht voneinander weg. Noch gab es weder die Sonne noch den Mond noch Sterne. Doch Gott schuf das Licht und stellte es an den Platz, den er wollte. Ein Teil der Erde war dunkel und ein Teil der Erde war hell. Gott schuf das Licht ohne Sonne, ohne Mond und ohne sonstige Lichtquelle. Nur Gott kann das tun.

[5] Das Licht nannte er „Tag" und die Finsternis „Nacht". Es wurde Abend und wieder Morgen – ein Tag.

1 MOSE 1:5

Gott hatte die Finsternis vom Licht getrennt. Er schuf die Dinge so, wie er es wollte. Er schaffte Ordnung auf der Erde. Er brachte sie in Ordnung, sodass sie so war, wie er wollte. Er stellte alles an seinen Platz. Er nannte das Licht

---

7. **Energie** – die Kraft, etwas geschehen zu lassen.
8. **Trennte** – Grundform: trennen; eine Sache von der anderen wegbewegen.

SEINE GESCHICHTE – UNSERE RETTUNG

Tag und die Finsternis *Nacht*. Er hatte den ersten Tag erschaffen. Wir können immer noch sehen, wie die Tage vergehen, wie jeder Tag vom Morgen bis zum Abend geht. Das hat Gott schon am Anfang der Zeit so eingerichtet.

1 MOSE 1:6-8

⁶ Dann sprach Gott: „Im Wasser soll eine Wölbung entstehen, eine Trennung zwischen den Wassermassen!" ⁷ So geschah es auch. Gott machte die Wölbung und trennte die Wassermassen unterhalb der Wölbung von denen darüber. ⁸ Die Wölbung nannte Gott „Himmel". Es wurde Abend und wieder Morgen – zweiter Tag.

Gott schaffte auf der Erde seine Ordnung. Das Nächste, was er tat, *war eine Wölbung zwischen den Wassermassen*. Gott sagte, dass es eine Wölbung zwischen den Wassermassen geben solle und genauso geschah es. Es gab unten Wasser, das die Erde bedeckte, und es gab oben eine Wasserschicht[9]. Somit gab es Wasser oberhalb der Erde und Wasser auf der Erde. Gott nannte die Wölbung, die er geschaffen hatte, *Himmel*. Das tat er am zweiten Tag.

1 MOSE 1:9,10

⁹ Dann sprach Gott: „Die Wassermassen unter dem Himmel sollen sich an einer Stelle sammeln. Das Land soll zum Vorschein kommen." So geschah es. ¹⁰ Und Gott nannte das trockene Land „Erde". Die Ansammlung der Wasser aber nannte er „Meer". Gott sah alles an. Es war gut.

Am dritten Tag brachte er die Wasser auf der Erde an seinen Platz. Er sagte nur, dass er möchte, dass dies passiert, und es passierte. Er sagte es und dann bewegten sich die Wasser an den Platz, an dem Gott sie haben wollte. Die Wasser bewegten sich an ihren Platz und deswegen entstand da trockenes Land, wo zuvor Wasser gewesen war. Gott nannte das trockene Land *Erde* und die Wasser auf der Erde nannte er *Meer*.

Nun sah die Erde schon eher nach einem Ort aus, auf dem Menschen und Tiere leben könnten. Es gab Meere und trockenes Land. Darüber gab es den Himmel. Und es gab Tag und Nacht. Gott sagte, dass alles gut war. Alles war vollkommen, so wie Gott es haben wollte.

---

9. **Wasserschicht** – eine Ebene, die dick oder dünn sein kann.

LEKTION 1: IM ANFANG

1 MOSE 1:11-13

¹¹ Dann sprach Gott: „Die Erde lasse Gras hervorsprießen. Pflanzen und Bäume jeder Art sollen wachsen und Samen und samenhaltige Früchte tragen." So geschah es. ¹² Die Erde brachte frisches Grün hervor, alle Sorten samentragender Pflanzen und jede Art von Bäumen mit samenhaltigen Früchten. Gott sah es an: es war gut.
¹³ Es wurde Abend und wieder Morgen – dritter Tag

Gott sagte, dass die Erde *Gras hervorsprießen lassen* solle, auch Pflanzen und Bäume. Er sagte, dass jede Art von Pflanzen und Bäumen wachsen sollten. Gott sagte, dass es passieren solle, und dann geschah es. Die Erde ließ Pflanzen mit Früchten und Samen wachsen. All die Arten von Pflanzen, die wir heute sehen, wuchsen am Anfang, als Gott es sagte, die Bäume, Sträucher, Blumen. Gott schuf viele Arten von Pflanzen. Er machte jede Pflanzenart mit deren eigenen Art Samen. Er schuf sie so, dass jeder Same zur gleichen Pflanze wachsen konnten, aus der er gekommen war. Gott schuf jeden Samen so, dass Leben darin war und dass daraus eine weitere Pflanze der gleichen Art wachsen konnte. Nur Gott konnte das tun.

Nur Gott kann Leben, Wachstum und Fortpflanzung schaffen. Er ist der Einzige, der Pflanzen mit Samen schaffen konnte, die zu neuen Pflanzen heranwachsen konnten. Gott schafft Dinge sehr sorgfältig und er plant jedes Teil, das er schafft. Gott sah all die Pflanzen mit Samen und Früchten, die er geschaffen hatte, und er sah, dass es gut war. Alles, was er geschaffen hatte, war vollkommen. Das tat er am dritten Tag.

1 MOSE 1:14-19

¹⁴ Dann sprach Gott: „An der Wölbung des Himmels sollen Lichter entstehen. Sie sollen Tag und Nacht voneinander trennen, und als leuchtende Zeichen sollen sie die Zeiten bestimmen: Tage, Feste und Jahre. ¹⁵ Außerdem sollen sie als Lichter am Himmelsgewölbe die Erde beleuchten." So geschah es.
¹⁶ Gott machte die beiden großen Lichter: das größere, das den Tag regiert, und das kleinere für die Nacht; und dazu die Sterne.
¹⁷ Er setzte sie an das Himmelsgewölbe, damit sie über die Erde leuchten. ¹⁸ Sie sollten den Tag und die Nacht regieren und Licht und Finsternis voneinander trennen. Gott sah es an: Es war gut.
¹⁹ Es wurde Abend und wieder Morgen – vierter Tag.

SEINE GESCHICHTE – UNSERE RETTUNG

Am vierten Tag schuf Gott alle Himmelskörper, die wir in der Nacht leuchten sehen. Gott schuf die zwei großen Lichter, welche die Sonne und der Mond sind. Er schuf auch die Sterne. Was Gott am vierten Tag schuf, ist das gesamte Universum [10]. Das Universum ist so groß, dass wir nicht jede Ecke davon sehen können, auch nicht mit einem sehr großen Teleskop[11]. Gott schuf so viele Sterne, dass wir sie nicht alle sehen können. Wir könnten sie niemals alle zählen. Das Universum ist gigantisch[12].

Gott schuf alle Sterne, die Sonne und den Mond. Er kennt jeden einzelnen Stern, weil er sie alle erschaffen hat.

Gott sagte, dass er die Sonne, den Mond und die Sterne geschaffen und sie an den Himmel gesetzt hatte. Der Himmel ist der Bereich zwischen den Wassern oben und den Wassern unten, die Gott am zweiten Tag geschaffen hatte. Seine Geschichte erzählt uns, dass er die Sonne, den Mond und die Sterne an den Himmel setzte, um die Erde zu beleuchten. Die Erde war ein besonderer Ort im Universum, den Gott beleuchten wollte. Gott machte die Erde bereit für die Menschen. Er wollte einen Ort schaffen, an dem Menschen leben konnten. Er wollte für sie ein perfektes Zuhause vorbereiten.

1 MOSE 1:20-23

[20] Dann sprach Gott: „Im Wasser soll es von Lebewesen aller Art wimmeln und am Himmel sollen Vögel fliegen!" [21] Da schuf Gott die großen Seeungeheuer und Wesen aller Art, von denen die Wasser wimmeln, dazu alle Arten von geflügelten Tieren. Gott sah es an. Es war gut. [22] Da segnete Gott seine Geschöpfe: „Seid fruchtbar und vermehrt euch und füllt das Wasser in den Meeren! Und auch ihr Vögel, vermehrt euch auf der Erde!"
[23] Es wurde Abend und wieder Morgen – fünfter Tag.

Am fünften Tag füllte Gott die Ozeane, die Flüsse und Seen mit Fischen und allen Kreaturen [13], die im Wasser leben. Er schuf auch die Vögel, die über die Erde fliegen. Er schuf jede unterschiedliche Art von Vögeln und jede unterschiedliche Art von Fischen und Wassergeschöpfen. Er schuf sie, wie er auch alles andere geschaffen hatte – er sprach nur und es geschah. Und er schuf sie so, dass sie

---

10. **Universum** – alles im Weltall; alle Sterne und Planeten.
11. **Teleskop** – ein Gerät, durch das man schauen und sehr weit gucken kann.
12. **Gigantisch** – extrem groß.
13. **Kreaturen** – alle Lebewesen, die Gott schuf.

LEKTION 1: IM ANFANG

Junge[14] haben konnten, die zur gleichen Art von Fisch oder Vogel heranwachsen würden. Er sagte, dass sie Junge haben und die Meere füllen sollten.

1 MOSE 1:24,25

[24] Dann sprach Gott: „Die Erde soll alle Arten von Lebewesen hervorbringen: Herdenvieh und wilde Tiere und alles, was kriecht!" So geschah es. [25] Gott machte alle Arten von wilden Tieren, von Herdenvieh und von allem, was sich auf der Erde regt. Gott sah es an: Es war gut.

Am sechsten Tag schuf Gott alle Tieren, nur indem er sprach. Er schuf jede Art von Tieren, die je auf dieser Erde gewesen sind. Er schuf auch die Landtiere so, dass sie Junge haben konnten, die zur gleichen Art Tier heranwachsen würden. Gott schuf eine wunderbare[15] Welt der Kreaturen, die in allen möglichen Formen, Farben und Größen daherkommen. Und Gott sah, dass alles, was er geschaffen hatte, vollkommen war.

Der Anfang von Gottes Geschichte erzählt uns den Anfang von vielen Dingen, die wir heute um uns herum sehen können. Wir können die Meere sehen, den Himmel, die Sonne, den Mond und die Sterne. Wir können die Pflanzen, Bäume, Blumen, Früchte, Vögel, Fische und Tiere sehen. Gott schuf sie am Anfang. Wir können heute alles sehen, was Gott geschaffen hat. Der Morgen kommt noch und die Nacht kommt auch. Die Sonne, der Mond und die Sterne sind am Himmel. Pflanzen und Bäumen wachsen immer noch aus einem

---

14. **Junge** – Babys oder Nachwuchs.
15. **Wunderbar** – etwas sehr Gutes, das uns glücklich macht, wenn wir es sehen.

SEINE GESCHICHTE – UNSERE RETTUNG

Samen der gleichen Art. Und jede Art Vogel, Fisch oder Tier hat immer noch Junge, die zur gleichen Art heranwachsen. Das passiert auf der ganzen Welt. Es geschieht dort, wo Menschen es sehen können, und es geschieht dort, wo es keine Menschen gibt. Es ist wie eine Geschichte über das große Wissen und die faszinierende Kraft Gottes, die jeden Tag auf der Welt erzählt wird.

Gott schuf all das auf der Erde. Er schuf all das, um für das bereit zu sein, was als Nächstes kam. Gott wollte Menschen erschaffen. Die Erde war nun bereit für sie.

1. Warum stellte Gott sicher, dass seine Geschichte in der Bibel niedergeschrieben wurde?
2. Hast du die Bibel jemals zuvor gelesen? Bist du ihr von Anfang bis Ende gefolgt?
3. Ist Gottes Geschichte mehr als ein Film oder als eine erfundene Geschichte in jedem anderen Buch?
4. Was kannst du sehen, das Gott geschaffen hat?
5. Wie hat Gott alles erschaffen?
6. Was erzählt dir Gottes Schöpfung darüber, wie Gott ist?

LEKTION 2

GOTT SCHUF DEN ERSTEN MANN UND DIE ERSTE FRAU

Nun kommen wir zu einem sehr wichtigen Teil der Geschichte, als Gott die Erde schuf. Er hatte ein wunderschönes Zuhause für Menschen geschaffen, aber es gab noch keine Menschen. Pflanzen, Tiere, Vögel und Fische gab es. Gott hatte jedem einzelnen Lebewesen Leben gegeben. Doch nun würde Gott etwas anderes schaffen, eine ganz andere Art von Lebewesen: die Menschen.

1 MOSE 1:26

²⁶ Dann sprach Gott: „Lasst uns Menschen machen als Abbild von uns, uns ähnlich. Sie sollen über die Fische im Meer herrschen, über die Vögel am Himmel und über die Landtiere, über die ganze Erde und alles, was auf ihr kriecht!"

Gott sagte: „*Lasst uns Menschen machen ...*" Warum sagte er „lasst uns" und nicht „lass mich"? Bedenke, dass Gott eine Dreieinheit ist. Er ist der eine Gott, aber in ihm vereint ist die vollkommene Verbindung vom Vater, dem Sohn und dem Heiligen Geist. Der Vater, der Sohn und der Heilige Geist arbeiten zusammen und planen alles zusammen. Gott erzählt uns hier in seiner Geschichte, wie die Drei zusammen planten, Menschen zu machen. Menschen bedeutet Männer und Frauen.

SEINE GESCHICHTE – UNSERE RETTUNG

Gott sagte, dass er Menschen machen würde *als Abbild von uns, uns ähnlich*. Diese Menschen würden anders sein als der Rest der lebenden Wesen, die Gott gemacht hatte. Sie würden wie Gott sein. Das bedeutet es, wenn geschrieben steht: *als Abbild von uns*. Sie würden wie Gott sein, weil sie in der Lage sein würden, über Gott nachzudenken und ihn kennenzulernen.

Gott wollte Menschen machen, die über ihn nachdenken können. Sie würden in der Lage sein, mit ihm zu sprechen. Er würde in der Lage sein, zu ihnen zu sprechen, und sie könnten ihm zuhören, wenn er sprach. Sie wären fähig, ihm für die wunderschönen Dinge zu danken, die er gemacht hatte. Sie wären fähig, ihn zu lieben und ihm zu gehorchen[16]. Sie würden wissen, dass Gott sie liebt.

Gott sagte, dass diese Menschen über alle Lebewesen herrschen sollten, die er bisher geschaffen hatte. Herrschen bedeutet „über jemanden regieren". Gott wollte diesen Menschen eine wichtige Aufgabe geben, die sie für ihn tun sollten. Gott wollte, dass sie auf die Erde und auf die anderen Lebewesen aufpassten, die er geschaffen hatte.

Gott sagte, er würde Menschen machen. Also hat er sie auch gemacht.

1 MOSE 1:27-31

²⁷ Da schuf Gott den Menschen nach seinem Bild, als sein Ebenbild schuf er ihn. Er schuf sie als Mann und Frau. ²⁸ Gott segnete sie dann und sagte zu ihnen: „Seid fruchtbar und vermehrt euch! Füllt die Erde und macht sie euch untertan! Herrscht über die Fische im Meer, über die Vögel am Himmel und über alle Tiere, die auf der Erde leben!" ²⁹ Gott sagte: „Zur Nahrung gebe ich euch alle samentragenden Pflanzen und alle samenhaltigen Früchte von Bäumen – überall auf der Erde. ³⁰ Allen Landtieren, allen Vögeln und allen Lebewesen, die auf dem Boden kriechen, gebe ich Gras und Blätter zur Nahrung." So geschah es.
³¹ Gott sah alles an, was er gemacht hatte: Es war sehr gut. Es wurde Abend und wieder Morgen – der sechste Tag.

Gott schuf einen Mann und eine Frau. Und er gab ihnen Aufgaben. Gott wollte, dass sie Kinder bekämen. Gott wollte, dass auf der Erde viel mehr Menschen seien. Also schuf er Mann und Frau so, dass sie Kinder haben können. Gott sah, dass alles, was er gemacht hatte, sehr gut war. Der Mann und die Frau, die Gott geschaffen hatte, waren vollkommen. Gott hatte geplant, sie zu machen, und er schuf sie genau so, wie er wollte, dass sei seien.

---

16. **Gehorchen** – auf jemanden hören und ihm folgen.

LEKTION 2: GOTT SCHUF DEN ERSTEN MANN UND DIE ERSTE FRAU

Gottes Geschichte beschreibt es ein wenig genauer, wie Gott den ersten Mann und die erste Frau machte. Wir werden einen Blick auf 1. Mose 2 werfen. Da stehen ein paar mehr Details über die Zeit am Anfang, als Gott alles schuf.

1 MOSE 2:1-3

¹ So entstanden Himmel und Erde mit all ihren Lebewesen. ² Am siebten Tag hatte Gott das Werk vollendet und ruhte von seiner Arbeit. ³ Gott segnete ihn und machte ihn zu einem besonderen Tag, denn an diesem Tag ruhte Gott, nachdem er sein Schöpfungswerk vollendet hatte.

Gott hatte sein Schöpfungswerk vollendet. Er hatte alles beendet, was er schaffen wollte. Gott beendet immer alles, was er plant. Wir Menschen fangen viele Dinge an, aber wir beenden nicht alles, was wir anfangen. Wir sagen, dass wir manche Dinge machen wollen, aber wir tun sie nicht immer. Gott ist nicht so. Er gibt nicht auf. Er geht nicht weg und tut etwas anderes. Er beendet immer die Sache, die er angefangen hat. Außerdem macht Gott immer alles richtig. Er plant etwas und er macht es haargenau so, wie er es geplant hat.

Nachdem er seine Arbeit beendet hatte, ruhte Gott. Gott brauchte sich nicht auszuruhen, weil er müde war. Gott wird nicht müde. Er ruhte, weil seine Arbeit beendet war. Er schuf das Universum und alle Lebewesen. Und als er damit fertig war, weil seine Arbeit beendet war, erschaffte er nichts Weiteres, sondern ruhte.

1 MOSE 2:4-7

⁴ Es folgt die Fortsetzung der Geschichte von Himmel und Erde, wie Gott sie geschaffen hat: Als Jahwe, Gott, Himmel und Erde machte, ⁵ gab es zunächst weder Sträucher noch Feldpflanzen auf dem Erdboden, denn Jahwe, Gott, hatte es noch nicht regnen lassen. Es gab auch noch keinen Menschen, der das Land bearbeiten konnte. ⁶ Grundwasser stieg in der Erde auf und befeuchtete den Boden. ⁷ Dann formte Jahwe, Gott, den Menschen aus loser Erde vom Ackerboden und hauchte Lebensatem in sein Gesicht. So wurde der Mensch ein lebendes Wesen.

Vor diesem Teil der Geschichte war der Name, der für Gott benutzt wurde „Gott". Nun, in diesem Teil von Gottes Geschichte, fängt Gott an, den Namen *Jahwe*[17] für sich zu gebrauchen. Gott fing an, diesen Namen zu benutzen,

---

17. **Jahwe** – auf Deutsch übersetzt: Gott, der HERR.

weil nun Menschen auf der Erde waren. Es gab Menschen und somit konnte Gott deren HERR sein. Diese Menschen waren fähig, ihn zu kennen und zu lieben. Gott wollte ihr Herr, ihr Jahwe sein. Er wollte derjenige sein, der auf sie aufpasste, und sie konnten wissen, dass er auf sie aufpassen wird. Gott schuf die Menschen, damit sie ihn kennen, ihn lieben und auf ihn hören. Also fing er an, den Namen Jahwe zu benutzen, nachdem die Menschen auf der Erde waren. Er wollte ihnen so nahe sein, wie ein Vater seinen Kindern nahe ist.

In 1. Mose 2,7 wird uns gesagt, wie Gott den ersten Menschen schuf. Es wird gesagt, dass Gott ihn aus der Erde formte – *aus loser Erde vom Ackerboden*. Doch der Mensch, den Gott aus der losen Erde vom Ackerboden schuf, war nur ein leerer Körper. Er hatte noch kein Leben in sich. Er konnte sich weder bewegen noch atmen, denken, sich entscheiden oder arbeiten. Dann wird gesagt, dass *Gott Lebensatem in sein Gesicht hauchte*. Als Gott Leben in ihn brachte, wurde der Mensch eine lebende Person. Er war erst jetzt in der Lage, zu atmen, zu arbeiten, zu sprechen, zu denken und Gott zu kennen. Gott ist der Einzige, der Leben geben kann und Leben schaffen kann.

Der erste Mensch, den Gott schuf, ist der Vorfahre[18] jeder Person, die jemals gelebt hat und jemals leben wird. Später in Gottes Geschichte wird der erste Mensch Adam genannt. Adam ist ein Wort aus der hebräischen[19] Sprache, das „Mensch" bedeutet.

[8] Nun hatte Jahwe, Gott, im Osten, in Eden, einen Garten angelegt. Dorthin versetzte er den von ihm gebildeten Menschen.

1 MOSE 2:8

Jahwe erzählt uns nun, wie er einen besonderen Garten anlegte. Der lag an einem Ort namens Eden, deswegen nennen wir ihn Garten Eden. Dann setzte Gott den Menschen, den er geschaffen hatte, in den Garten. Dieser Garten war ein wunderschöner Ort. Er war voll von wunderschönen wachsenden Pflanzen. Es gab viele Blumen und Bäume mit Früchten. Gott legte den Garten für den Mann an, damit der den Anblick genießen[20] konnte und die Früchte essen konnte. Gott schuf den Garten als den besten Ort für den Menschen, um dort zu leben. Gott wusste, was das Beste für den Menschen war, weil er der Herr ist und den Menschen geschaffen hatte. Gott schuf Adam und deswegen wusste

18. **Vorfahre** – eine Person in unserer Familie, die vor uns gelebt hat.
19. **Hebräisch** – eine der ältesten Sprachen; Gottes Geschichte wurde zum großen Teil in dieser Sprache aufgeschrieben.
20. **Genießen** – etwas tun oder sehen, das man mag.

LEKTION 2: GOTT SCHUF DEN ERSTEN MANN UND DIE ERSTE FRAU

er, was das Beste für ihn ist. Gott stellte Adam in den Garten und gab ihm die Aufgabe, nach den Lebewesen dort zu schauen. Alles war so, wie Gott es geplant hatte.

1 MOSE 2:9

⁹ Aus dem Erdboden hatte er verschiedenartige Bäume wachsen lassen. Sie sahen prachtvoll aus und trugen wohlschmeckende Früchte. Mitten im Garten stand der Baum des Lebens und der Baum, der Gut und Böse erkennen ließ.

In dem Garten gab es Tausende verschiedene, wunderschöne Bäume, Pflanzen und Blumen. Doch es gab auch zwei besondere Bäume, die Gott in den Garten gepflanzt hatte. In seiner Geschichte benennt Gott diese beiden Bäume. Ein Baum, der in der Mitte des Gartens war, war der *Baum des Lebens*. Und der andere Baum war der *Baum, der Gut und Böse erkennen ließ*.

1 MOSE 2:15-17

¹⁵ Jahwe, Gott, brachte also den Menschen in den Garten Eden, damit er diesen bearbeite und beschütze, ¹⁶ und wies ihn an: „Von allen Bäumen im Garten sollst du nach Belieben essen, ¹⁷ nur nicht von dem Baum, der dich Gut und Böse erkennen lässt. Sobald du davon isst, musst du sterben."

Gott sagte, dass der Mensch jede Frucht von jedem Baum in dem Garten essen dürfe[21]. Nur von einem ganz bestimmten Baum sollte der Mensch keine Frucht essen. Die Frucht von diesem einen Baum hatte Gott verboten. Der Mensch war frei, vom Baum des Lebens und von allen anderen Bäumen im Garten zu essen. Doch er sollte nicht von der Frucht des Baumes, der Gut und Böse erkennen ließ, essen. Gott sagte sehr deutlich, dass der Mensch sterben werde, wenn er von der Frucht des Baumes der Erkenntnis von Gut und Böse äße.

Der Mensch, Adam, hatte eine Wahl[22] zu treffen. Er konnte sich dazu entscheiden, die Frucht von dem Baum, der Gut und Böse erkennen lässt, zu essen. Oder er konnte sich dazu entscheiden, es nicht zu tun. Adam war frei zu entscheiden[23], was er tun würde. Gott gab Adam die Freiheit zu tun, was er

---

21. **Dürfe** – Grundform: dürfen; etwas, das erlaubt ist zu tun.
22. **Wahl** – entweder das eine oder das andere tun, zwischen zwei Dingen entscheiden.
23. **Entscheiden** – darüber nachdenken, was man tut.

SEINE GESCHICHTE – UNSERE RETTUNG

wollte. Adam konnte sich dazu entscheiden, das zu tun, was Gott sagte, oder nicht auf Gott zu hören[24].

Der Baum, der Gut und Böse erkennen ließ, und seine Früchte waren nicht böse oder schlecht. Gott schafft nichts Schlechtes. Doch warum sagte Gott dem Menschen, dass er nicht von der Frucht dieses Baumes essen sollte? Gott wollte einfach, dass der Mensch auf ihn hört. Gott wollte, dass der Mensch mit jeder Frage, die er hat, zu ihm kommt. Gott wusste, was das Beste für Adam war. Er stellte ihn an einen wunderschönen Ort mit wichtiger Arbeit, die zu erledigen war. Und Gott war direkt mit Adam dort. Adam konnte zu jedem Zeitpunkt zu Gott kommen, um ihn etwas zu fragen. Adam musste nicht die Frucht von dem Baum, der Gut und Böse erkennen ließ, essen. Er musste den Unterschied zwischen Gut und Böse nicht kennen. Adam konnte jederzeit zu Gott kommen und er konnte Gott jede Frage stellen, die er hatte. Der HERR wollte, dass Adam zu ihm kam, um ihn alles zu fragen, was er wissen wollte.

Nun sagte Gott, dass der Mensch nicht allein sein solle.

1 MOSE 2:18

18 Dann sagte Jahwe, Gott: „Es ist nicht gut, dass der Mensch so allein ist. Ich will ihm eine Hilfe machen, die ihm genau entspricht."

Gott sagte, dass der Mann eine Hilfe bräuchte. Er sagte: *„Ich will ihm eine Hilfe machen, die ihm genau entspricht."* Gott kannte Adam in jeder Hinsicht. Er wusste genau, was Adam brauchte. Gott hatte geplant, ihn zu erschaffen, und er schuf ihn, nachdem er eine Welt für ihn geschaffen hatte, worin der Mensch leben konnte. Gott sorgte sich um Adam und er wollte, dass Adam alles hatte, was er brauchte. Gott musste Adam nicht fragen, was er brauchte, weil Gott es bereits wusste. Gott wollte, dass Adam sich um die Erde und alle Lebewesen kümmerte. Er wollte auch, dass die Erde mit vielen Menschen bevölkert wird. Gott wusste, dass Adam eine weibliche Hilfe brauchte, um diese Aufgabe zu tun.

1 MOSE 2:19,20

19 Jahwe, Gott, hatte nämlich alle Landtiere und Vögel, die er aus dem Erdboden geformt hatte, zum Menschen gebracht, um zu sehen, wie er sie nennen würde. Genauso sollten all die Lebewesen dann heißen. 20 So hatte der Mensch dem Herdenvieh, den Vögeln und allen Landtieren Namen

---

24. **Hören** – sich entscheiden, jemandem zuzustimmen und zu tun, was er sagt.

LEKTION 2: GOTT SCHUF DEN ERSTEN MANN UND DIE ERSTE FRAU

gegeben. Aber für sich selbst fand er nichts, was ihm als Hilfe entsprochen hätte.

Gott brachte alle Tiere und Vögel zu Adam, damit der ihnen Namen gäbe. Gott gab Adam die Aufgabe, auf die Erde mit ihren Pflanzen und Tieren aufzupassen. Deswegen brachte Gott alle Tiere und Vögel zu Adam, damit Adam ihnen Namen geben konnte. Adam gab jedem einen Namen. Adam fing an, die Arbeit zu tun, die Gott ihm gegeben hatte.

Adam sah all die faszinierenden Tiere und Vögel, die Gott geschaffen hatte. Aber es gab keine Hilfe, die genau richtig für ihn war. Keines der Tiere konnte ihm eine Hilfe sein. Die Tiere waren nicht wie er. Keines von ihnen war wie er geschaffen worden, mit der Fähigkeit, Gott zu kennen und zu lieben. Keines von ihnen war wie Adam. Adam brauchte eine Hilfe, die genau richtig für ihn war. Gottes Geschichte erzählt uns, wie Gott die perfekte Begleiterin[25] und Hilfe für Adam schuf.

1 MOSE 2:21-25

[21] Da ließ Jahwe, Gott, einen Tiefschlaf über den Menschen kommen. Er nahm eine seiner beiden Seiten heraus und verschloss die Stelle mit Fleisch. [22] Aus der Seite baute er eine Frau und brachte sie zum Menschen.
[23] Da rief der Mensch: „Diesmal ist sie es! Sie ist genau wie ich, und sie gehört zu mir, sie ist ein Stück von mir! Sie soll Ischscha heißen, Frau, denn sie kam vom Isch, dem Mann."
[24] Aus diesem Grund verlässt ein Mann seinen Vater und seine Mutter, verbindet sich mit seiner Frau und wird völlig eins mit ihr.
[25] Der Mann und seine Frau waren nackt, aber sie schämten sich nicht voreinander.

Adam war sehr glücklich mit dieser Frau, die Gott geschaffen hatte. Er sagte: „Diesmal ist sie es!" Auf diese Person hatte er gewartet. Diese war diejenige, die ihm helfen und bei ihm sein konnte.

Gott brachte diesen Mann und diese Frau zusammen[26]. Gott brachte sie zusammen, damit sie gemeinsam leben und arbeiten konnten. Das hat Gott schon am Anfang der Schöpfung so gemacht. Er schuf die Frau, damit sie eine

---
25. **Begleiter/-in** – jemand, der Zeit mit dir verbringt und dir hilft.
26. **Zusammen** – gemeinsam oder nahe beieinander.

SEINE GESCHICHTE – UNSERE RETTUNG

Hilfe und Begleiterin für den Mann sei. Das nennen wir Ehe. Gott plante die Ehe. Indem er den ersten Mann und die erste Frau als Adams Ehefrau erschuf, hatte er diesen Plan in die Tat umgesetzt.

Der Mann und die Frau waren beide nackt – sie trugen keine Kleidung. Sie schämten[27] sich nicht dafür, dass sie nackt waren. Es gab nichts Schlechtes in der Welt und sie waren beide glücklich zusammen und fühlten keinerlei Scham.

1. Nenne einiges von dem, was Gott für Adam und dessen Frau tat!
2. Gott tat viel für Adam und dessen Frau. Was sagt das darüber aus, was Gott für diese Menschen fühlte?
3. Denkst du, dass Gott die Ehe geschaffen hat?
4. Denkst du, dass die Art und Weise, wie die Bibel die Schöpfungsgeschichte erzählt, wahr ist?
5. Hast du eine andere Geschichte gehört, wie die Welt entstand?

---

27. **Schämten** – Grundform: schämen; sich traurig fühlen über etwas, das man getan hat; sich verstecken wollen, weil man etwas falsch gemacht hat.

LEKTION 3

ADAM UND SEINE FRAU GEHORCHTEN GOTT NICHT

Adam und seine Frau waren in dem wunderschönen Garten Eden, den Gott für sie gemacht hatte. Adam und seine Frau genossen es, zusammen dort zu sein. Sie waren frei, alles in dem wunderschönen Garten zu genießen, was Gott für sie gemacht hatte. Es gab viele verschiedene und sehr gute Sachen zu essen. Sie taten die Arbeit, die Gott ihnen gegeben hatte. Sie sorgten sich um die Erde und die Lebewesen, die Gott gemacht hatte. Gott war mit ihnen, bei ihnen und half ihnen. Er wollte, dass sie ihn kennen und ihn lieben.

Es war noch jemand im Garten. Gottes Geschichte erzählt uns, dass es eine Schlange gab, die zu Eva sprach.

1 MOSE 3:1

¹ Die Schlange war listiger als all die Tiere, die Jahwe, Gott, gemacht hatte. Sie fragte die Frau: „Hat Gott wirklich gesagt, dass ihr von keinem Baum im Garten essen dürft?"

Diese Schlange war nicht nur ein Tier wie die anderen Schlangen. In Wirklichkeit war sie eine andere Person, die sich selbst das Aussehen einer Schlange gemacht hatte. Sie tarnte sich als Schlange, damit sie Adam und seine Frau austricksen[28]

---
28. **Austricksen** – eine clevere Handlung, damit jemand das tut, was man möchte, dass er es tut.

25

SEINE GESCHICHTE – UNSERE RETTUNG

konnte. An anderen Stellen in der Bibel können wir lesen, wer diese Person ist. Die Bibel erzählt uns, wer sie ist und woher sie kommt. Wir werden nun auf diese Stellen in der Bibel schauen, damit du weißt, wer diese Person ist und warum sie Adam und seine Frau austricksen wollte. Dann werden wir zu der Geschichte zurückkehren, was mit Adam und seiner Frau im Garten Eden passierte.

Doch nun zu der Person, die sich hinter dieser Schlange verbarg: Das Buch Hiob, welches später in der Bibel kommt, erzählt uns von einer Zeit, in der Gott zu einem Mann namens Hiob sprach. Hiob hatte viele Jahre nach Adam gelebt. Gott sprach zu Hiob über die Zeit, als er die Erde gemacht hatte.

HIOB 38:4-7

> ⁴ Wo warst du, als ich die Erde gründete? Sag an, wenn du es weißt! ⁵ Wer hat ihre Maße bestimmt? Weißt du es? Wer hat die Messschnur über sie gespannt? ⁶ Wo sind ihre Pfeiler eingesenkt? Wer hat ihren Eckstein gelegt, ⁷ als alle Morgensterne jubelten und alle Gottessöhne jauchzten?

Gott sagte, dass alle *Gottessöhne jauchzten*, als er die Erde geschaffen hatte. Diese Gottessöhne (Engel) waren am Anfang der Zeit da, als Gott die Erde gemacht hat. Wer waren diese Engel? Diese Engel waren geistliche Wesen, die Gott gemacht hatte, bevor er die Menschen gemacht hat. Wir wissen aus der Bibel, dass sie keine Körper wie wir hatten – sie waren Geister. Es gibt andere Stellen in der Bibel, in denen gesagt wird, dass Engel zu Menschen redeten und dass diese Menschen sie in Körpern sahen, die dem Menschen ähnlich waren. Also wissen wir, dass einige Engel manchmal in menschlicher Form gesehen werden können, sodass die Menschen sie sehen können. Wir werden einige dieser Geschichten später lesen.

Wie alles andere sind die Engel von Gott geschaffen worden. Er schuf sie, bevor er die Welt erschaffen hatte. Wir wissen das, weil Gott sagte, dass die Engel da waren, als er die Himmel und die Erde schuf. Wir wissen, dass sie vollkommen waren, als Gott sie schuf, weil alles, was Gott macht, vollkommen ist. Die Bibel sagt, dass es eine Vielzahl dieser geistlichen Wesen gab. Es wird gesagt, dass Gott ihnen Arbeit gab und dass er ihnen viel Macht gab, um diese Arbeit zu tun. Gott schuf sie, damit sie seine Diener²⁹ und Botschafter³⁰ seien. Also war am Anfang der Zeit eine Vielzahl von geistlichen Wesen dort mit Gott. Sie

---

29. **Diener** – eine Person, die Arbeiten für jemanden erledigt.
30. **Botschafter** – eine Person, die für jemanden etwas an andere Personen weitergibt.

LEKTION 3: ADAM UND SEINE FRAU GEHORCHTEN GOTT NICHT

waren sehr mächtig, aber nicht so mächtig wie Gott, weil Gott sie geschaffen hatte.

Die Bibel sagt, dass der größte dieser dienenden Engel Luzifer genannt wurde. Der Name Luzifer bedeutet „Morgenstern". Auch dieser Engel war vollkommen, weil Gott ihn geschaffen hatte. Gott gab ihm große Autorität[31] und Macht. Er war der größte von allen Geistwesen, die Gott geschaffen hatte. Er hatte von allen Engeln die meiste Macht. Aber er war nicht so mächtig wie Gott, weil Gott ihn geschaffen hatte.

Die Bibel erzählt uns in dem Buch Hesekiel einiges über Luzifer. Dieses Buch erzählt von einer gesandten Botschaft von Gott an einen Mann, der König war. Er war König über einen Ort namens Tyrus. In seiner Botschaft an den König spricht Gott über Luzifer. Der König von Tyrus handelte genauso, wie Luzifer es tat, und somit wollte Gott ihm erzählen, was mit Luzifer geschehen war. Im Buch Hesekiel können wir lesen, was Gott über Luzifer sagte.

HESEKIEL 28:12-19

[12] „Du Mensch, stimm die Totenklage über den König von Tyrus an. Sag zu ihm: ‚So spricht Jahwe, der Herr: Du warst die Vollkommenheit selbst, voller Weisheit und makellos schön. [13] Du lebtest im Garten Gottes, in Eden. Dein Gewand war mit Edelsteinen jeder Art geschmückt: Karneol, Topas und Diamant, Türkis, Onyx und Jade, Saphir, Rubin und Smaragd. In Gold gefasst waren die Ohrringe und Perlen an dir. Am Tag deiner Erschaffung war alles für dich bereit. [14] Du warst gesalbt als ein schirmender Cherub, und ich hatte dich dazu gemacht. Du warst auf Gottes heiligem Berg. Zwischen den feurigen Steinen gingst du umher. [15] Du bliebst vollkommen vom Tag deiner Erschaffung an, bis man Unrecht an dir fand. [16] Durch deinen ausgedehnten Handel wurdest du mit Frevel erfüllt und bist in Sünde gefallen. Da verstieß ich dich von Gottes Berg und trieb dich ins Verderben, du schirmender Cherub. Ich tilgte dich aus der Mitte der feurigen Steine. [17] Deine Schönheit hatte dich überheblich gemacht, aus Eitelkeit hast du deine Weisheit zerstört. Deshalb warf ich dich zu Boden, gab dich Königen preis, damit sie dich alle begaffen. [18] Durch deine gewaltige Schuld, durch unredliche Handelsgeschäfte gabst du deine Heiligtümer preis. So ließ ich Feuer aus dir fahren, das dich verzehrte. Ich machte dich zu Asche auf der Erde vor aller Augen, die dich sehen. [19]

---

31. **Autorität** – die Macht oder das Recht, Aufträge zu erteilen, die andere ausführen müssen.

SEINE GESCHICHTE – UNSERE RETTUNG

> Alle, die dich kennen unter den Völkern, waren entsetzt über dich. Zu einem Bild des Schreckens bist du geworden, für alle Zeiten ist es aus mit dir.'"

Gott sagt hier, dass Luzifer vollkommen war, als er ihn schuf. Gott hatte ihn vollkommen gemacht und ihm große Macht und Autorität gegeben. Gott sagt, dass Luzifer sehr weise, sehr kraftvoll und sehr schön war. Luzifer war mit Gold und wunderschönen Edelsteinen geschmückt. Gott sagt, dass Luzifer eine sehr wichtige Arbeit zu tun hatte. Luzifer war frei, mit Gott zusammen zu sein, wann immer er wollte. Gott gab ihm all das: Schönheit, Macht, Weisheit, Freiheit, Vollkommenheit und Autorität. Gott schuf ihn als wunderschönen und mächtigen Engel.

Dann erzählt Gott uns, was Luzifer tat. Er erzählt uns, dass Luzifer sich gegen Gott wandte. Gott sagt, dass Luzifer gesündigt[32] hatte und böse wurde. Luzifer fing an, darüber nachzudenken, wie schön und mächtig er war. Er vergaß, dass er nicht so mächtig war wie Gott. Er vergaß, dass alles, was er hatte, von Gott kam. Luzifer fing an zu denken, dass er besser als Gott wäre.

Wir können einiges lesen, worüber Luzifer nachdachte. Einer von Gottes menschlichen Botschaftern wurde Jesaja genannt. Er schrieb die Gedanken und Wörter Gottes auf und dieses Buch ist in der Bibel. Er schrieb auf, was Gott über Luzifer sagte und was der dachte.

JESAJA 14:13,14

> [13] Du, du hattest in deinem Herzen gedacht: ‚Ich will zum Himmel hochsteigen! Höher als die göttlichen Sterne stelle ich meinen Thron! Im äußersten Norden setze ich mich hin, dort auf den Versammlungsberg! [14] Über die Wolken will ich hinauf, dem Allerhöchsten gleichgestellt sein!'

Wie Adam und dessen Frau schuf Gott auch Luzifer so, dass der frei war, sich zu entscheiden und zu wählen. Luzifer entschied sich, sich gegen Gott zu wenden. Er wollte derjenige sein, der alles regierte. Er wollte den Platz Gottes einnehmen. Die Bibel sagt, dass viele der anderen Engel Luzifer folgten und sich auch gegen Gott wandten.

Gott weiß alles. Also wusste Gott, dass Luzifer sich gegen ihn wenden würde. Gott ist der wahre Herrscher über alles. Luzifer konnte Gottes Platz nicht

---

32. **Gesündigt** – Grundform: sündigen; gegen das gehen, was Gott gesagt hat; Gott ungehorsam sein.

LEKTION 3: ADAM UND SEINE FRAU GEHORCHTEN GOTT NICHT

einnehmen. Luzifers Plan konnte niemals aufgehen. Jesaja schrieb die Worte Gottes auf, als Gott sagte, was er mit Luzifer tun würde.

¹⁵ Doch ins Reich der Grüfte musst du hinab, wirst auf den Grund der Totenwelt gestürzt.

JESAJA 14:15

Luzifer war der Kopf von allen geistlichen Wesen, die Gott geschaffen hatte. Aber er wandte sich gegen Gott, sodass Gott ihn von dem höchsten Platz, den er hatte, verbannte. Gott sagte, er würde Luzifer und die anderen Engel, die ihm folgten, *auf den Grund der Totenwelt stürzen*. Gott sagt in der Bibel, dass er Luzifer an diesen bösen Ort bringen würde, einen Ort des Todes. Das ist ein Ort der Strafe[33] für Luzifer und all die anderen Engel, die ihm folgten. Dieser Ort wird unter Anderem Hölle genannt.

Seit diesem Ereignis in der Geschichte Gottes wird Luzifer Satan genannt. Satan bedeutet „Feind". Die anderen Engel, die Luzifer gefolgt waren, werden Dämonen, Teufel, unreine Geister oder böse Geister genannt.

Satan und seine Nachfolger sind die Feinde Gottes. Sie haben von Anfang an gegen Gott gearbeitet. Sie arbeiten heute immer noch gegen Gott. Satan möchte immer noch den Platz Gottes einnehmen.

Nun, da wir gelesen haben, wer Satan ist, können wir zu der Geschichte von Adam und dessen Frau im Garten zurückkehren. Satan hasste Adam und dessen Frau, die Gott für ihn geschaffen hatte. Gott hatte diesen menschlichen Lebewesen die Aufgabe gegeben, auf die Erde und alles Lebendige aufzupassen. Satan wollte diesen Platz für sich selbst, also hasste er Adam und Adams Frau.

Satan war dort in dem Garten. Er verwandelte sich selbst in eine Schlange, sodass die beiden Menschen nicht erkennen würden, wer er wirklich war. Er beobachtete sie und wartete ab. Er schmiedete einen Plan, um zu versuchen, dass Adam und dessen Frau genau das täten, was Gott ihnen verboten hatte, nämlich die Frucht von dem Baum der Erkenntnis von Gut und Böse zu essen. Satan wollte, dass sie die Frucht essen und sterben. Gott sagte, dass sie sterben würden, wenn sie diese Frucht äßen, also wollte Satan, dass sie sie essen.

Wir kommen zum ersten Buch Mose zurück und lesen, was Satan zu der Frau in dem Garten sagte.

---

33. **Strafe** – etwas, das man bekommt, wenn man etwas Falsches getan hat.

SEINE GESCHICHTE – UNSERE RETTUNG

1 MOSE 3:1

¹ Die Schlange war listiger als all die Tiere, die Jahwe, Gott, gemacht hatte. Sie fragte die Frau: „Hat Gott wirklich gesagt, dass ihr von keinem Baum im Garten essen dürft?"

Satan machte sich selbst zu einer Schlange. Die Bibel sagt, dass die Schlange *listiger als all die Tiere* war. Das bedeutet, dass sie die Cleverste von ihnen war. Satan versucht immer, die Menschen auszutricksen, indem er sich selbst als gut darstellt. Gott sagt immer die Wahrheit. Satan dagegen erzählt immer nur Lügen und versucht, die Menschen auszutricksen.

Satan stellte der Frau eine Frage: *„Hat Gott wirklich gesagt, dass ihr von keinem Baum im Garten essen dürft?"* Satan wollte bewirken, dass die Frau anfängt, schlecht über Gott zu denken. Er wollte, dass sie denkt, dass Gott ihnen nicht alles Gute gegeben habe, was sie brauchten. Satan wollte, dass die Frau anfängt, an sich selbst zu denken. Er wollte nicht, dass sie weiterhin auf Gott hört. Er wollte, dass sie anfängt, darüber nachzudenken, ihre eigenen Entscheidungen gegen Gott zu treffen.

Wir können alles lesen, was Satan zu der Frau sagte, als er zu ihr im Garten sprach.

1 MOSE 3:2-5

² „Natürlich essen wir von den Früchten", entgegnete die Frau, ³ „nur von den Früchten des Baumes in der Mitte des Gartens hat Gott gesagt: ‚Davon dürft ihr nicht essen – sie nicht einmal berühren – sonst müsst ihr sterben.'" ⁴ „Sterben?", widersprach die Schlange, „sterben werdet ihr nicht. ⁵ Aber Gott weiß genau, dass euch die Augen aufgehen, wenn ihr davon esst. Ihr werdet wissen, was Gut und Böse ist, und werdet sein wie Gott."

Die Frau beantwortete Satans Frage. Sie sagte, dass sie von jedem Baum im Garten essen könnten. Aber sie sagte, dass es einen Baum gibt, dessen Frucht sie nicht erlaubt seien zu essen. Sie sagte, dass sie sterben würden, wenn sie diese Frucht essen oder sie sogar berühren würden. Doch das hatte Gott nicht gesagt. Gott hatte gesagt, wenn sie die Frucht essen würden, dann würden sie sterben. Er hatte nicht gesagt, dass sie sterben würden, wenn sie die Frucht berührten. Die Frau hatte das, was Gott gesagt hatte, ein wenig abgeändert.

Satan log die Frau an und sagte ihr, dass sie nicht sterben würden, wenn sie von der Frucht von diesem Baum essen würden. Er sagte, dass sie alles wissen

LEKTION 3: ADAM UND SEINE FRAU GEHORCHTEN GOTT NICHT

würden, was gut und was böse ist, wenn sie von dieser Frucht äßen. Er sagte, dass Gott nicht wollte, dass sie das wüssten, weil sie dann wie Gott sein würden. Satan log die Frau an, um sie dazu zu bringen, sich von Gott abzuwenden.

Gott wollte das Beste für seine Menschen. Gott wollte, dass sie zu ihm kommen, damit sie um alles bitten könnten, was sie brauchten. Er wollte, dass sie das tun, weil er sie liebt. Es war nicht das Beste für sie, als sie anfingen, ihre eigenen Entscheidungen zu treffen, ohne Gott um Hilfe zu bitten.

Gott schuf Adam und dessen Frau so, dass sie frei waren, ihre eigenen Entscheidungen zu treffen. Wir können nun lesen, wie ihre Entscheidung ausfiel. Würden sie auf Gott oder auf Satan hören?

1 MOSE 3:6

⁶ Als die Frau nun sah, wie gut von dem Baum zu essen wäre, was für eine Augenweide er war und wie viel Einsicht er versprach, da nahm sie eine Frucht und aß. Sie gab auch ihrem Mann davon, der neben ihr stand. Auch er aß.

Adam und seine Frau aßen beide von dem Baum der Erkenntnis von Gut und Böse. Sie beide trafen die Entscheidung, Gott ungehorsam[34] zu sein. Sie schauten auf den Baum der Erkenntnis von Gut und Böse. Sie wussten, dass Gott gesagt hatte, dass sie nicht von der Frucht dieses Baumes essen sollten. Doch sie schauten sich den Baum an, er war wunderschön und die Frucht sah sehr lecker aus. Die Frau wollte die Erkenntnis und die Weisheit, die die Frucht ihr geben würde, wenn sie davon aß. Also aß sie etwas von der Frucht. Dann gab sie Adam etwas. Adam wusste, dass es die Frucht war, von der Gott ihm gesagt hatte, nicht davon zu essen. Doch auch Adam aß etwas davon.

---

34. **Ungehorsam** sein – nicht gehorchen; nicht das tun, was man soll.

SEINE GESCHICHTE – UNSERE RETTUNG

1. Warum wollte Satan Adam und dessen Frau austricksen?
2. Gott schuf Adam und Eva so, dass sie auf ihn hören könnten. Warum, denkst du, gab Gott ihnen auch die Freiheit, nicht auf ihn zu hören?
3. Was sagte Satan, um Adam und dessen Frau auszutricksen?

LEKTION 4

GOTT SCHICKTE ADAM UND DESSEN FRAU AUS DEM GARTEN

Gott sagte, dass Adam und dessen Frau sterben würden, wenn sie von der Frucht des Baums der Erkenntnis von Gut und Böse essen würden. Wir können lesen, was passierte, als sie von der Frucht aßen.

1 MOSE 3:7

⁷ Da gingen beiden die Augen auf. Sie merkten auf einmal, dass sie nackt waren. Deshalb machten sie sich Lendenschurze aus zusammengehefteten Feigenblättern.

Gottes Geschichte sagt, dass *ihnen beiden die Augen aufgingen*. Das bedeutet, dass sie erkannten, was sie vorher nicht gekannt hatten. Adam und seine Frau sahen alles anders, nachdem sie die Frucht gegessen hatten. Es war etwas sehr Schlechtes, was ihnen geschah, als sie Gott ungehorsam waren. Gottes Geschichte sagt, dass sie sich schämten, dass sie nackt waren. Sie wollten ihre nackten Körper bedecken. Also steckten sie Feigenblätter[35] aneinander, um sich damit zu bedecken. Satan hatte ihnen gesagt, dass es eine gute Sache sei, von der Frucht zu essen. Doch es war eine schreckliche[36] Sache. Satan sagte, dass sie

---

35. **Feige** – eine Baumfrucht.
36. **Schrecklich** – etwas sehr Schlechtes; etwas, das einen ängstigt.

wie Gott sein würden, aber das war nicht wahr. Satan hatte sie angelogen. Sie waren nicht mehr glücklich. Sie fühlten sich nicht mehr wohl in dem Garten, den Gott für sie gemacht hatte.

Gott sagte, dass sie sterben würden, wenn sie von der Frucht äßen. Aber sie waren immer noch am Leben und gingen in ihren physischen[37] Körpern umher. Alles, was Gott sagt, ist immer wahr. Was war dann also geschehen? Was meinte Gott damit, als er sagte, dass sie sterben würden?

Gott sagte, dass sie sterben würden, und das war wahr. Als sie die Frucht aßen, fingen sie an zu sterben. Bevor sie die Frucht gegessen hatten, gab es keinen Tod in der Welt. Gott war der Erschaffer des Lebens und er war dort mit ihnen, damit sie mit ihm am Leben blieben. Doch als sie Gott ungehorsam waren, schnitten sie sich selbst von Gott ab. Ihre physischen Körper fingen an zu sterben. Von diesem Zeitpunkt an würden sie anfangen, älter zu werden und schließlich körperlich zu sterben.

Adam und seine Frau hatten getan, was Satan von ihnen gewollt hatte. Erinnerst du dich, dass Gott sagte, dass er Satan bestrafen und ihn zu dem Ort des Todes senden würde? Er sagte, dass er auch die Dämonen, die sich gegen ihn gewandt hatten, zu diesem Platz senden würde. Dieser Ort ist für alle Feinde Gottes gedacht. Nun, da Adam und seine Frau sich gegen Gott gewandt hatten, müssten sie auch zu dem Ort des Todes gehen. Sie waren Feinde Gottes geworden. Also müssten sie am Ende auch zu dem Ort des Todes mit den anderen Feinden Gottes gehen.

Gottes Geschichte erzählt uns, dass Adam und dessen Frau Feigenblätter zusammensteckten, um sich zu bedecken. Sie fühlten Scham, weil sie nackt waren. Bevor sie die Frucht gegessen hatten, waren sie glücklich und nicht verschämt. Nun fühlten sie, dass es schlecht war, nackt zu sein. Das geschah, weil sie sich gegen Gott gewandt hatten. Sie hatten nicht auf ihn gehört. Gott wollte, dass sie glücklich sind und dass er derjenige sei, der ihnen sagt, was gut und was böse ist. Er wollte, dass sie mit ihm zusammen in dem Garten leben und frei sind. Aber sie entschlossen sich, sich gegen das zu stellen, was Gott wollte. Sie hatten eine sehr schlechte Entscheidung getroffen. Nun versuchten sie, alles zu reparieren und es besser zu machen. Sie versuchten, ihre nackten Körper mit Blättern zu bedecken. Nun dachten sie, dass Nacktheit schlecht sei, also versuchten sie, sich selbst wieder gut darzustellen. Sie gingen umher und fanden einen Feigenbaum, von dessen Blättern sie sich Kleidung machten.

---

37. **Physisch** – den menschlichen Körper aus Fleisch und Blut betreffend.

LEKTION 4: GOTT SCHICKTE ADAM UND DESSEN FRAU AUS DEM GARTEN

1 MOSE 3:8

⁸ Am Abend, als es kühler wurde, hörten sie Jahwe, Gott, durch den Garten gehen. Da versteckten sich der Mann und seine Frau vor Jahwe, Gott, zwischen den Bäumen.

Adam und seine Frau hörten, wie Gott durch den Garten ging. Gott war viele Male mit ihnen dort gewesen. Sie hatten es geliebt, mit Gott dort zu sein und mit ihm zu reden. Doch dieses Mal versteckten sie sich vor Gott. Jetzt hatten sie Angst vor Gott, also versteckten sie sich vor ihm. Alles hatte sich verändert und alles war falsch. Gott wollte es nicht auf diese Art und Weise. Gott hatte diesen Weg nicht geplant.

Adam und seine Frau schämten sich und hatten Angst. Deswegen versteckten sie sich vor Gott. Sie hatten auf Gottes Feind, auf Satan, gehört. Sie hatten getan, was Satan von ihnen wollte. Weil sie Satan gefolgt waren, schämten sie sich.

Sie hatten Angst vor Gott. Gott ist immer vollkommen und immer gut in allem, was er tut. Also konnte er nicht einfach ignorieren[38], was seine Menschen getan hatten. Seine Art und Weise, etwas zu regeln, ist immer der beste Weg. Aber Adam und seine Frau hatten einen anderen Weg gewählt, um die Dinge zu regeln. Gott tut immer das Richtige, also musste er nun das Richtige tun, da sie ihm nicht gehorcht hatten. Adam und seine Frau hatten Angst vor dem, was Gott tun würde.

1 MOSE 3:9-13

⁹ Doch Jahwe, Gott, rief den Menschen: „Wo bist du?"
¹⁰ Der antwortete: „Ich hörte dich durch den Garten gehen und bekam Angst, weil ich nackt bin. Deshalb habe ich mich versteckt."
¹¹ „Wer hat dir gesagt, dass du nackt bist?", fragte Gott. „Hast du etwa von dem verbotenen Baum gegessen?"
¹² Der Mensch erwiderte: „Die Frau, die du mir zur Seite gestellt hast, gab mir etwas davon; da habe ich gegessen."
¹³ „Was hast du da getan?", fragte Jahwe, Gott, die Frau. „Die Schlange hat mich verführt", entgegnete sie.

Gott rief nach Adam, fragte, wo er sei. Gott wusste, wo Adam war. Und er wusste, dass Adam und dessen Frau von der Frucht gegessen hatten, von der er ihnen gesagt hatte, es nicht zu tun. Er wusste, dass sie auf Satan gehört hatten und ihm ungehorsam gewesen waren. Gott weiß alles. Gott rief Adam, weil er wusste, dass Adam und dessen Frau ihn brauchten. Gott wusste, dass sie Angst

---

38. **Ignorieren** – sich so verhalten, als wüsste man etwas nicht, und nichts tun deswegen.

vor ihm hatten, weil sie sich schämten. Also rief er nach ihnen, um mit ihnen zu sprechen. Obwohl sie Gott ungehorsam gewesen waren, wollte Gott immer noch mit ihnen sprechen.

Gott stellte Adam und dessen Frau ein paar Fragen. Gott weiß alles. Also wusste Gott bereits die Antworten auf seine Fragen. Aber er stellte ihnen die Fragen, um ihnen etwas zu zeigen. Er wollte, dass sie ihm erzählten, was sie getan hatten. Er wollte, dass sie ihm erzählten, was sie Falsches getan hatten. Er liebte sie und wollte, dass sie mit ihm darüber sprachen.

Gott fragte, ob sie wüssten, dass sie nackt seien, weil sie von der Frucht gegessen hatten. Adam sagte, dass es die Frau war, die Gott ihm gegeben hatte, die ihm die Frucht gegeben habe, um davon zu essen. Als Gott die Frau fragte, was sie getan habe, sagte sie, dass es die Schlange war, die beide ausgetrickst hatte. Sie sagten Gott nicht, dass sie etwas falsch gemacht hatten. Sie versuchten beide, jemand anderen zu beschuldigen[39].

1 MOSE 3:14
¹⁴ Da sagte Jahwe, Gott, zur Schlange: „Weil du das getan hast, sei mehr verflucht als alles Herdenvieh und mehr als alle wilden Tiere! Kriech auf dem Bauch und friss den Staub dein Leben lang!

Gott sprach zu der Schlange. Er sagte, dass sie nun auf dem Boden im Staub kriechen werde. Wir wissen nicht, wie die Schlangen vorher ausgesehen haben. Aber wir wissen, dass Gott dies den Schlangen antat, weil Satan den Körper einer Schlange gebraucht hatte, um Adam und dessen Frau auszutricksen. Als Gott hier zu der Schlange sprach, sprach er gleichzeitig auch zu Satan.

Dann sagt Gott noch etwas zu Satan.

1 MOSE 3:15
¹⁵ Ich stelle Feindschaft zwischen dich und die Frau, deinem Nachwuchs und ihrem. Er wird dir den Kopf zertreten, und du wirst ihm die Ferse zerbeißen."

Gott sagte, dass er *Feindschaft zwischen* Satan und der Frau stellen werde. Das bedeutet, dass sie Feinde werden würden. Und Gott sagte, dass ihr *Nachwuchs* Satans Feind würde. Wenn „ihrem Nachwuchs" gesagt wird, dann spricht das

---

39. Beschuldigen – sagen, dass jemand anderes etwas getan habe.

LEKTION 4: GOTT SCHICKTE ADAM UND DESSEN FRAU AUS DEM GARTEN

von einer Person, die später geboren werden wird. Diese Person würde ein Feind Satans werden.

Gott sagte: *„Er wird dir den Kopf zertreten und du wirst ihm die Ferse zerbeißen."* Gott sagte, dass später ein Mann geboren werden würde, der Satans Kopf zertreten werde, und dass Satan dessen Ferse zerbeißen werde. Das bedeutete, dass in der Zukunft ein Mann kommen sollte, der gegen Satan kämpfen wird. Gott sagte, dass Satan diesen Mann zwar verletzten werde, aber ihn nicht zerstören[40] könne. Das bedeutet es, als Gott sagte, dass nur die Ferse des Mannes verletzt würde. Doch Gott sagte auch, dass dieser bestimmte Mann Satans Kopf zertreten werde. Gott sagte Satan, dass dieser Mann den Kampf gewinnen werde. Das bedeutet es, als Gott sagte, dass *er dir den Kopf zertreten wird*. Satan wird von ihm besiegt werden[41].

Lass uns sehen, was Gott noch sagte!

1 MOSE 3:16

> [16] Zur Frau sagte er: „Viele Unannehmlichkeiten werden über dich kommen und die Beschwerden deiner Schwangerschaft. Mit Schmerzen wirst du Kinder gebären. Dein Verlangen wird sein, deinen Mann zu besitzen, doch er wird herrschen über dich."

Gott erzählte der Frau, dass sie nach diesem Zeitpunkt mehr Schmerzen haben wird, wenn ihr Kinder geboren werden. Er sagte auch, dass sie nicht mehr in der Lage sein wird, für sich selbst zu entscheiden. Sie wird das tun müssen, was ihr Ehemann ihr sagt.

1 MOSE 3:17-19

> [17] Zu Adam sagte er: „Weil du auf deine Frau gehört und von dem Baum gegessen hast, obwohl ich dir das ausdrücklich verboten habe, vernimm das Folgende: ,Wegen dir sei der Acker verflucht! Um dich von ihm zu ernähren, musst du dich lebenslang mühen. [18] Dornen und Disteln werden dort wachsen, doch bietet er dir auch Frucht. [19] Mit Schweiß wirst du dein Brot verdienen, bis du zurückkehrst zur Erde, von der du genommen bist. Denn Staub bist du, und zu Staub wirst du werden.'"

---

40. **Zerstören** – töten; zunichtemachen; etwas beenden, sodass es nicht mehr da ist.
41. **Besiegt werden** – den Kampf verlieren, geschlagen sein, unterlegen sein.

SEINE GESCHICHTE – UNSERE RETTUNG

Gott erzählte Adam, was dann passieren würde. Adam würde sehr hart arbeiten müssen, um Essen von der Erde zu bekommen. Gott sagte, dass die Erde sich verändert habe und dass es nun nicht mehr so leicht und schön sein würde, dort zu leben. Ihr Leben würde schwierig[42] und schmerzhaft werden. Sie würden nur Essen bekommen, wenn sie sehr hart dafür arbeiteten.

[20] Adam gab seiner Frau den Namen Eva, Leben, denn sie sollte die Mutter aller lebenden Menschen werden.

1 MOSE 3:20

Dann *gab Adam seiner Frau den Namen Eva*. Der Name Eva bedeutet „zu leben" oder „zu atmen". Eva sollte die Mutter und die Vorfahrin aller Menschen werden, die nach ihr lebten. Gott stellt ihren Namen hier in seiner Geschichte vor, weil er uns etwas Wichtiges wissen lassen will. Er wollte uns wissen lassen, dass nun das Leben für alle Menschen schwierig werden wird. Alle Menschen sind die Nachkommen von Adam und Eva. Für alle Menschen, die nach ihnen kamen, wird es Schmerzen geben und das Leben wird hart sein. Alle Menschen, die nach Adam und Eva kamen, werden so sein wie sie. Sie werden alt werden und sterben. Sie werden Gottes Feinde sein. Sie werden zu dem Ort des Todes gehen, nachdem sie gestorben waren.

[21] Dann bekleidete Jahwe, Gott, Adam und seine Frau mit Gewändern aus Fell

1 MOSE 3:21

Weil Adam und Eva nach ihrem Ungehorsam wussten, dass sie nackt waren, und sich schämten, hatten sie sich Kleidung aus Blättern gemacht. Doch nun machte Gott andere Kleidung für sie. Er machte sie aus *Fell*. Er gab diese neue Kleidung Adam und Eva zum Tragen.

Adam und Eva wollten versuchen, die schlechten Dinge, die sie getan hatten, in Ordnung zu bringen. Sie machten ihre eigene Kleidung. Aber Adam und Eva konnten nicht in Ordnung bringen, was sie getan hatten. Nur Gott konnte ihnen helfen.

Gott machte Kleidung aus Fell. Das bedeutet, Gott musste Tiere töten, um Kleidung zu machen. Das ist das erste Mal in Gottes Geschichte, dass Tiere starben. Die Tiere hatten nichts Falsches getan. Sie starben, weil Adam und Eva Gott ungehorsam waren. Adam war die Aufgabe gegeben worden, auf die Tiere

---

42. **Schwierig** – nicht einfach.

LEKTION 4: GOTT SCHICKTE ADAM UND DESSEN FRAU AUS DEM GARTEN

aufzupassen. Er hatte jedem einen Namen gegeben. Nun mussten einige Tiere sterben, wegen dem, was Adam und Eva getan hatten.

Gott ließ Adam und Eva nicht auf sich allein gestellt. Sie hatten ihm nicht gehorcht, aber er half ihnen immer noch. Gott liebte sie und half ihnen, nachdem sie ihm ungehorsam gewesen waren. Er half ihnen, ihre Scham zu bedecken. Er tat es auf seine Weise, weil diese die richtige war. Nur Gott wusste, welche Kleidung sie benötigten. Ihre eigenen Anstrengungen waren nicht gut genug. Nur Gott konnte eine Kleidung machen, die bedecken würde, was sie getan hatten.

1 MOSE 3:22-24

²² und sagte: „Nun ist der Mensch wie einer von uns geworden. Er erkennt Gut und Böse. Auf keinen Fall darf er jetzt auch noch vom Baum des Lebens essen, um ewig zu leben."
²³ Deshalb schickte Jahwe, Gott, ihn aus dem Garten Eden hinaus. Er sollte den Ackerboden bearbeiten, von dem er genommen war.
²⁴ So vertrieb er den Menschen. Östlich vom Garten Eden stellte er Cherubim mit flammenden Klingen auf, die den Weg zum Baum des Lebens bewachen.

Nun erzählt uns Gottes Geschichte, was Gott dachte. Er dachte über die Menschen nach, die er gemacht hatte. Gott sagte: „Nun ist der Mensch wie einer von uns geworden. Er erkennt Gut und Böse." Gott sagte, dass die Menschen nun Gut und Böse kannten. Gott wusste, dass sie für immer leben würden, wenn Adam und Eva in dem Garten blieben. Denn wenn sie im Garten blieben, konnten sie von dem Baum des Lebens essen und dann würden sie nicht sterben. Nun, da sie Gott nicht gehorcht hatten, konnte er sie nicht dort lassen, damit sie nicht von der Frucht des Baumes des Lebens essen würden und für immer so lebten, wie sie nun waren.

Adam und Eva hatten sich entschlossen, gegen Gott zu gehen. Sie entschieden sich für ihren eigenen Weg, nicht für Gottes. Sie hätten Gott fragen können, was richtig und was falsch ist. Aber sie taten es nicht. Gott wusste, dass es immer so weitergehen würde, dass sie immer wieder falsche Entscheidungen träfen und sehr schlimme Dinge passieren würden. Es würde immer schlimmer⁴³ werden. Er wusste, dass es nicht gut für sie sein würde, ewig so zu leben.

---

43. **Schlimm** – wenn etwas nicht so gut ist, wie es vorher war.

SEINE GESCHICHTE – UNSERE RETTUNG

Also schickte Gott sie aus dem Garten hinaus. Er sandte sie aus dem Garten und es gab keinen Weg, wieder hineinzukommen. Gott stellte mächtige Engel auf, damit sie Adam und Eva daran hinderten, wieder in den Garten zu kommen. Adam und Eva hatten ihr wunderschönes Zuhause verloren, das Gott für sie gemacht hatte. Sie konnten all das Gute, das Gott geschaffen hatte, nicht mehr genießen. Sie konnten nicht vom Baum des Lebens essen und ewig leben. Sie konnten die gute Arbeit nicht mehr genießen, die er ihnen gegeben hatte. Sie konnten nicht mehr mit Gott zusammen sein und nicht mehr mit ihm im Garten reden. Nun würden sie in ihrem Leben Schmerzen haben und sie würden alt werden und sterben. Sie würden am Ende zu dem Ort des Todes gehen, nachdem sie körperlich gestorben waren.

1. Warum versteckten sich Adam und Eva vor Gott?
2. Als Gott sie fragte, ob sie von der Frucht gegessen hatten, was sagten sie?
3. Wie machte Gott Kleidung für Adam und Eva?
4. Zähle auf, was sich veränderte, nachdem Adam und Eva Gott ungehorsam waren!

LEKTION 5

KAIN UND ABEL WURDEN AUßERHALB DES GARTENS GEBOREN

Gottes Geschichte erzählt uns, was passierte, nachdem Adam und Eva den Garten verlassen mussten.

1 MOSE 4:1,2

¹ Adam hatte mit seiner Frau Eva geschlafen. Nun wurde sie schwanger und gebar Kain. Da sagte sie: „Ich habe einen Mann erworben, Jahwe."
² Danach bekam sie seinen Bruder Abel. Abel wurde ein Schafhirt, Kain ein Landwirt.

Eva wurde schwanger und gebar einen kleinen Junge namens Kain. Später hatte sie einen weiteren Sohn namens Abel.

Gott hatte Adam und Eva aus dem Garten hinausgeschickt, aber er erlaubte ihnen dennoch, Kinder zu haben. Er gab ihnen das Geschenk, in der Lage zu sein, neues Leben zu empfangen, indem sie Kinder haben konnten. Gott ist derjenige, der Leben gibt, und er schenkte noch zwei Menschen auf der Erde das Leben, Kain und Abel.

SEINE GESCHICHTE – UNSERE RETTUNG

Leben ist ein Geschenk von Gott. Gott ist der Einzige, der Leben geben kann. Er schuf Adam und Eva und Kain und Abel und er schuf auch uns. Ein anderer Teil von Gottes Geschichte sagt uns, dass wir Gottes sind, weil er uns schuf. In dem Buch der Psalmen in der Bibel gibt es viele Lieder über Gott, die für uns dort aufgeschrieben wurden, damit wir sie lesen können. Die folgenden Verse sind aus Psalm 100.

PSALM 100:1-3

¹ Ein Psalm für die Dankopferfeier. Jauchzet Jahwe alle Welt! ² Dient Jahwe mit Freude! Kommt mit Jubel zu ihm! ³ Erkennt es: Nur Jahwe ist Gott! Er hat uns gemacht und wir gehören ihm. Wir sind sein Volk, die Herde, die in seiner Obhut ist.

Viele hundert Jahre später sprach einer der Diener Gottes, Paulus, die folgenden Worte über Gott. Seine Worte wurden in der Bibel in der Apostelgeschichte niedergeschrieben.

APOSTELGESCHICHTE 17:25

²⁵ Er braucht auch keine Bedienung von Menschen, so als ob er noch etwas nötig hätte. Denn er ist es ja, der uns das Leben und die Luft zum Atmen und überhaupt alles gibt.

Jedes Leben kommt von Gott. Das ist etwas sehr Wichtiges für uns, worüber wir nachdenken sollten. Weil Gott uns gemacht hat, sind wir sein. Wir gehören ihm.

Kain und Abel wurden in der Welt außerhalb des Gartens geboren. Sie haben den wunderschönen Garten nicht gesehen, von dem Gott wollte, dass sie darin leben sollten. Und sie konnten nicht einfach zu Gott gehen und mit ihm reden, wie Adam und Eva es einmal gekonnt hatten. Kain und Abel wurden in einer Welt geboren, in der es Schmerzen und harte Arbeit gab. Sie waren nun Teil des Todes, als Folge dessen, weil Adam und Eva Gott ungehorsam gewesen waren. Sie wurden als Feinde Gottes geboren. Sie hatten die Erkenntnis von Gut und Böse und sie wollten Entscheidungen für sich selbst treffen. Sie wurden als Menschen geboren, die sterben würden, und sie würden zu dem Ort des Todes gehen, nachdem ihre physischen Körper gestorben waren.

Gottes Feind, Satan, war auch dort, wo nun die Menschen waren, außerhalb des Gartens. Gott sagte, dass Satan letztendlich bestraft werden würde. Aber für jetzt war er der Führer der Menschen auf der Erde. Sie waren ihm gefolgt und hatten nicht auf Gott gehört. Satan versucht immer, die Menschen auszutricksen. Er

LEKTION 5: KAIN UND ABEL WURDEN AUßERHALB DES GARTENS GEBOREN

möchte, dass die Menschen auf ihn hören und nicht auf Gott. Satan ist Gottes Feind und er möchte, dass die Menschen auch Gottes Feinde sind. Er macht die Leute denken, dass sie frei wären, aber sich gegen Gott zu stellen, ist immer eine schlechte Sache. Es macht die Menschen nicht frei. Gott liebt die Menschen und er möchte das Beste für sie. Satan möchte immer nur das Schlechte für die Menschen.

Gott erzählt uns in seiner Geschichte, was als Nächstes bei Kain und Abel passierte.

1 MOSE 4:3,4

³ Nach geraumer Zeit brachte Kain vom Ertrag seines Feldes Jahwe ein Opfer. ⁴ Auch Abel brachte ihm eine Opfergabe, das Beste von den erstgeborenen Lämmern seiner Herde. Jahwe sah freundlich auf Abel und sein Opfer.

Adam, Eva, Kain und Abel waren nun Feinde Gottes, weil sie sich dazu entschlossen hatten, ihm nicht zu gehorchen. Aber Gott hatte einen Weg für sie geschaffen, zu ihm umzukehren. Gott liebte sie und wollte, dass sie eine Möglichkeit hatten, zu ihm zurückzukehren. Gott hatte ihnen gezeigt, dass sie dafür ein Tier töten mussten. Blut musste fließen. Vorher schon hatte Gott für Adam und Eva Kleidung aus Tierfell gemacht. Er hatte die Tiere getötet, damit er diese Kleidung machen konnte. Dadurch zeigte Gott ihnen, wie sie zu ihm zurückkehren konnten. Es musste den Tod geben und das Blut. Das geschah, weil sie sich selbst zu Feinden Gottes gemacht hatten. Gott wollte sie daran erinnern, dass sie den Weg des Todes gewählt hatten. So mussten sie nun ein Tier töten und dessen Blut herausfließen lassen. Das ist der einzige Weg gewesen, wie sie zu Gott umkehren konnten.

Gottes Geschichte sagt, dass sowohl Kain als auch Abel Gott ein *Opfer* brachten. Kain war ein Mann, der Gemüse[44] und Getreide[45] anbaute. Also brachte er etwas von dem Essen, das er angebaut hatte, um es dem Herrn als Opfer zu geben. Abel war ein Hirte[46]. Also brachte er die besten Lämmer[47] aus seiner Schafherde als ein Opfer für den Herrn. Abel musste die Kehle der Lämmer durchschneiden, um sie zu töten. Ihr Blut wird herausgeflossen sein. Gottes

---

44. **Gemüse** – Essen, das von Pflanzen kommt, wie Karotten, Kartoffeln oder Zwiebeln.
45. **Getreide** – Essen, das Menschen aus Pflanzen bekommen, wie Weizen oder Reis.
46. **Hirte** – jemand, der auf Schafe aufpasst.
47. **Lämmer** – junge Schafe.

SEINE GESCHICHTE – UNSERE RETTUNG

Geschichte erzählt, dass der Herr Abel und dessen Opfer freundlich ansah. (In einer anderen Übersetzung heißt es, dass der Herr das Opfer annahm.)

1 MOSE 4:5-7

> ⁵ Aber auf Kain und seine Opfergabe achtete er nicht. Da geriet Kain in heftigen Zorn und senkte finster sein Gesicht. ⁶ Jahwe fragte ihn: „Warum bist du so zornig? Was soll dein finsterer Blick? ⁷ Hast du Gutes im Sinn, dann heb den Kopf hoch! Wenn aber nicht, dann liegt die Sünde schon vor der Tür und sie hat Verlangen nach dir. Aber du musst es sein, der über sie herrscht!"

Gott akzeptierte[48] Kains Opfer nicht. Warum? Weil Kain nicht auf die Art und Weise zu Gott kam, die Gott ihnen gezeigt hatte – Kain hatte kein Tier getötet. Bei seinem Opfer gab es keinen Tod und kein Blutvergießen. Es musste aber Tod und Blut geben, weil Kain und Abel Gottes Feinde waren. Sie waren außerhalb des Gartens geboren worden. Sie wurden in eine Welt hineingeboren, die sich verändert hatte. Es gab nun Schmerzen und Tod, weil die Menschen Gott ungehorsam gewesen waren. Gott wollte, dass sie sich daran erinnerten, dass sie den Weg des Todes gewählt hatten. Aber er wollte sie auch wissen lassen, dass er einen Weg für sie geschaffen hatte, zu ihm zurückzukehren. Wenn sie zu ihm kämen, dann musste es Tod und Blut geben. Es gab keinen anderen Weg, um zu Gott zu kommen.

Gott tut immer, was richtig und gut ist. Er spricht immer die Wahrheit und macht, was wahr und echt ist. Die Menschen waren nun Gottes Feinde, also konnten sie nicht mehr frei zu ihm kommen. Das wäre falsch[49] gewesen. Es wäre keine wahre, keine echte Beziehung[50] zu Gott gewesen. Gott ist immer echt und wahr mit den Menschen, in allem, was er tut. Also sagte Gott, dass es den Menschen nur durch Tod und Blutvergießen möglich war, zu ihm zu kommen. Aber Kain hatte nicht auf Gott gehört. Er tat nicht, was Gott sagte. Kain hörte nicht auf Gott. Vielleicht dachte er, dass das, was Gott sagte, nicht wahr oder nicht so wichtig ist.

Die Lämmer, die Abel getötet hatte, hatten nichts Falsches getan. Abel war derjenige, der eigentlich hätte sterben müssen. Er war der Feind Gottes, nicht die Lämmer. Abel tötete sie, weil er wusste, dass er derjenige hätte sein sollen,

---

48. **Akzeptierte** – Grundform: akzeptieren; etwas annehmen, mit etwas einverstanden sein.
49. **Falsch** – nicht echt, nicht wahr, nicht richtig.
50. **Beziehung** – die Art und Weise, wie zwei oder mehrere Menschen miteinander verbunden sind; eine Freundschaft.

LEKTION 5: KAIN UND ABEL WURDEN AUßERHALB DES GARTENS GEBOREN

der stirbt. Doch Gott hatte diesen Weg geschaffen, um ihn zu retten. Abel war Gottes Feind, aber er konnte auf diese Weise zu Gott kommen, indem er die Lämmer tötete. Abel hatte gehört, was Gott gesagt hatte, und tat genau das, was Gott gesagt hatte. Abel dachte, dass das, was Gott sagte, wahr war, also tat er es.

Gott nahm Abels Opfer an, aber Kains Opfer nicht. Kain war sehr böse. Gott sprach zu Kain, weil er ihm helfen wollte. Gott erzählte Kain, wie er es hätte richtig machen können. Gott sagte, dass Kain angenommen würde, wenn er täte, was richtig war. Gott wollte, dass Kain auf ihn hörte und zu ihm auf die Art und Weise kam, die er gesagt hatte. Das war das Beste für Kain. Gott ging zu Kain und sprach zu ihm, weil Gott die Menschen liebt und das Beste für sie will. Kain hatte nicht auf Gott gehört, aber dennoch kam Gott zu ihm, um ihm zu helfen. Gott befahl Kain, stärker als die Sünde zu sein, die ihn zu kontrollieren versuchte.

1 MOSE 4:8

⁸ Doch Kain sprach seinen Bruder an. Und als sie auf dem Feld waren, fiel er über Abel her und schlug ihn tot.

Kain hörte aber leider nicht auf Gott. Er ging zu seinem Bruder und fragte ihn, ob der mit ihm hinaus aufs Feld ginge. Dort tötete Kain seinen Bruder Abel. Kain traf die Entscheidung, Abel zu töten. Satan muss sehr zufrieden damit gewesen sein, dass Kain das tat, weil Satan Gott und die Menschen hasst. Satans Ziel ist es, Leben zu zerstören.

1 MOSE 4:9

⁹ Da sagte Jahwe zu Kain: „Wo ist Abel, dein Bruder?" Der entgegnete: „Ich weiß nicht. Bin ich etwa sein Aufpasser?" – „Was hast du da getan!", erwiderte Gott.

Gott kam noch einmal zu Kain, um mit ihm zu sprechen. Gott fragte Kain, wo Abel sei. Gott wusste, wo Abel war, aber Gott wollte, dass Kain ihm die Wahrheit erzählte. Gott wollte, dass Kain ihm erzählte, was er getan hatte. Kain antwortete Gott: *„Ich weiß es nicht ... Bin ich etwa sein Aufpasser?"* Kain log Gott an. Er zeigte damit, dass es ihm nicht leidtat, seinen Bruder getötet zu haben.

1 MOSE 4:10-15

¹⁰ „Hörst du nicht das Blut deines Bruders aus dem Ackerboden zu mir schreien? ¹¹ Verflucht sollst du sein, verbannt vom Ackerboden! Denn du hast ihn mit dem Blut deines Bruders getränkt. ¹² Wenn du ihn künftig bebaust, wird

SEINE GESCHICHTE – UNSERE RETTUNG

er dir keinen Ertrag mehr bringen. Als ruheloser Flüchtling wirst du auf der Erde umherirren."
¹³ Da sagte Kain zu Jahwe: „Diese Strafe ist zu schwer für mich. Ich werde sie nicht ertragen können. ¹⁴ Du vertreibst mich vom fruchtbaren Land, und auch vor dir muss ich mich verstecken. Als ruheloser Flüchtling werde ich umherirren, und jeder, der mich findet, kann mich erschlagen."
¹⁵ „Nein", erwiderte Jahwe, „ich ordne an: Wer Kain erschlägt, wird siebenfach bestraft!" Und er machte ein Zeichen an Kain, damit niemand es wagen würde, ihn zu erschlagen, wenn er ihm begegnete.

Gott erzählt uns, dass er fand, dass Kain etwas sehr Schreckliches getan hatte. Das war das erste Mal, dass ein Mensch einen anderen getötet hat. Gott gab den Menschen das Leben und er würde Kain bestrafen dafür, dass er das Leben von Abel genommen hatte. Gott sagte zu Kain, dass der keine Heimat mehr haben würde. Er müsse herumziehen und könne an keinem Ort bleiben.

Kain bat nicht um Vergebung für das, was er getan hatte. Er sagte nur, dass seine Bestrafung zu groß sei. Er dachte weder an Gott noch an seinen Bruder. Er dachte nur an sich selbst.

In Gottes Geschichte wird uns vom weiteren Leben Kains erzählt. Es wird über seine Familie gesprochen, die nach ihm kam. Die hörte ebenso wenig wie Kain auf Gott noch fragte sie nach ihm. Kains Familienangehörige taten nicht das, was Gott sagte. Sie dachten nur an sich selbst und ihr Leben auf der Erde. Über Kains Leben kannst du in 1. Mose 4,16-24 lesen.

Dann erzählt uns Gottes Geschichte mehr über Adam und Eva.

1 MOSE 4:25,26

²⁵ Nachdem Adam wieder mit seiner Frau Eva geschlafen hatte, gebar sie ihm einen Sohn und nannte ihn Set, Setzling. „Gott hat mir wieder einen Sprössling geschenkt", sagte sie, „anstelle von Abel, weil Kain ihn erschlug." ²⁶ Auch Set wurde ein Sohn geboren. Enosch, sterblicher Mensch, nannte er ihn. Damals fing man an, den Namen Jahwes anzurufen.

Gott gab Adam und Eva einen weiteren Sohn, weil Abel tot war. Der Name ihres neuen Sohnes war Set. Set wuchs heran und gründete eine Familie, die Gott kannte. Sets Familienangehörige fingen an, den Namen des Herrn anzurufen

LEKTION 5: KAIN UND ABEL WURDEN AUSSERHALB DES GARTENS GEBOREN

(anzubeten[51]). Set und seine Familie waren in der Lage, zu Gott zu kommen, weil sie es auf die Art und Weise taten, die Gott gefordert hatte. Sie waren zwar als Feinde Gottes geboren worden, aber sie konnten dennoch zu Gott kommen und ihn anbeten. Gott hatte einen Weg für sie geschaffen, zu ihm zu kommen, weil er sie liebte und er eine enge Beziehung zu ihnen haben wollte.

1. Wo wurden Kain und Abel geboren? Wie war es dort?
2. Was für unterschiedliche Opfer brachten Kain und Abel Gott?
3. Was mussten die Menschen, die jetzt Gottes Feinde waren, tun, um zu Gott kommen zu können?
4. Warum kam Kain nicht auf die Weise zu Gott, die Gott gesagt hatte?

---

51. **Anzubeten** – Grundform: anbeten; Gott Liebe zeigen, sich über Gott freuen, davon erzählen, wie gut Gott ist, und ihm danken für das, was er getan hat.

LEKTION 6

GOTT VERNICHTETE DIE ERDE MIT EINER FLUT

In 1. Mose 5 erzählt Gottes Geschichte von jeder Generation[52] von Sets Familie. Du kannst die Namen der Männer lesen, die jeweils der Kopf jeder Generation waren, wie lange sie jeweils gelebt haben und wie deren Söhne hießen. Gott wollte, dass wir die Namen der Menschen in Sets Familie kennen, also stellte er sicher, dass sie in der Bibel niedergeschrieben wurden. Sets Familie hörte auf Gott und kam auf die Art und Weise zu Gott, wie Gott es gesagt hatte.

Von jedem Mann in Sets Familie heißt es, dass er starb. Der Tod war nun Teil des Lebens auf der Erde. Die Menschen, die auf der Erde geboren wurden, wurden mit Tod und Sünde in ihnen geboren. Sünde bedeutet, nicht das zu tun, was Gott gesagt hat. Sie wurden getrennt von Gott geboren, außerhalb des Gartens, den Gott für sie ursprünglich gemacht hatte. Also wurden sie alt und starben.

Die Liste der Generationen beginnt mit Set und geht bis zu einem Mann namens Noah. Es gab zehn Generationen von der Zeit an, in der Adam und Eva Gott nicht gehorcht hatten, bis zu Noah. Gottes Geschichte erzählt uns, dass bis zu dieser Zeit die Menschen sehr böse geworden waren. Die Menschen hörten nicht auf Gott. Die Art und Weise, wie sie lebten, war sehr, sehr schlecht.

---

52. **Generation** – die Mitglieder einer Familie, die zur gleichen Zeit leben; die Zeit in einer Familie, wenn Kinder geboren werden, aufwachsen und ihre eigenen Kinder bekommen.

SEINE GESCHICHTE – UNSERE RETTUNG

1 MOSE 6:5

⁵ Jahwe aber sah, wie groß die Bosheit der Menschen auf der Erde war. Ihr ganzes Denken und Streben, alles, was aus ihrem Herzen kam, war immer nur böse.

In Gottes Geschichte wird gesagt, dass *Jahwe aber sah, wie groß die Bosheit*[53] *der Menschen auf der Erde war.* Die Menschen hörten überhaupt nicht auf Gott. Sie taten einfach das, was sie wollten. Gottes Geschichte sagt, dass alles, was sie taten und dachten, böse war. Die Menschen waren so schlecht, dass sie die ganze Zeit nur Boshaftigkeiten planten und dachten. Gott wusste, was sie dachten. Gott weiß alles und so wusste er auch alles über sie.

1 MOSE 6:6,7

⁶ Jahwe bekümmerte es, den Menschen erschaffen zu haben, und es schmerzte ihn bis in sein Innerstes hinein.
⁷ Er beschloss: „Ich werde den Menschen, den ich geschaffen habe, vom Erdboden wegwischen, samt dem Vieh, den Kriechtieren und Vögeln, denn ich bedaure, sie gemacht zu haben."

Gott sagte, dass er es sehr bedauerte, die Menschen gemacht und auf die Erde gesetzt zu haben. Gott hatte die Menschen gemacht und liebte sie. Gott wollte eine wahre und enge Beziehung mit den Menschen haben. Er wollte nur das Beste für die Menschen. Doch sie hatten sich von ihm abgewandt. Sie hörten nicht auf ihn. Und das war sehr schlecht für die Menschen. Sie dachten als erstes nur an sich. So, wie sie waren, würden sie sich gegenseitig verletzen und einander umbringen. Sie würden nicht auf die Erde und die Tiere Acht haben, wie Gott es von ihnen wollte. Dann, nachdem die Menschen gestorben waren, würden sie zu dem Ort des Todes gehen. Also entschloss Gott sich, all das zu beenden. Er entschied sich, alle Menschen und alle Lebewesen auf der Erde zu vernichten.

1 MOSE 6:8-10

⁸ Nur Noah fand Gnade vor Jahwe.
⁹ Es folgt die Geschichte Noahs. Noah war ein gerechter Mann. Seine Zeitgenossen fanden nichts Tadelnswertes an ihm. Er lebte beständig mit Gott. ¹⁰ Drei Söhne hatte er: Sem, Ham und Jafet.

---

53. **Bosheit** – etwas sehr Böses oder Schlechtes tun.

LEKTION 6: GOTT VERNICHTETE DIE ERDE MIT EINER FLUT

Die Menschen auf der Erde waren böse und hörten nicht auf Gott. Doch einen Mann gab es, der auf Gott hörte. Der Name dieses Mannes war Noah. Gottes Geschichte sagt, dass Noah *ein gerechter Mann* war. Gott sagt, dass Noah gerecht war, weil Noah zu Gott auf die Art und Weise kam, wie Gott es gesagt hatte. Noah wurde außerhalb des Gartens geboren, wie alle anderen Menschen auch, aber er hatte auf Gott gehört. Er hatte geglaubt[54], dass das, was Gott sagte, wahr ist. Also war Gott glücklich über Noah und er war ihm nahe. Noah hatte drei Söhne: Sem, Ham und Jafet.

1 MOSE 6:11-17

[11] Die Erde aber verdarb vor Gott und füllte sich mit Verbrechen. [12] Gott sah sich das an: Die Erde war vollkommen verdorben, denn alle Menschen waren vom rechten Weg abgekommen. [13] Da sagte Gott zu Noah: „Ich habe beschlossen, Mensch und Tier zu vernichten, denn ihretwegen ist die Erde voller Gewalt. [14] Baue dir eine Arche, einen Kasten aus Goferholz! Teile ihn in mehrere Räume ein und dichte ihn innen und außen mit Asphalt ab! [15] Er soll 150 Meter lang sein, 25 Meter breit und 15 Meter hoch. [16] Sorge auch für eine Lichtöffnung! Sie darf bis zu einem halben Meter unter den Dachrand reichen. Setze eine Tür in die Mitte ihrer Längsseite. Drei Stockwerke soll die Arche insgesamt haben. [17] Denn ich, ja ich werde eine Wasserflut über die ganze Erde kommen lassen und alles vernichten, was atmet und lebt.

Gott sah, dass die Erde *verdarb*. Verderben bedeutet, dass sie böse, faul und zerstört war. Gott hatte entschieden, alle Lebewesen auf der Erde zu vernichten. Doch Gott wollte Noah und Noahs Familie retten. Noah und seine Familie wurden außerhalb des Gartens in einer Welt voller Sünde und Tod geboren. Aber Noah hörte trotzdem auf Gott und kam zu ihm auf die Weise, die Gott gesagt hatte. Er hatte eine vertraute Beziehung zu Gott. Noah wusste, dass er und seine Familie in eine Welt voller Sünde und Tod hineingeboren worden waren. Er wusste, dass sie ohne Gottes Hilfe stürben und zu dem Ort des Todes gingen. Er wusste, dass nur Gott sie retten konnte. Noah stimmte Gott zu, dass alles, was Gott sagte, wahr ist. Also plante Gott, Noah zu retten – ihn vor dem Tod zu bewahren.

---

54. **Geglaubt** – Grundform: glauben; denken, dass etwas wahr ist; Gott glauben, Gott vertrauen.

SEINE GESCHICHTE – UNSERE RETTUNG

Gott befahl Noah, ein großes Boot zu bauen. Er sagte Noah, wie er es bauen sollte, welches Holz er nehmen sollte, wie lange es sein sollte, wie hoch und wie breit es sein sollte. Er sagte Noah, dass es eine Tür an der Seite haben sollte. Gott sagte Noah, dass eine große Flut auf die Erde käme und dass diese Flut die Erde komplett bedecken und dass alles Lebende sterben würde.

Gott erklärte Noah alles sehr genau. Er gab Noah und dessen Söhne diese sehr wichtige Aufgabe. Sie würden sehr hart arbeiten müssen. Es würde sehr lange dauern. Nur Gott konnte planen, wie das Boot sein sollte. Nur Gott wusste, wie schlimm diese Flut sein würde. Also musste Noah auf Gott hören und tun, was er sagte. Dieses Boot musste so gebaut werden, wie Gott es sagte. Es durfte nur eine Tür haben. Gott wollte Noah und dessen Söhne retten. Um gerettet zu werden, mussten sie alles tun, was Gott sagte.

 ²² Noah machte alles genauso, wie Gott es ihm befohlen hatte.

1 MOSE 6:22

Noah hörte auf Gott. Er tat alles genauso, wie Gott es befohlen hatte. Noah wusste, dass das, was Gott sagte, wahr war. Er wusste, dass nur Gott sie retten konnte.

LEKTION 6: GOTT VERNICHTETE DIE ERDE MIT EINER FLUT

1 MOSE 7:1-15

¹ Dann sagte Jahwe zu Noah: „Komm jetzt mit deiner ganzen Familie in die Arche, denn du bist der einzige Gerechte in dieser Generation. ² Nimm dir von allen reinen Tieren je sieben Männchen und Weibchen mit, von den unreinen aber nur je ein Pärchen. ³ Auch von den Vögeln bringe je sieben Männchen und Weibchen mit, dass jede Art auf der ganzen Erde erhalten bleibt und sich vermehren kann. ⁴ In sieben Tagen werde ich einen Regen über die Erde kommen lassen, der 40 Tage lang, Tag und Nacht, andauern wird. So werde ich alles Bestehende, alles, was ich gemacht habe, von der Erdoberfläche wegwischen."
⁵ Noah machte alles genauso, wie Jahwe es ihm befohlen hatte.
⁶ Als die Flut über die Erde hereinbrach, war Noah 600 Jahre alt.
⁷ Er ging also mit seiner Frau, seinen Söhnen und deren Frauen in die Arche, um sich vor den Wassermassen in Sicherheit zu bringen. ⁸ Alle reinen und unreinen Tiere, die Vögel und die Kriechtiere ⁹ kamen paarweise in die Arche, je ein Männchen und ein Weibchen, wie Gott es Noah befohlen hatte. ¹⁰ Sieben Tage später kamen die Fluten über die Erde.
¹¹ Im 600. Lebensjahr Noahs, am 17. Tag des zweiten Monats, brachen alle Quellen der großen Tiefe auf und die Schleusen des Himmels öffneten sich. ¹² Es regnete in Strömen 40 Tage lang, Tag und Nacht. ¹³ An dem von Gott genannten Tag war Noah mit seinen Söhnen Sem, Ham und Jafet, mit seiner Frau und den Frauen seiner Söhne in die Arche gegangen ¹⁴ und mit ihnen alle Arten von Wildtieren und Herdenvieh, von Kriechtieren und vielfältig gefiederten Vögeln. ¹⁵ Alle Lebewesen, alle, die Atem in sich hatten, waren paarweise zu Noah in die Arche gekommen.

Eine Woche bevor es anfing zu regnen, sagte Gott ihnen, dass es Zeit war, in das Boot zu gehen. Noah und seine drei Söhne und ihre Frauen gingen in das Boot. Sie gingen durch die einzige Tür hinein. Sie nahmen die Tiere mit, so wie Gott es gesagt hatte.

1 MOSE 7:16

¹⁶ Es waren immer ein Männchen und ein Weibchen, wie Gott es Noah befohlen hatte. Dann schloss Jahwe hinter ihm zu.

SEINE GESCHICHTE – UNSERE RETTUNG

Gott sagte, dass er, der Herr, die Tür hinter ihnen verschloss. Gott achtete auf sie. Er sorgte dafür, dass sie sicher waren. Er würde sie retten. Er schloss die Tür, damit sie sicher vor der Flut waren, die alle anderen Lebewesen und alle Menschen zerstören wird.

¹⁷ 40 Tage lang ergoss sich die Flut über die Erde. Das Wasser stieg und hob die Arche vom Boden ab. ¹⁸ Das Wasser schwoll und wuchs gewaltig über der Erde, und die Arche trieb auf dem Wasser. ¹⁹ Und das Wasser stieg immer höher und höher, bis schließlich alle hohen Berge auf der Erde zugedeckt waren. ²⁰ Mehr als sieben Meter hoch deckte das Wasser die Berge zu. ²¹ Da ging alles zugrunde, was auf der Erde lebte und sich regte: Vögel, Herdenvieh und wilde Tiere und alle Menschen. ²² Alles, was einen Lebenshauch in sich trug und auf dem Festland lebte, ging zugrunde. ²³ So löschte Gott alles aus, was auf dem Erdboden bestand: vom Menschen bis zum Herdenvieh, von den Vögeln bis zu den Kriechtieren. Alle fanden den Tod. Nur Noah und alle, die mit ihm in der Arche waren, blieben übrig. ²⁴ 150 Tage lang überflutete das Wasser die Erde.

Die Flut kam genauso, wie Gott es gesagt hatte. Die Menschen außerhalb des Bootes konnten nicht mehr hineinkommen. Die Tür war geschlossen und verschlossen, also konnten sie dem Wasser nicht entkommen. Gott tut immer das, was er sagt. Er sah das Böse auf der Erde und er entschied, die Menschen und Tiere zu zerstören. Er sagte, dass er es tun würde, und dann tat er es.

Alles auf der Erde war mit Wasser bedeckt. Sogar die hohen Berge waren bedeckt. Das Boot, das Noah gemacht hatte, schwamm sicher auf den tiefen Wassern. Noah und seine Söhne und ihre Frauen waren sicher. Die Tiere im Inneren des Bootes waren sicher. Alle Menschen und Tiere außerhalb des Bootes kamen um. Wie alles in der Geschichte Gottes ist auch das wahr. Es passierte wirklich den echten Menschen und Tieren zu einer echten Zeit an einem echten Ort.

¹ Gott dachte an Noah und an all die Wildtiere und das Herdenvieh, das mit ihm in der Arche war, und er ließ einen Wind über die Erde wehen. Da kam das Wasser zur Ruhe, ² die Quellen der Tiefe und die Schleusen des Himmels wurden verschlossen und der Regenfall gestoppt. ³ Dann verliefen sich die Wassermassen allmählich von der Erde. Nach den 150 Tagen nahmen sie immer mehr ab, ⁴ und am 17. Tag des

LEKTION 6: GOTT VERNICHTETE DIE ERDE MIT EINER FLUT

siebten Monats setzte die Arche irgendwo auf dem Gebirge Ararat auf.

Gott vergaß das Boot nicht, welches mit Noah und dessen Familie darin auf dem Wasser schwamm. Gott hatte geplant, sie zu retten, und er tat es auch. Gott ließ einen starken Wind wehen, bis die Wasser weggingen. Die Berggipfel erschienen aus dem Wasser. Fünf Monate, nachdem die Flut begann, kam das Boot auf dem Gebirge Ararat zum Stehen. Der Berg Ararat ist in dem Land, welches wir heute die Türkei nennen. Es brauchte eine lange Zeit, bis die Erde getrocknet war. Du kannst das in 1. Mose 8,5-14 nachlesen. Nachdem die Erde trocken war, befahl Gott ihnen das Boot zu verlassen. Er sagte ihnen auch, dass sie die Tiere hinauslassen sollten. Also verließen Noah und seine Familie und alle Tiere das Boot.

1 MOSE 8:15-19

¹⁵ Da sagte Gott zu Noah: ¹⁶ „Verlass jetzt die Arche mit deiner Frau, deinen Söhnen und ihren Frauen. ¹⁷ Und lass alle Tiere, die bei dir sind, mit hinausziehen: die Vögel, das Herdenvieh und alles, was sich auf der Erde regt. Sie sollen fruchtbar sein und sich vermehren. Auf der Erde soll es wieder wimmeln von ihnen." ¹⁸ Da ging Noah mit seinen Söhnen, seiner Frau und seinen Schwiegertöchtern ins Freie. ¹⁹ Auch alle Arten von Tieren, alles, was kriecht und fliegt und sich auf der Erde regt, zog aus der Arche.

Noah wollte Gott dafür danken, dass der sie vor dem Tod bewahrt hatte. Er wollte auf die Art und Weise zu Gott kommen, die Gott den Menschen gesagt hatte. Weil die Menschen Gott nicht gehorcht hatten und mit Sünde und Tod in ihnen geboren wurden, mussten sie zu Gott kommen, indem sie ein Tier opferten.

1 MOSE 8:20-22

²⁰ Dann baute Noah Jahwe einen Altar. Dort opferte er ihm einige von den reinen Tieren und Vögeln als Brandopfer. ²¹ Jahwe roch den angenehmen Duft und sagte sich: „Nicht noch einmal werde ich nur wegen des Menschen den Erdboden verfluchen. Alles, was aus seinem Herzen kommt, ist ja böse – von seiner frühesten Jugend an. Nicht noch einmal werde ich alles Lebendige auslöschen, wie ich es tat. ²² Von jetzt an, solange die Erde besteht, soll nicht aufhören: Saat und Ernte, Frost und Hitze, Sommer und Winter, Tag und Nacht."

SEINE GESCHICHTE – UNSERE RETTUNG

Noah baute einen *Altar*. Ein Altar ist ein Steinhaufen mit einer ebenen Oberfläche. Noah tötete einige Tiere und Vögel und verbrannte sie auf dem Altar. Diese Tiere waren besondere, von denen Gott Noah gesagt hatte, sie mit ins Boot zu nehmen. Sie waren dafür bestimmt, dass Noah sie tötete und für Gott verbrannte.

Die Tiere und Vögel, die Noah auf dem Altar tötete, hatten nichts Falsches getan. Sie waren mit Noah und seiner Familie in dem Boot gewesen. Nun wurden diese Tiere und Vögel getötet. Gott hatte diese Tiere geschaffen. Er wollte nicht, dass sie sterben. Aber er wollte, dass Noah und dessen Familie einen Weg haben, um zu ihm zu kommen. Noah und seine Familie waren mit dem Tod und der Sünde in ihnen geboren worden. Der einzige Weg, wie sie zu Gott kommen konnten, war, diese Tiere und Vögel zu töten, die nichts Falsches getan hatten. Die Tiere mussten sterben, damit Noahs Familie nicht starb. Noah zeigte, dass er Gott zustimmte und dass nur Gott sie retten konnte. Gott freut sich über das, was Noah getan hatte.

1 MOSE 9:11-13

¹¹ Und ich sichere euch zu: Nie wieder werde ich das Leben durch eine Wasserflut vernichten. Nie mehr wird eine Flut die Erde zerstören. ¹² Dieser Bund zwischen mir und euch gilt jeder kommenden Generation und jedem Lebewesen bei euch. ¹³ Und als Zeichen dafür setze ich meinen Bogen in die Wolken.

Gott sagte, dass er die Erde nie wieder mit einer Flut zerstören würde. Er schuf einen Regenbogen⁵⁵ im Himmel, sodass die Menschen sich an das erinnern können, was er gesagt hatte.

Nun war die Flut vorbei und der Regen hatte aufgehört. Gott setzte einen Regenbogen an den Himmel, als Zeichen für Noahs Familie. Wir können dieses Zeichen auch heute noch sehen.

1 MOSE 9:18,19

¹⁸ Zusammen mit Noah hatten auch Sem, Ham und Jafet die Arche verlassen. Ham war übrigens der Stammvater von Kanaan. ¹⁹ Von diesen drei Söhnen Noahs stammen alle Völker der Erde ab.

---

55. **Regenbogen** – ein Bogen mit vielen Farben, den man am Himmel sehen kann, wenn es regnet und gleichzeitig die Sonne scheint.

LEKTION 6: GOTT VERNICHTETE DIE ERDE MIT EINER FLUT

Gottes Geschichte sagt, dass die drei Söhne von Noah, Sem, Ham und Jafet, die Vorfahren von allen Menschen sind, die jetzt auf der Erde leben. In 1. Mose 10 kannst du alles über die Familien von den Söhnen Noahs nachlesen. Es wird uns alles über ihre Kinder und die Kinder ihrer Kinder erzählt. Es wird von den Nationen[56] berichtet, die von jedem der drei Söhne Noahs entstanden sind.

Nun bewegt sich Gottes Geschichte zu einer Zeit vor, die mehr als drei Generationen nach der Flut kam. Eine große Gruppe von Menschen hatte sich in einem Gebiet namens Schinar niedergelassen.

1 MOSE 11:1-4

¹ Die Menschen hatten damals alle noch dieselbe Sprache und dieselben Wörter. ² Als sie nach Osten zogen, fanden sie eine Ebene im Land Schinar und ließen sich dort nieder. ³ Sie sagten zueinander: „Los! Wir machen Ziegel aus Lehm und brennen sie zu Stein!" Die Ziegel wollten sie als Bausteine verwenden und Asphalt als Mörtel. ⁴ Dann sagten sie: „Los! Bauen wir eine Stadt und einen Turm, der bis an den Himmel reicht! So werden wir uns einen Namen machen und verhindern, dass wir uns über die ganze Erde zerstreuen."

Diese Menschen wollten eine große Stadt mit einem großen Turm bauen. Sie wollten jedem zeigen, wie großartig sie waren. Sie wollten den Turm so hoch bauen, dass er den Himmel erreicht. Sie folgten Gottes Feind, dem Satan, der den Platz Gottes einnehmen wollte. Gott hatte den Menschen die Aufgabe gegeben, sich über die ganze Erde auszubreiten. Doch diese Menschen entschlossen sich, dort zu bleiben, wo sie waren, und stattdessen eine große Stadt zu bauen.

Sie hatten vergessen, was Gott nur drei Generationen vor ihnen getan hatte. Sie hatten die Geschichte der großen Flut vergessen und wie Gott Noahs Familie gerettet hatte. Sie hatten aufgehört, auf die Art und Weise zu Gott gekommen, die er gesagt hatte, nämlich indem sie Tiere töteten. Weder hörten sie auf Gott noch glaubten sie, dass das, was Gott sagte, wahr war. Sie wollten keine Beziehung zu Gott haben. Sie kümmerten sich nicht darum, was Gott sagte.

1 MOSE 11:5-9

⁵ Jahwe kam herab, um sich anzusehen, was die Menschen da bauten – eine Stadt mit einem Turm! ⁶ Da sagte er: „Es ist offensichtlich: Sie sind ein einziges Volk und sprechen

---

56. **Nationen** – verschiedene Volksgruppen; innerhalb einer Nation haben alle einen gemeinsamen Vorfahren.

SEINE GESCHICHTE – UNSERE RETTUNG

nur eine Sprache. Und was sie jetzt begonnen haben, zeigt, dass ihnen künftig nichts unmöglich sein wird. Sie werden alles tun, was sie sich ausdenken. ⁷ Los! Steigen wir hinunter und verwirren ihre Sprache, dass keiner mehr den anderen versteht!"
⁸ So zerstreute Jahwe die Menschen von dort aus über die ganze Erde, und sie mussten aufhören, die Stadt zu bauen. ⁹ Deswegen gab man der Stadt den Namen Babel, Verwirrung, denn Jahwe hatte dort die Sprache der Menschen verwirrt und sie von diesem Ort aus über die ganze Erde zerstreut.

Gott wusste, was diese Menschen planten zu bauen. Er wollte nicht, dass sie alle blieben, wo sie waren. Er wollte nicht, dass sie weiterhin jedem zeigten, wie großartig sie wären und wie gut sie ohne Gott auskämen.

Gott *verwirrte* die Menschen, indem er sie andere Sprachen sprechen ließ. Weil sie einander nicht mehr verstanden, konnten sie die Stadt und den Turm nicht weiterbauen. Sie mussten sich an andere Orte auf der Erde ausbreiten, so wie Gott es von ihnen gewollte hatte. Der Name dieses Ortes wurde Babel genannt. Babel kommt von dem hebräischen Wort *balal*, welches „Verwirrung" bedeutet.

1. Was denkst du darüber, dass Gott alles Leben auf der Erde durch die Flut beendete?
2. Warum, denkst du, hat Gott Noahs Familie gerettet?
3. Warum schuf Gott den Regenbogen?
4. Warum wollten die Menschen einen hohen Turm bauen?
5. Denken die Menschen heute noch, dass sie Gott nicht bräuchten?
6. Warum verwirrte Gott die Sprachen der Menschen, die den Turm bauten?

LEKTION 7

GOTT BRACHTE ABRAM NACH KANAAN

Gottes Geschichte erzählt uns nun von einem Mann namens Abram. Er lebte ungefähr zehn Generationen nach den Menschen von Babel. Zehn Generationen umfassen ungefähr 350 Jahre. Abram war ein Nachkomme von Sems Familie. Sem war ein Sohn von Noah. Du kannst die Namen aller Generationen zwischen Sem und Abram in 1. Mose 11,10-26 nachlesen.

Abram wuchs im südlichen Teil Mesopotamiens auf. Heute nennen wir diese Gegend Irak. Zurück zu der Zeit, als Gott die Sprachen der Menschen in Babel verwirrte, begann eine Gruppe von Menschen eine Sprache zu sprechen, die wir nun als Aramäisch kennen. Sie blieben in der Nähe von Babel und lebten dort im Land Babylonien. Die Stadt, die sie bauten, wurde Ur genannt. Zu dieser Zeit wurde Abram geboren. Die Menschen in Ur beteten Gott nicht an. Sie beteten andere Dinge an, die sie selbst aus Holz, Stein oder Metall gebaut hatten. Sie sagten, dass diese Dinge die Macht Gottes hätten. Sie beteten auch Geschöpfe an, die Gott gemacht hatte, wie Tiere oder auch Bäume. Von diesen Dingen erhofften sie sich Hilfe, die nur Gott ihnen geben konnte. Anstatt auf Gott zu hören und ihn um Hilfe zu bitten, beteten sie zu diesen selbstgemachten Götzen.

Gottes Geschichte erzählt uns, wie Abrams Familie entstand. Abrams Frau Sarai konnte keine Kinder bekommen. Sie war nicht in der Lage, schwanger zu werden.

SEINE GESCHICHTE – UNSERE RETTUNG

1 MOSE 11:27-30

²⁷ Es folgt das Verzeichnis der Nachkommen Terachs. Terach wurde der Vater von Abram, Nahor und Haran. Haran war der Vater Lots ²⁸ und starb noch zu Lebzeiten seines Vaters Terach in seiner Heimatstadt Ur in Chaldäa. ²⁹ Abram und Nahor heirateten dann. Abrams Frau hieß Sarai, Nahors Frau Milka. Sie war die Tochter Harans und Schwester von Jiska. ³⁰ Doch Sarai konnte keine Kinder bekommen.

Eines Tages wollte Terach, der Vater Abrams, aus Ur wegziehen.

1 MOSE 11:31,32

³¹ Terach brach aus Ur in Chaldäa auf, um nach Kanaan zu ziehen. Er nahm seinen Sohn Abram, seinen Enkel Lot und seine Schwiegertochter Sarai mit. Doch als sie nach Haran gekommen waren, ließen sie sich dort nieder. ³² Dort starb auch Terach im Alter von 205 Jahren.

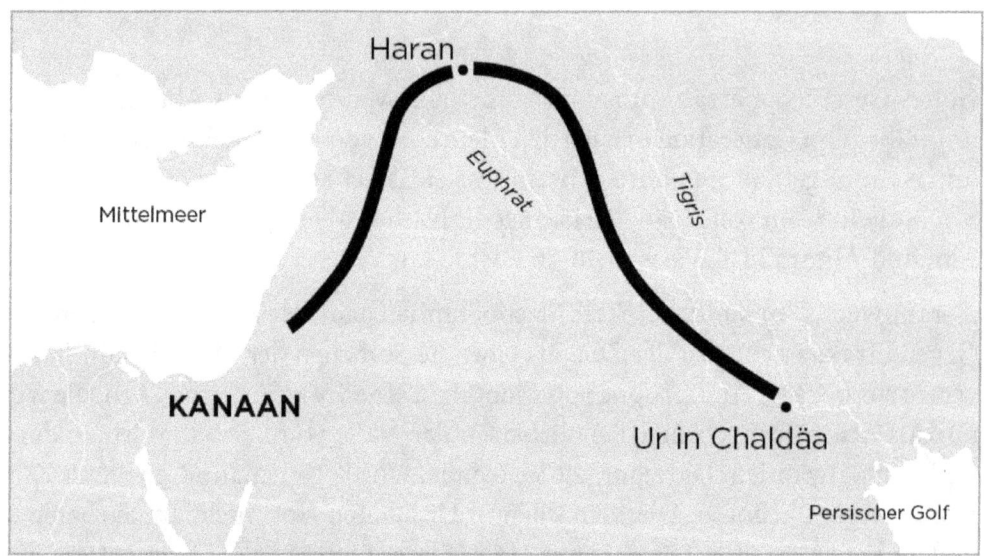

Terach wollte mit seiner Familie nach Kanaan umziehen. Kanaan liegt westlich von Ur, nahe dem Mittelmeer. Abram verließ die Stadt Ur mit seiner Frau und seinem Vater. Der Sohn seines Bruders, Lot, ging auch mit ihnen. Zunächst mussten sie in den Norden ziehen, weil es eine Wüste⁵⁷ zwischen Ur und Kanaan gab. Sie konnten nicht durch die Wüste gehen, also gingen sie nach Norden und

---

57. Wüste – ein sehr trockenes Gebiet ohne Wasser.

LEKTION 7: GOTT BRACHTE ABRAM NACH KANAAN

kamen zu einer Stadt namens Haran. Haran ist in der Gegend, die wir heute die Türkei nennen. Während sie in Haran blieben, starb Terach. Gottes Geschichte erzählt uns, dass Gott zu Abram sprach.

1 MOSE 12:1

¹ Da sagte Jahwe zu Abram: „Zieh aus deinem Land weg! Verlass deine Sippe und auch die Familie deines Vaters und geh in das Land, das ich dir zeigen werde!

Abram unterschied sich von den meisten anderen Menschen, die gerade am Leben waren. Die meisten Menschen beteten falsche Götter[58] an. Gottes Geschichte erzählt uns, dass Abram den wahren Schöpfer[59] kannte, weil der zu ihm sprach. Gott sagte zu Abram, dass er ausziehen und in ein Land gehen solle, das Gott ihm zeigen würde. Außerdem sagte Gott noch Folgendes zu Abram:

1 MOSE 12:2,3

² Ich will dich zu einer großen Nation werden lassen; ich werde dich segnen und deinen Namen bekannt machen. Du wirst ein Segen für andere sein. ³ Ich will segnen, die dich segnen, und verfluchen, die dir fluchen. Alle Völker der Erde werden durch dich gesegnet sein."

Gott sagte zu Abram, dass er ihn gebrauchen würde, um eine *große Nation* entstehen zu lassen. Gott meinte damit, dass Abrams Familie sehr viele Nachkommen bekäme und dass viele andere Menschen davon erführen, dass er Abram zu einem berühmten[60] und wichtigen Mann machen werde.

Gott sagte, dass er auf Abram aufpassen würde. Außerdem sagte Gott, dass er den Menschen helfen würde, die Abram unterstützt hatten, und die Menschen *verfluchen*[61] würde, die sich gegen Abram gewandt hatten. Das letzte, was Gott zu Abram sagte, war, dass alle *Völker der Erde* durch ihn gesegnet werden würden. Gesegnet bedeutet, dass allen Menschen auf der Erde durch Abram Gutes begegnen werde.

Erinnerst du dich an die Situation, als Adam und Eva aus dem Garten hinausgeschickt worden waren, den Gott für sie gemacht hatte? Gott sprach zu der Schlange und sagte, dass ein Mann kommen würde, der den Kopf Satans

---

58. **Götter** – was Menschen anstelle des einen wahren Gottes anbeten.
59. **Schöpfer** – derjenige, der alles geschaffen beziehungsweise gemacht hatte.
60. **Berühmt** – bekannt bei vielen Menschen.
61. **Verfluchen** – jemanden verletzen oder schaden wollen, sodass ihm etwas passiert.

SEINE GESCHICHTE – UNSERE RETTUNG

zertreten würde. Dieser Mann würde Satan besiegen[62]. Er würde kommen, weil Gott sagte, dass er es tut. Wenn Gott etwas sagt, dann passiert es immer. Der Mann, von dem Gott sprach, dass er Satan besiegen werde, würde ein Nachkomme von Abrams Familie sein. Darum sagte Gott zu Abram, dass alle Völker auf der Erde durch ihn gesegnet werden würden. Wir werden von all dem hören, wenn wir Gottes Geschichte weiterverfolgen.

1 MOSE 12:4,5

⁴ Abram gehorchte dem Befehl Jahwes und brach auf. Lot zog mit ihm. Abram war 75 Jahre alt, als er Haran verließ. ⁵ Seine Frau Sarai und sein Neffe Lot begleiteten ihn. Sie nahmen alle Menschen, die sie in Haran erworben hatten, und ihren ganzen Besitz mit. So zogen sie nach Kanaan.

Abram hörte auf Gott und glaubte, dass das, was Gott sagte, wahr war. Er hatte keine Kinder, weil seine Frau nicht schwanger werden konnte. Aber Abram glaubte, dass das, was Gott sagte, wahr war. Er glaubte, dass er der Vater einer großen Nation werden würde, weil Gott das gesagt hatte. Wenn jemand glaubt, dass das, was Gott sagt, wahr ist, nennen wir das „Glaube".

Abram hörte auf Gott und verließ die Stadt Haran. Er nahm seinen Neffen[63] Lot und seine Familie, Knechte und all seine Tiere mich sich. Sie gingen erst nach Westen und dann nach Süden. Sie gingen entlang der Küste des Mittelmeeres in Richtung Kanaan.

1 MOSE 13:5-13

⁵ Auch Lot, der mit Abram gezogen war, besaß Kleinvieh, Rinder und Zelte. ⁶ Doch das Weideland reichte nicht für beide aus. Ihr Herdenbesitz war zu groß. So konnten sie unmöglich beisammenbleiben. ⁷ Es gab immer Streit zwischen den Hirten von Abrams und Lots Vieh. Damals wohnten ja auch noch die Kanaaniter und Perisiter im Land. ⁸ Abram besprach das mit Lot. Er sagte: „Es soll kein Streit zwischen uns sein, auch nicht zwischen unseren Hirten. Wir sind doch Brüder! ⁹ Steht dir nicht das ganze Land offen? Trenn dich doch von mir! Willst du nach links, dann gehe ich nach rechts, und willst du nach rechts, dann gehe ich nach links." ¹⁰ Lot schaute sich um und sah, dass es in der Jordanebene reichlich Wasser gab. Bevor Jahwe nämlich Sodom und Gomorra zerstörte, war diese Gegend bis nach Zoar hin wie der Garten

---

62. **Besiegen** – in einem Kampf oder Wettbewerb gegen jemanden gewinnen; überwinden oder schlagen.
63. **Neffe** – der Sohn deines Bruders oder deiner Schwester.

LEKTION 7: GOTT BRACHTE ABRAM NACH KANAAN

Jahwes und wie Ägypten. ¹¹ Deshalb entschied sich Lot für die Jordangegend und zog nach Osten. So trennten sich beide: ¹² Abram blieb im Land Kanaan, Lot zog ins Gebiet der Jordanstädte und kam mit seinen Zelten bis nach Sodom. ¹³ Doch die Einwohner von Sodom waren sehr böse und sündigten schwer gegen Jahwe.

Gott hatte gesagt, dass er auf Abram aufpassen werde. Abram war ein reicher Mann, weil Gott ihm geholfen hatte. Er besaß viele Tiere und hatte viele Menschen bei sich, die für ihn arbeiteten. Sie ließen sich in Kanaan nieder und hatten dort viel Land für ihre Tiere zum grasen⁶⁴. Abrams Neffe Lot war auch ein reicher Mann mit vielen Tieren. Sie brauchten ein großes Weideland für all ihre Tiere. Abram und Lot zogen voneinander weg, um mehr Land für ihre Tiere zu bekommen. Lot fand gutes Land mit viel Gras neben dem Jordan (Fluss). Dieses Land war nahe bei einer Stadt namens Sodom. Abram ging zu einem Ort weiter westlich, wo das Land trocken war. Dies war nahe der Stadt Hebron.

1 MOSE 13:14,15

¹⁴ Nachdem Lot weggezogen war, sagte Jahwe zu Abram: „Blick auf und schau dich nach allen Seiten gründlich um! ¹⁵ Das ganze Land, das du siehst, will ich dir und deinen Nachkommen für immer geben.

Nachdem Lot gegangen war, sprach Gott wieder zu Abram. Er gab Abram das ganze Land, welches er sehen konnte. Gott gab das Land Abram und dessen Nachkommen⁶⁵.

1 MOSE 13:16

¹⁶ Und deine Nachkommen werde ich zahlreich machen wie den Staub der Erde. Nur wenn jemand die Staubkörner zählen könnte, würden auch deine Nachkommen gezählt werden können."

Gott sagte auch, dass er Abram so viele Nachkommen geben würde, wie es Staub auf der Erde gibt, der nicht gezählt werden kann! Gott meinte damit, dass Abram sehr, sehr viele Nachkommen haben wird. Aber Abrams Frau Sarai konnte keine Kinder bekommen. Und Abram und Sarai waren nun schon alt.

---

64. **Grasen** – das Gras fressen.
65. **Nachkommen** – jegliche Menschen in deiner Familie, die nach dir geboren und leben werden.

SEINE GESCHICHTE – UNSERE RETTUNG

Also war es nicht leicht für Abram zu glauben, dass wirklich wahr war, was Gott gesagt hatte. Er musste Glauben[66] an Gott haben. Ein bisschen später sagte Gott noch einmal zu Abram, dass der einen Sohn und viele Nachkommen haben würde.

1 MOSE 15:1-6

¹ Nach diesen Ereignissen empfing Abram folgende Botschaft Jahwes in einer Vision: „Hab keine Angst, Abram! Ich selbst bin dein Schutz und dein sehr großer Lohn."
² Da erwiderte Abram: „Jahwe, mein Herr, was willst du mir denn geben? Ich werde ja kinderlos sterben, und meinen Besitz erbt Eliëser von Damaskus. ³ Du hast mir doch keinen Sohn gegeben. Der Sklave, der in meinem Haus geboren wurde, wird mich beerben."
⁴ Da kam das Wort Jahwes zu ihm: „Nein, er wird nicht dein Erbe sein, sondern einer, den du zeugen wirst, der soll dich beerben." ⁵ Darauf führte er ihn ins Freie und sagte: „Blick doch zum Himmel auf und zähle die Sterne, wenn du es kannst!" Und fügte hinzu: „So wird deine Nachkommenschaft sein!"
⁶ Abram glaubte Jahwe, und das rechnete er ihm als Gerechtigkeit an.

Es wird gesagt, dass Abram dem Herrn glaubte und dass der Herr ihm das als Gerechtigkeit anrechnete. Was bedeutet das? Abram, wie jede andere Person, wurde in die Welt hineingeboren, die voller Sünde und Tod ist. Wie jeder andere machte er nicht immer alles richtig. Gott ist vollkommen und alles, was Gott tut, ist vollkommen. Doch die Menschen sind nicht vollkommen. Sie werden als Menschen geboren, die sündigen. Sündigen bedeutet, nicht auf Gott zu hören. Abram war auch so geboren worden. In 1. Mose 20,1-18 kannst du über eine Zeit lesen, in der er Gott nicht vertraute. Er war eben nicht vollkommen. Hätte Gott Abram nicht gerettet, wäre der nach seinem Tod für immer von Gott getrennt.

Doch Gott hatte ja einen Weg geschaffen, damit die Menschen zu ihm kommen können. Abram kam auf diese Art und Weise zu Gott. Er kam zu Gott auf die Weise, die Gott gesagt hatte, indem er Tiere opferte. Abram glaubte, dass das, was Gott sagte, wahr war. Er zeigte, dass er Gott glaubte, indem er zu Gott auf die Weise kam, die Gott gesagt hatte. Abram glaubte dem, was Gott sagte. Er wollte eine Beziehung mit Gott haben und nicht von Gott getrennt sein.

---

66. **Glauben** – wenn jemand glaubt, dass die Dinge, die Gott sagt, wahr sind; Gott vertrauen.

LEKTION 7: GOTT BRACHTE ABRAM NACH KANAAN

Er glaubte, dass Gott ihm einen Sohn und viele Nachkommen geben würde. Deswegen, weil Abram glaubte, was Gott sagte, nannte Gott ihn „gerecht". Das bedeutete, dass Abram nicht für seine Sünden mit seinem eigenen Tod bezahlen musste.

Wie alle Menschen hatte Abram eine Schuld[67] vor Gott, die er nicht zurückzahlen konnte. Er war in eine Welt voller Sünde und Tod hineingeboren worden und konnte sich nicht selbst retten. Nur Gott konnte ihn retten. Abram wusste das, also tötete er die Tiere und ließ ihr Blut fließen. Er tat das, um zu zeigen, dass er glaubte, dass nur Gott ihn retten konnte. Abram wusste, dass eigentlich er derjenige sein sollte, der sterben müsse, nicht die Tiere, die nichts Falsches getan hatten. Abram vertraute auf Gottes Weg, den Gott auch für Abram geschaffen hatte, damit er zu Gott kommen konnte, nicht sterben und von Gott getrennt sein musste, sondern damit er Gott nahe sein konnte. Abram kam zu Gott auf die Weise, die Gott gesagt hatte, weil er alles glaubte, was Gott sagte.

Gott sah, dass Abram ihm glaubte. Gott hätte Abram nicht retten müssen, aber er tat es, weil er es wollte. Gott gab Abram dieses kostenlose Geschenk und rettete ihn davor, einmal zu dem Ort des Todes gehen zu müssen. Gott sagte, dass Abram seine Schuld nicht zurückzahlen musste, die er Gott schuldete. Abram musste nicht für seine Sünden sterben. Das bedeutet es, wenn die Bibel sagt, dass der Herr es ihm als Gerechtigkeit zurechnete.

Gott ließ in seiner Geschichte einiges mehr über die Nachkommen Abrams niederschreiben.

1 MOSE 15:12-16

¹² Als nun die Sonne unterging, fiel ein Tiefschlaf auf Abram, und eine unheimliche, erdrückende Angst legte sich auf ihn. ¹³ Da sagte Jahwe zu ihm: „Du sollst jetzt erfahren, dass deine Nachkommen als Fremde in einem Land leben werden, das ihnen nicht gehört. Dort werden sie unterdrückt und zu Sklavendiensten gezwungen – vierhundert Jahre lang. ¹⁴ Aber auch das Volk, dem sie dienen müssen, wird mein Strafgericht treffen. Und dann werden sie mit großem Besitz von dort wegziehen. ¹⁵ Du selbst wirst ein hohes Alter erreichen und in Frieden sterben und begraben werden. ¹⁶ Erst die vierte Generation wird hierher zurückkehren, denn die Schuld der Amoriter hat noch nicht ihr volles Maß erreicht."

---

67. **Schuld** – etwas, das du jemandem schuldest und ihm zurückzahlen musst.

SEINE GESCHICHTE – UNSERE RETTUNG

Gott sagte, dass Abrams Nachkommen *als Fremde in einem Land leben werden, das ihnen nicht gehört*. Er sagte, dass sie für 400 Jahre Sklaven[68] sein würden. Gott sagte, dass er die Nation bestrafen wird, die sie zu Sklaven gemacht hat. Er sagte, dass er die Nachkommen Abrams zu dem Land zurückbringen wird, das er Abram gegeben hatte.

Etwas später sagte Gott noch einmal zu Abram, dass dessen Familie wachsen würde, damit aus ihr schließlich viele Nationen werden könnten. Er sagte Abram, dass er einen Vertrag bzw. *Bund* mit ihm schließen würde. Ein Bund ist ein sehr starkes Versprechen[69], das wirklich eingehalten werden muss. Gott wollte Abram wissen lassen, dass er immer das tut, was er sagt. Dann gab Gott dem Abram einen neuen Namen: Abraham. Der Name Abraham bedeutet „Vater einer großen Menge".

1 MOSE 17:4-6

⁴ Pass auf! Mein Bund sieht so aus: Du wirst zum Vater vieler Völker werden. ⁵ Deshalb sollst du auch nicht mehr Abram heißen, sondern Abraham! Denn ich habe dich zum Vater vieler Völker bestimmt. ⁶ Ich werde dich überaus fruchtbar machen, sodass deine Nachkommen zu ganzen Völkern werden. Selbst Könige werden von dir abstammen.

Dann änderte Gott auch den Namen von Abrahams Frau von Sarai zu Sara. Der Name Sara bedeutet „Fürstin" oder „Prinzessin".

1 MOSE 17:15-17

¹⁵ Dann sagte Gott zu Abraham: „Sarai, deine Frau, sollst du nicht mehr Sarai nennen. Von jetzt an soll sie Sara heißen. ¹⁶ Ich werde sie segnen und dir einen Sohn von ihr schenken. Ich segne sie so, dass sie die Mutter ganzer Völker wird, selbst Könige werden von ihr stammen."
¹⁷ Da warf sich Abraham vor Gott nieder und lachte innerlich. Er dachte: „Einem Hundertjährigen soll noch ein Sohn geboren werden, und eine Neunzigjährige soll noch ein Kind bekommen?"

Gott erzählte Abraham, dass Sara einen Sohn haben würde. Dies schien nicht sehr wahrscheinlich für Abraham zu sein. Er war bereits 100 Jahre alt und Sara war 90 Jahre alt. Sara hatte zuvor noch nie ein Kind bekommen. Also dachte

---

68. **Sklaven** – Menschen, die für andere Menschen arbeiten, ohne bezahlt zu werden.
69. **Versprechen** – sagen, dass du etwas tun möchtest.

LEKTION 7: GOTT BRACHTE ABRAM NACH KANAAN

Abraham nicht, dass sie einen Sohn bekommen könnten. Doch Gott kann alles tun, was er möchte. Er ist der Einzige, der Leben schaffen kann. Und Gott tut immer das, was er sagt.

1. Gott sprach zu Abram. Denke über Gottes Geschichte bis jetzt nach und versuchte dich an all die Zeitpunkte zu erinnern, wann Gott zu den Menschen sprach!

2. Heute spricht Gott durch seine Worte, aufgeschrieben in der Bibel, zu uns. Warum, denkst du, bemüht sich Gott so sehr, zu Menschen zu sprechen?

3. Dort, wo Abram aufwuchs, hörten die meisten Menschen nicht auf Gott. Doch Abram glaubte an den Schöpfer-Gott. Denkst du, es war schwer für Abram, dort aufzuwachsen? Warum?

4. Was bedeutet es, wenn geschrieben steht: „Gott rechnete es ihm als Gerechtigkeit an"? Heißt das, dass Abram immer alles richtig machte?

5. Gott sagte Abraham und Sara, dass sie einen Sohn und viele Nachkommen haben würden. Wie konnte Gott von etwas wissen, das bis jetzt noch nicht geschehen war?

LEKTION 8

GOTT RETTETE LOT. GOTT RETTETE ABRAHAMS SOHN ISAAK.

Gottes Geschichte erzählt uns auch etwas über Abrahams Neffen Lot. Lot war mit seiner Familie weitergezogen, um in einem fruchtbaren Gebiet mit viel Grünfläche neben dem Jordan zu leben. Dort gab es eine Stadt namens Sodom. Lots Familie war in die Stadt Sodom gezogen. Es gab noch eine Stadt nahe Sodom, genannt Gomorra.

1 MOSE 18:20,21

[20] Jahwe sagte also: „Schwere Klagen sind über Sodom und Gomorra zu mir gedrungen. Ihre Sünde ist offenbar gewaltig groß. [21] Darum will ich hinabsteigen und sehen, ob ihr Tun wirklich dem Schreien entspricht, das zu mir gedrungen ist. Ich will wissen, ob es so ist oder nicht."

Die Menschen in den Städten Sodom und Gomorra waren sehr boshaft und verhielten sich anderen gegenüber skrupellos. Sie hatten sich gegen Gott gewandt und hörten nicht auf ihn. Sie wollten Gott nicht nahe sein und schon gar keine freundschaftliche Beziehung zu ihm haben. Gott sagte, dass ihre Sünde *offenbar* war. Das bedeutet, dass sie sich nicht einmal für ihre Schlechtigkeit vor Gott schämten. Was Gott von ihnen dachte, kümmerte sie nicht im Geringsten. Gott

SEINE GESCHICHTE – UNSERE RETTUNG

entschied, dass er die Boshaftigkeiten dieser Menschen nicht länger zulassen konnte. Wenn Menschen nicht auf Gott hören, ist es sehr schlecht für sie. Gott möchte, dass die Menschen auf ihn hören, weil es das Beste für sie ist. Weil die Menschen in Sodom und Gomorra sich entschlossen hatten, nicht auf ihn zu hören, und weil ihre Lebensweise so schlecht war, wollte Gott sie strafen.

Abraham sprach mit Gott über dessen Plan, die Städte zu zerstören.

1 MOSE 18:23-26

²³ Nun trat Abraham vor und sagte: „Willst du wirklich den Gerechten mit dem Gottlosen umbringen? ²⁴ Vielleicht gibt es 50 Gerechte in der Stadt. Willst du die mit umkommen lassen und den Ort nicht wegen der 50 verschonen? ²⁵ Du kannst doch den Gerechten nicht mit dem Gottlosen töten und die einen nicht genauso wie die anderen behandeln! Das kannst du auf keinen Fall tun! Sollte sich der Richter der ganzen Welt nicht selbst an das Recht halten?" ²⁶ „Wenn ich 50 Gerechte in der Stadt finde", erwiderte Jahwe, „werde ich ihretwegen dem ganzen Ort vergeben."

Abraham bat Gott, die Stadt Sodom nicht zu zerstören, wenn dort 50 Menschen lebten, die immer noch auf Gott hörten. Aber Abraham wusste, dass es dort in Sodom keine 50 Menschen geben würden, die auf Gott hörten, also bat er Gott, Sodom nicht zu zerstören, wenn dort 45 Menschen lebten, die auf Gott hörten. Dann fuhr Abraham fort, Gott zu bitten, Sodom nicht zu zerstören, wenn dort 40 oder 30 oder 20 Menschen in der Stadt lebten, die auf Gott hörten.

1 MOSE 18:32,33

³² „Bitte, werde nicht zornig, Herr!", sagte Abraham. „Ich will nur noch einmal reden: Vielleicht findet man auch nur zehn." - „Ich verschone sie auch wegen der zehn", antwortete Jahwe. ³³ Dann brach er das Gespräch ab und ging weg. Abraham kehrte nach Hause zurück.

Der Herr sagte, dass er Sodom nicht zerstören würde, wenn es dort auch nur zehn Menschen gäbe, die auf ihn hörten. Gott sandte zwei seiner Engel nach Sodom, um zu sehen, ob es dort zehn Menschen gab, die auf ihn hörten. Diese Engel nahmen die Gestalt von zwei jungen Männern an.

1 MOSE 19:1-9

¹ Am Abend trafen die beiden Gottesboten in Sodom ein. Lot saß gerade im Tor der Stadt. Als er sie kommen sah, ging er ihnen entgegen und warf sich nieder mit dem Gesicht zur

70

LEKTION 8: GOTT RETTETE LOT. GOTT RETTETE ABRAHAMS SOHN ISAAK.

Erde. ² „Meine Herren", sagte er, „ich bin euer Diener. Mein Haus steht euch offen. Ihr könnt eure Füße waschen und bei mir übernachten. Und morgen früh könnt ihr weiterziehen." – „Nein, auf keinen Fall!", erwiderten sie. „Wir wollen hier auf dem Platz übernachten." ³ Er redete ihnen aber so lange zu, bis sie in sein Haus mitkamen. Dann machte er ihnen etwas zu essen und backte ungesäuertes Fladenbrot für sie. Nach der Mahlzeit ⁴ wollten sie sich gerade niederlegen, da kamen die Männer von Sodom herbei und umstellten das Haus. Es waren alle Männer der Stadt, alte und junge. ⁵ Sie schrien nach Lot und riefen: „Wo sind die Männer, die heute Abend zu dir gekommen sind? Los, gib sie heraus! Wir wollen es ihnen besorgen!" ⁶ Da trat Lot vor die Tür und schloss sie hinter sich zu. ⁷ „Ach, meine Brüder!", rief er. „Tut doch nicht so etwas Böses! ⁸ Seht, ich habe zwei Töchter, die noch kein Mann berührt hat; die will ich zu euch herausbringen. Macht mit ihnen, was ihr wollt, aber tut diesen Männern nichts. Sie sind meine Gäste und stehen unter meinem Schutz." ⁹ Doch sie schrien: „Weg mit dir! Da kommt dieser Fremde hierher und spielt sich schon als Richter auf! Pass mal auf, wir werden es mit dir noch schlimmer treiben, als mit denen!" Sie fielen über Lot her und versuchten, die Tür aufzubrechen.

Lot wusste nicht, dass diese zwei jungen Männer Engel von Gott waren. Aber er wollte nicht, dass die fremden Besucher draußen in der Stadt blieben. Er wusste, dass die Männer von Sodom ihnen Gewalt antun würden, wenn er sie nicht irgendwie vor ihnen schütztte. Also bat Lot sie, bei ihm im Haus zu bleiben. Tatsächlich kamen in dieser Nacht Männer aus ganz Sodom zu Lots Haus mit den übelsten Absichten. Sie wollten, dass Lot die beiden Fremden hinausschickte, damit sie über die beiden herfallen konnten. Stattdessen trat aber Lot vor seine Haustüre und schlug ihnen vor, dass er stattdessen seine zwei jungfräulichen[70] Töchter hinausschicken könnte. Doch die Männer von Sodom wollten sich nicht ablenken lassen und bestanden darauf, dass die zwei jungen Männer hinauskämen. Diese Männer von Sodom hatten komplett aufgehört, auf Gott zu hören. Die Art, wie sie lebten, zeigte, dass sie sich um Gott keine Gedanken machten und völlig perfide waren.

Gott hatte aber Männer und Frauen geschaffen, damit sie zusammen Kinder bekommen könnten. Denk daran zurück, dass Gott Eva für Adam schuf, damit

---

70. **Jungfräulich** – jemand, der noch keinen Sexualverkehr hatte.

SEINE GESCHICHTE – UNSERE RETTUNG

sie dessen Hilfe und Gefährtin wurde. Gott wollte, dass Adam und Eva die Erde bebauten und bewahrten und dass sie eine Familie gründeten. Er wollte, dass sie zusammen sind und einander helfen und auf ihre Kinder aufpassen. So wollte Gott, dass die Menschen miteinander lebten, im Schutzraum von Familien. Er wollte, dass ein Mann und eine Frau einander lieben und helfen, füreinander da sind und in einem Rahmen der Geborgenheit Kinder aufziehen können.

Die Männer von Sodom machten sich keine Gedanken über Gottes gute Gedanken für seine Geschöpfe. Gott war ihnen komplett egal. Sie dachten nur an das, was sie wollten.

1 MOSE 19:10,11

¹⁰ Da zogen die beiden Männer (die beiden Engel) Lot zurück ins Haus und verschlossen die Tür. ¹¹ Und all die Männer draußen schlugen sie mit Blindheit, sodass diese es schließlich aufgaben, den Eingang zu suchen.

Die Engel blendeten die Augen der Männer von Sodom, damit die verschwanden und Lots Familie in Ruhe ließen.

1 MOSE 19:12-25

¹² Die Männer sagten zu Lot: „Hast du noch andere Verwandte hier – einen Schwiegersohn, Söhne, Töchter? Wer auch immer zu dir gehört, schaff sie aus der Stadt hinaus! ¹³ Denn wir werden diesen Ort vernichten. Dazu hat Jahwe uns nämlich geschickt, denn über seine Bewohner sind schwere Klagen vor ihn gekommen." ¹⁴ Da ging Lot zu seinen künftigen Schwiegersöhnen und sagte: „Schnell, ihr müsst diese Stadt verlassen! Jahwe wird den Ort vernichten!" Aber sie nahmen ihn nicht ernst, sie dachten nur, er mache Spaß.
¹⁵ Im Morgengrauen drängten die Männer Lot zur Eile: „Schnell, nimm deine Frau und deine beiden Töchter hier, sonst wird die Schuld der Stadt auch euch umbringen!" ¹⁶ Als er immer noch zögerte, packten die Männer Lot bei der Hand, dazu seine Frau und seine Töchter, und führten ihn aus dem Ort. Erst draußen ließen sie ihn wieder los, weil Jahwe ihn verschonen wollte. ¹⁷ Als sie dann auf dem freien Feld waren, sagte er: „Lauf, so schnell du kannst! Es geht um dein Leben! Bleib nicht stehen und schaue dich nicht um! Rette dich auf die Berge, sonst bist du verloren!" ¹⁸ Aber Lot sagte: „Ach nein, mein Herr! ¹⁹ Du warst so gnädig zu deinem Diener, und du hast mir die Gunst erwiesen, dass ich am Leben bleiben kann. Aber ich kann nicht auf die Berge fliehen, sonst erreicht

LEKTION 8: GOTT RETTETE LOT. GOTT RETTETE ABRAHAMS SOHN ISAAK.

mich das Unheil doch noch und ich müsste sterben. [20] Sieh doch, diese Stadt ist ganz in der Nähe. Bis dahin könnten wir es schaffen, und sie ist ja nur so klein. Dürfen wir uns nicht dorthin retten, um am Leben zu bleiben? Es ist doch nur eine kleine Stadt." [21] „Gut", sagte er, „auch das will ich dir gewähren. Ich vernichte die Stadt nicht. [22] Schnell, rette dich dorthin! Denn ich kann nichts tun, bevor du da bist." Deshalb nennt man die Stadt Zoar. [23] Die Sonne ging gerade auf, als Lot nach Zoar kam. [24] Da ließ Jahwe Feuer und Schwefel auf Sodom und Gomorra regnen. Es kam von ihm, vom Himmel herab, [25] und verwüstete die Städte und ihre ganze Umgebung. Alle Menschen dort kamen um, und alles, was auf den Feldern wuchs, wurde vernichtet.

Gott entschied, Lot zu retten, also halfen die Engel Lot und dessen Familie, aus der Stadt hinauszukommen. Dann regnete es Feuer und Schwefel[71]. Die Städte mit allen Gebäuden, Pflanzen, Tieren und Menschen darin wurden zerstört.

Nach dieser Zeit, erzählt uns Gottes Geschichte, bekamen Abraham und Sara ihren versprochenen Sohn. Abraham war 100 Jahre und Sara war 90 Jahre alt, als ihr Sohn geboren wurde.

1 MOSE 21:1-5

[1] Jahwe dachte an Sara und tat an ihr, was er zugesagt hatte. [2] Sie wurde schwanger und gebar Abraham in seinem Alter noch einen Sohn. Es war genau zu der Zeit, die Gott angegeben hatte. [3] Abraham nannte den Sohn, den Sara ihm geboren hatte, Isaak. [4] Als sein Sohn acht Tage alt geworden war, beschnitt Abraham ihn, wie Gott es angeordnet hatte. [5] Hundert Jahre alt war er bei der Geburt Isaaks.

Gottes Geschichte zeigt uns, dass Gott tat, was er versprochen hatte. Er gab Abraham und Sara einen Sohn, und zwar zu der Zeit, die er gesagt hatte. Gott tut immer, was er sagt. Abraham und Sara nannten ihren Sohn Isaak. Als Isaak zu einem jungen Mann herangewachsen war, geschah Folgendes:

1 MOSE 22:1,2

[1] Einige Zeit danach stellte Gott Abraham auf die Probe. „Abraham", sagte er zu ihm. „Ja?", antwortete er. [2] „Nimm deinen Sohn, deinen einzigen, den du lieb hast, den Isaak! Zieh ins Land Morija und opfere ihn als Brandopfer auf dem Berg, den ich dir zeigen werde!"

---

71. **Schwefel** – ein gelbes Pulver, das in Felsen und Verschmutzungen gefunden wird und brennen kann.

SEINE GESCHICHTE – UNSERE RETTUNG

Es wird gesagt, dass Gott Abraham auf die Probe stellte[72]. Das bedeutet, dass Gott sehen wollte, was Abraham tun würde. Eines Tages befahl Gott Abraham, mit Isaak zu einem Berg zu gehen, den Gott ihm zeigen werde. Gott sagte, dass Abraham Isaak dort töten solle. Er sagte, dass Abraham dann Isaaks Körper als ein Opfer verbrennen solle.

Abraham kannte den Herrn schon viele Jahre. Er hatte auf Gott gehört. Er wusste, dass alles, was Gott sagte, wahr war. Abraham wusste, dass Gott immer das tut, was er sagt. Gott hatte gesagt, dass eines Tages das ganze Land Kanaan den Nachkommen Abrahams gehören würde. Diese Nachkommen würden mit Abrahams und Saras Sohn Isaak beginnen. Gott hatte gesagt, dass durch Abraham die Familien der ganzen Erde gesegnet werden würden.

Gott hielt sein Wort und gab Abraham und Sara einen Sohn. Gott tat, was er gesagt hatte und ihr Sohn Isaak wurde geboren. Abraham und Sara hatten auf Isaak aufgepasst. Sie hatten ihn aufwachsen sehen. Sie wussten, dass Gott sagte, dass er viele Nachkommen haben würde und dass viele Nationen von diesem Jungen ausgehen würden. Gott sagte, dass er es tun würde, also wusste Abraham, dass Gott es tun würde.

Aber nun hatte Gott Abraham gebeten, einen Steinhaufen auf einem Berg aufzubauen und dort Isaak zu töten. Abraham müsste Isaaks Kehle durchtrennen, bis das Blut herausfließen würde. Und dann müsste er Isaaks Körper verbrennen. Gott bat Abraham, Isaak als Opfer darzubringen.

Abraham hatte dies wohl schon viele Male mit Lämmern gemacht. Er hatte sie als Opfer[73] für Gott getötet. Doch dieses Mal fragte Gott ihn, seinen Sohn zu opfern. Dies war der Junge, den Gott ihm gegeben hatte, als er schon alt war. Er war derjenige, von dem Gott gesagt hatte, dass er der Anfang eines riesigen Stammbaums von Generationen von Menschen sei. Durch ihn sollten alle Völker der Erde gesegnet werden. Wie sollte das alles passieren, wenn Isaak tot wäre?

1 MOSE 22:3-8

³ Am nächsten Morgen stand Abraham früh auf. Er spaltete Holz für das Brandopfer und sattelte seinen Esel. Dann nahm er zwei seiner Leute und seinen Sohn Isaak und machte sich mit ihnen auf den Weg zu dem Ort, den Gott ihm genannt hatte.
⁴ Am dritten Tag erblickte er den Berg aus der Ferne. ⁵ Da

---

72. **Auf die Probe stellen** – herausfinden, ob etwas wahr ist oder nicht.
73. **Opfer** – ein Geschenk, das Gott gegeben wird.

LEKTION 8: GOTT RETTETE LOT. GOTT RETTETE ABRAHAMS SOHN ISAAK.

sagte er zu seinen Leuten: „Ihr bleibt mit dem Esel hier! Ich werde mit dem Jungen dort hinaufgehen, um anzubeten. Dann kommen wir wieder zurück." ⁶ Abraham lud seinem Sohn die Holzscheite auf den Rücken. Er selbst nahm den Topf mit den glühenden Kohlen und das Messer. So gingen beide miteinander. ⁷ Da sagte Isaak: „Vater!" – „Ja, mein Sohn?" – „Schau, wir haben Feuer und Holz. Aber wo ist das Lamm zum Brandopfer?" ⁸ „Gott wird schon für ein Lamm sorgen, mein Sohn." So gingen beide miteinander.

Abraham hörte auf Gott und tat, was Gott sagte. Er bereitete alles vor und ging zu dem Berg, den Gott ihm zeigte. Er nahm Feuerholz und Feuer, sodass das Opfer verbrannt werden konnte. Er ging mit zwei seiner Diener und mit seinem Sohn Isaak. Sie gingen drei Tage lang, bis sie den Berg sehen konnten. Dann ließen Abraham und Isaak die Diener und den Esel zurück. Abraham und Isaak gingen allein auf den Berg. Isaak trug das Feuerholz auf seinen Schultern.

Während sie den Berg hinaufgingen, fragte Isaak seinen Vater: *„Wo ist das Lamm zum Brandopfer?"* Isaak hatte viele Male gesehen, dass Lämmer als Opfer getötet wurden. Also wollte er wissen, warum sie dieses Mal kein Lamm dabeihatten. Abraham sagte ihm: *„Gott wird schon für ein Lamm sorgen*[74]*, mein Sohn."* Abraham wusste, dass Gott der Einzige war, der seinen Sohn retten konnte.

1 MOSE 22:9-11

⁹ Als sie die Stelle erreichten, die Gott ihm genannt hatte, baute Abraham den Altar. Dann schichtete er das Holz auf, fesselte seinen Sohn Isaak und legte ihn auf den Altar, oben auf das Holz. ¹⁰ Und dann griff er nach dem Messer, um seinen Sohn zu schlachten. ¹¹ Da rief der Engel Jahwes vom Himmel her: „Abraham! Abraham!" – „Ja?", erwiderte er.

Abraham fesselte Isaak und legte ihn auf das Holz auf dem Altar. Dann nahm er das Messer, um seinen Sohn zu töten. Gott sah,

---

74. **Sorgen** – für etwas sorgen; etwas geben; etwas zur Verfügung stellen.

dass Abraham ihm gehorchen wollte. Abraham war im Begriff, das zu tun, was Gott ihm befohlen hatte. Doch bevor er Isaak töten konnte, rief ein Engel Gottes nach Abraham.

1 MOSE 22:12,13

¹² „Halt ein! Tu dem Jungen nichts zuleide! Jetzt weiß ich, dass du Gott gehorchst, denn du hast mir deinen einzigen Sohn nicht verweigert." ¹³ Als Abraham dann aufblickte, sah er einen Schafbock, der sich mit seinen Hörnern im Gebüsch hinter ihm verfangen hatte. Er holte das Tier und opferte es anstelle seines Sohnes auf dem Altar.

Der Engel Gottes rief nach Abraham und befahl ihm, aufzuhören. Er sagte, dass Abraham Isaak nicht verletzten solle. Gott sah, dass Abraham ihm gehorchen wollte und sogar bereit gewesen war, seinen einzigen Sohn zu töten. Abraham hatte gezeigt, dass er Gott liebte und vertraute⁷⁵ und das tun würde, was Gott sagte.

Das Opfer musste aber noch gebracht werden. Der einzige Weg, um zu Gott zu kommen, führt durch einen Tod. Also stellte Gott einen Schafbock für das Brandopfer bereit, so wie Abraham zu Isaak gesagt hatte, dass Gott schon für ein Lamm sorgen werde. Ein Schafbock⁷⁶ hatte sich im Gebüsch hinter ihm verfangen. Also tötete Abraham den Schafbock anstelle von Isaak. Gott hatte Isaak vom Tod gerettet. Gott erlaubte, dass ein Schaf getötet wurde, sodass Isaak nicht sterben musste. Gott war der Einzige, der Isaak vom Tod retten konnte.

1 MOSE 22:14-18

¹⁴ Und den Ort nannte er „Jahwe sorgt vor". Noch heute sagt man: „Auf dem Berg Jahwes ist vorgesorgt." ¹⁵ Noch einmal rief der Engel Jahwes Abraham vom Himmel herab zu: ¹⁶ „Ich schwöre bei mir selbst, sagt Jahwe: Weil du das getan und mir deinen einzigen Sohn nicht verweigert hast, ¹⁷ werde ich dich mit Segen überschütten und deine Nachkommen überaus zahlreich machen, so wie die Sterne am Himmel und die Sandkörner am Strand. Sie werden ihre Feinde besiegen und ihre Städte erobern. ¹⁸ Und durch deinen Nachkommen werden alle Völker der Erde gesegnet sein, weil du mir gehorcht hast."

---

75. **Vertraute** – Grundform: vertrauen; glauben, dass das, was Gott sagt, wahr ist; glauben, dass Gott immer das Beste tut.
76. **Schafbock** – ein männliches Schaf.

LEKTION 8: GOTT RETTETE LOT. GOTT RETTETE ABRAHAMS SOHN ISAAK.

Abraham hörte auf Gott und wusste, dass das, was Gott sagte, wahr war. Er hatte volles Vertrauen auf Gott. Er wusste, dass Gott einen Plan für seine Familie hatte. Isaak war Abrahams und Saras ältester Sohn, der Sohn der Verheißung, also wusste Abraham, dass Isaak leben musste. Denn Gott hatte gesagt, dass durch Abrahams Familie die Völker der Erde gesegnet werden würden. Eine Nation würde mit Isaak beginnen und durch seine Familie würden alle Nationen dieser Erde gesegnet werden. Der Mensch, von dem Gott sagte, dass er kommen werde und Satan besiegen werde, würde ein Mitglied der Familie Isaaks sein. Gott hatte sein Versprechen gegeben, dass dieser Mensch kommen werde. Gott hatte schon im Garten Eden gesagt, dass dieser Mensch Satan besiegen werde. Dann sagte er zu Abraham, dass dieser Mensch aus dessen Familie kommen werde. Er würde aus der Familie von Abraham und aus der Familie von Isaak kommen.

1. Warum entschied Gott, Sodom und Gomorra zu zerstören?
2. Warum befahl Gott Abraham, Isaak zu töten?
3. Was hatte Gott schon alles versprochen, was durch die Familie Abrahams geschehen würde?
4. Wie lautet der einzige Weg, durch den die Menschen zu Gott kommen können?
5. Wie zeigte Abraham, dass er Glauben an Gott hatte?
6. Was bedeutete es, als Gott zu Abraham sagte: „Durch deine Nachkommen werden gesegnet alle Völker der Erde"?

LEKTION 9

GOTT ERWÄHLTE JAKOB. GOTT SANDTE JAKOBS SOHN JOSEF NACH ÄGYPTEN.

Gottes Geschichte erzählt uns, wann Abraham starb.

1 MOSE 25:7-11

⁷ Abraham wurde 175 Jahre alt. ⁸ Er starb nach einem erfüllten Leben und wurde im Tod mit seinen Stammesgenossen vereint.
⁹ Seine Söhne Isaak und Ismaël bestatteten ihn in der Höhle Machpela. Sie liegt auf dem Grundstück, das Efron Ben-Zohar gehört hatte, gegenüber von Mamre, ¹⁰ das Abraham damals von den Hetitern gekauft hatte. Dort also sind Abraham und seine Frau Sara bestattet.
¹¹ Nach Abrahams Tod segnete Gott dessen Sohn Isaak, der sich beim Brunnen Lahai-Roi niedergelassen hatte.

Isaak war Abrahams und Saras erster Sohn. Er war der Sohn, den Gott ihnen versprochen hatte. Als Abraham starb, gab er Isaak alles, was er besaß. Nachdem Abraham gestorben war, passte Gott auf Isaak auf. Gott sagte, dass Isaak der Vorfahre von dem Versprochenen war, der später kommen und Satan besiegen wird.

SEINE GESCHICHTE – UNSERE RETTUNG

Gottes Geschichte erzählt uns vom Leben Isaaks. Abraham wollte nicht, dass Isaak eine Frau aus Kanaan heiratete. Also sandte Abraham ihn zurück in seine Heimat, damit er dort eine Frau unter seinem eigenen Volk finden konnte. Als Isaak vierzig Jahre alt war, heiratete er eine Frau namens Rebekka.

1 MOSE 25:19,20

[19] Es folgt die Geschichte der Nachkommen von Isaak Ben-Abraham: Abraham war der Vater Isaaks. [20] Isaak war vierzig Jahre alt, als er heiratete. Seine Frau hieß Rebekka und war die Tochter des Aramäers Betuël aus dem oberen Mesopotamien, die Schwester Labans.

Isaaks Frau Rebekka konnte keine Kinder bekommen. Also betete[77] Isaak zu dem Herrn, um ihn zu bitten, ihnen zu helfen, Kinder zu haben.

1 MOSE 25:21-23

[21] Isaak betete eindringlich für seine Frau zu Jahwe, denn sie bekam keine Kinder. Jahwe erhörte ihn und Rebekka wurde schwanger. [22] Als die Kinder in ihrem Bauch einander wegstießen, sagte sie: „Wenn es so steht, warum bin ich dann schwanger geworden?" Sie ging, um Jahwe zu befragen. [23] Jahwe sagte zu ihr: „Zwei Völker trägst du jetzt in deinem Leib, zwei Stämme scheiden sich in deinem Schoß, ein Volk wird stärker als das andere sein, und der Ältere wird dem Jüngeren dienen."

Rebekka sorgte[78] sich um das, was mit ihr passierte. Also fragte sie den Herrn, was los war. Der Herr sagte: *„Zwei Völker trägst du jetzt in deinem Leib[79]."* Er sagte ihr, dass sie zwei Babys in ihrem Bauch habe. Jedes Kind würde aufwachsen und eine Familie haben, die zu einer Nation werden wird. Und diese zwei Nationen würden gegeneinander kämpfen. Gott sagte, dass die Nation, die von dem älteren Kind ausgehen wird, der Nation dienen wird, die von dem Jüngeren ausgehen wird.

Gott wusste alles über die zwei Babys. Nur Gott wusste alles über sie. Er wusste, dass sie aufwachsen würden und Familien haben würden. Er wusste, dass diese Familien Nationen werden würden. Und er wusste, dass diese Nationen gegeneinander kämpfen würden. Gott weiß alles, also wusste er auch alles über

---

77. **Betete** – Grundform beten; mit Gott über etwas sprechen.
78. **Sorgte** – Grundform: sich sorgen; Angst haben, dass etwas Schlimmes passiert.
79. **Leib** – Körper, Rumpf.

LEKTION 9: GOTT ERWÄHLTE JAKOB. GOTT SANDTE JAKOBS SOHN JOSEF NACH ÄGYPTEN.

diese zwei Kinder, sogar bevor sie geboren waren. Gott kann zu jeder Zeit an jedem Ort sein. Er schuf alles und er weiß alles.

In Gottes Geschichte wird uns berichtet, dass Rebekka Gott eine Frage stellte. Auch als Frau konnte Rebekka zu Gott kommen und ihm eine Frage stellen. Sie konnte zu dem Herrn gehen, weil sie es auf die Art und Weise tat, die Gott wollte. Ihr Ehemann und sie haben Gott Tiere geopfert, um zu zeigen, dass sie mit Gott übereinstimmten. Die taten es, um zu zeigen, dass eigentlich sie den Tod verdient hätten. Sie wussten, dass nur Gott sie retten konnte. Gott nahm ihre Opfergaben an und so konnte Rebekka eine Beziehung zu Gott haben und zu ihm kommen, um eine Frage zu stellen.

1 MOSE 25:24-28

²⁴ Und tatsächlich! Als die Stunde der Geburt kam, brachte sie Zwillinge zur Welt. ²⁵ Der erste, der herauskam, war am ganzen Körper mit rötlichen Haaren bedeckt. Sie nannten ihn Esau, den Behaarten. ²⁶ Danach war sein Bruder herausgekommen, der Esau an der Ferse festhielt. Ihn nannten sie Jakob, den Fersenhalter. Bei ihrer Geburt war Isaak sechzig Jahre alt.
²⁷ Die Kinder wuchsen heran. Esau wurde ein Jäger, ein Mann der freien Steppe. Jakob wurde ein gesitteter Mann, der bei den Zelten blieb. ²⁸ Ihr Vater Isaak hatte eine Vorliebe für Esau, weil er gern Wild aß. Jakob war der Liebling der Mutter.

Rebekka hatte Zwillinge[80], so wie Gott es gesagt hatte. Die beiden Jungs waren sehr unterschiedlich. Der erste, der geboren wurde, wurde Esau genannt. Er war ziemlich behaart. Esau bedeutet „haarig" in der hebräischen Sprache. Esau wuchs zu einem sehr guten Jäger[81] heran. Er war Isaaks Lieblingssohn[82], weil Isaak sehr gerne Fleisch aß. Der zweite Sohn, der geboren wurde, wurde Jakob genannt. Jakob wuchs zu einem ruhigen Mann heran, der gerne zu Hause blieb. Rebekka liebte Jakob mehr, als sie Esau liebte.

Esau wurde als Erster geboren. Das bedeutete, dass alles, was Isaak besaß, nach dessen Tod an Esau gehen würde. Er sollte alles von Isaak bekommen und er sollte Isaaks Platz als Haupt[83] der Familie einnehmen. Das war zu dieser Zeit normal. Esau war der älteste Sohn, doch Gottes Geschichte erzählt uns, dass etwas anderes geschah.

---

80. **Zwillinge** – zwei Kinder, die zur gleichen Zeit von einer Mutter geboren werden.
81. **Jäger** – jemand, der zur Nahrung Tiere sucht und tötet.
82. **Lieblingssohn** – den man am meisten liebt von seinen Kindern.
83. **Haupt** – der Führer, der die meiste Verantwortung trägt.

SEINE GESCHICHTE – UNSERE RETTUNG

1 MOSE 25:29-34

²⁹ Eines Tages hatte Jakob ein Gericht gekocht, als Esau erschöpft nach Hause kam. ³⁰ „Lass mich doch schnell etwas von dem Roten da hinunterschlingen", rief Esau, „dem roten Zeug da, ich bin ganz erschöpft!" Deshalb nannte man ihn auch Edom, den Roten. ³¹ Doch Jakob erwiderte: „Nur wenn du mir dein Erstgeburtsrecht verkaufst!" ³² „Ich sterbe vor Hunger", erwiderte Esau, „was nützt mir da mein Erstgeburtsrecht!" ³³ „Schwöre es mir!", verlangte Jakob. Esau schwor es ihm und verkaufte so sein Erstgeburtsrecht an Jakob. ³⁴ Da gab Jakob Esau Brot und eine Schüssel gekochter Linsen. Esau aß und trank, stand auf und ging davon. So missachtete er sein Erstgeburtsrecht.

Esau kam erschöpft und hungrig nach Hause. Erschöpft bedeutet sehr, sehr müde. Esau bat Jakob, ihm etwas von dem Essen zu geben, das Jakob kochte. Es war ein rotes Essen, vermutlich aus roten Linsen⁸⁴. Esau wurde auch Edom genannt, was „Rot" in der hebräischen Sprache bedeutet. Jakob sagte, dass Esau etwas von dem Essen haben könne, wenn er erst etwas für ihn tat. Jakob bat Esau, ihm sein *Erstgeburtsrecht*⁸⁵ zu verkaufen. *Esau schwor es ihm und verkaufte so sein Erstgeburtsrecht an Jakob.* Das bedeutet, dass Esau ein sehr starkes Versprechen abgab, sein Erstgeburtsrecht an Jakob zu verkaufen, wenn Jakob ihm Essen gab. Dann aß er das Essen, was Jakob ihm gab.

84. **Linsen** – Hülsenfrucht einer kleinen Krautpflanze, ähnlich wie Bohnen, die man trocknen und essen kann.
85. **Erstgeburtsrecht** – alles, was dem erstgeborenen Sohn gehören wird, nachdem dessen Vater gestorben ist; auch die Segnung, die der Vater dem ältesten Sohn gab, damit der nach seinem Tod das Haupt der Familie würde.

LEKTION 9: GOTT ERWÄHLTE JAKOB. GOTT SANDTE JAKOBS SOHN JOSEF NACH ÄGYPTEN.

Esau verhielt sich sehr dumm. Gottes Geschichte sagt, dass er sein Erstgeburtsrecht *missachtete*. Missachten bedeutet, etwas zu hassen oder zu denken, dass es dir nichts bedeutet. Esau gab alles weg, was er nach dem Tod von Isaak bekommen hätte. Er tat dies, weil er nicht an die Dinge glaubte, die Gott über seine Familie gesagt hatte. Er glaubte nicht, dass alle Völker der Erde durch Isaaks Familie gesegnet werden würden. Er glaubte nicht, dass der Versprochene aus dieser Familie kommen würde. Also gab Esau sein Erstgeburtsrecht für eine Schüssel Essen weg. Gottes Geschichte bezeichnet Esau als „gottlos".

Jakob war anders als Esau. Er glaubte, was Gott gesagt hatte. Also wusste er, dass das Erstgeburtsrecht seines Bruders eine sehr wichtige Sache war. Gott erwählte Jakob, um die Familie weiterzuführen. Das Haupt der Familie zu sein, war eine besondere Stellung. Diese Familie war diejenige, in der der Versprochene hineingeboren werden sollte. Dieser Versprochene würde derjenige werden, der Satan besiegen wird. Alle Völker der Erde würden wegen diesem Mann gesegnet werden, der von Gott versprochen war und einmal kommen wird. Gott hatte einen Plan für Jakobs Familie. Also schuf Gott einen Weg für Jakob, damit der das Haupt der Familie wurde.

1 MOSE 27:41-44

⁴¹ Esau feindete Jakob wegen des Segens an, den dieser von seinem Vater erhalten hatte. Er dachte: „Mein Vater lebt nicht mehr lange. Wenn dann die Trauerzeit vorbei ist, werde ich meinen Bruder Jakob erschlagen." ⁴² Rebekka wurde zugetragen, dass ihr älterer Sohn solche Reden führte. Da ließ sie ihren jüngeren Sohn Jakob rufen und sagte zu ihm: „Dein Bruder Esau will sich an dir rächen und dich erschlagen. ⁴³ Darum hör auf mich, mein Sohn! Flieh zu meinem Bruder Laban nach Haran ⁴⁴ und bleib einige Zeit dort, bis sich der Zorn deines Bruders gelegt hat.

Es wird gesagt, dass Esau Jakob anfeindete. Esau hatte sein Erstgeburtsrecht an Jakob übergeben. Als Isaak starb, gab er Jakob die Segnung des erstgeborenen Sohnes. Esau wollte Jakob töten, sobald ihr Vater Isaak tot war. Rebekka hörte von Esaus Plan, Jakob zu töten, und half Jakob fortzugehen. Sie befahl Jakob, nach Haran zu gehen. Haran ist die Stadt, in der Abraham auf seinem Weg nach Kanaan für eine Weile gelebt hatte.

Jakob hatte einen Traum, während er auf seinem Weg nach Haran eine Nacht draußen übernachtete.

SEINE GESCHICHTE – UNSERE RETTUNG

1 MOSE 28:10-16

¹⁰ Jakob hatte sich von Beerscheba auf den Weg nach Haran gemacht. ¹¹ Dabei kam er an einen bestimmten Ort und übernachtete dort, weil die Sonne schon untergegangen war. Er nahm einen der Steine des Platzes, machte ihn zu seinem Kopflager und legte sich schlafen. ¹² Im Traum sah er einen Treppenaufgang, dessen Spitze bis an den Himmel reichte. Engel stiegen auf ihm hinauf und herab. ¹³ Und auf einmal stand Jahwe über ihm und sagte: „Ich bin Jahwe, der Gott deines Vaters Abraham und der Gott Isaaks. Das Land, auf dem du liegst, will ich dir und deinen Nachkommen geben. ¹⁴ Deine Nachkommen werden zahlreich sein wie der Staub auf der Erde. Du wirst dich ausbreiten nach Westen und Osten, Norden und Süden. Durch dich und deine Nachkommenschaft sollen alle Sippen der Erde gesegnet werden. ¹⁵ Und ich werde dir beistehen. Ich beschütze dich überall, wo du hingehst, und bringe dich wieder in dieses Land zurück. Ich werde dich nicht verlassen und tue alles, was ich dir versprochen habe." ¹⁶ Da erwachte Jakob und sagte: „Tatsächlich, Jahwe ist an diesem Ort, und ich habe es nicht gewusst."

Gott sprach in einem Traum zu Jakob. Er zeigte Jakob einen Treppenaufgang. Die Treppe reichte von der Erde bis zum Himmel[86]. Engel Gottes gingen dort auf und ab. In seinem Traum sah Jakob diese Treppe und hörte außerdem den Herrn etwas über seine Familie sagen. Gott sagte, dass Jakobs Familie riesig sein würde und dass sie sich über ein großes Gebiet ausbreiten würde. Der Herr sagte, dass alle Familien der Erde durch Jakobs Familie gesegnet werden würden. Gott sprach von seinem Plan, den Versprochenen zu senden, der Satan besiegen wird. Dieser Mann, der von Gott gesandt werden sollte, würde ein Nachkomme von Jakobs Familie sein. Gott sagte das Gleiche zu Jakob, das er zuvor schon zu Abraham und dann zu Isaak gesagt hatte. Gott vergisst nie, was er plant zu tun. Wenn Gott plant, etwas zu tun, tut er es immer.

Gott zeigte Jakob die Treppe, die in dessen Traum bis in den Himmel ging. Gott wollte Jakob dadurch etwas über den Versprochenen sagen, der aus dessen Familie kommen würde. Die Treppe von der Erde zum Himmel zeigte, dass Gott einen Weg schaffen würde, damit die Menschen zu ihm kommen können und bei ihm sein können.

Als Adam und Eva Gott nicht gehorchten, wurden sie aus dem Garten geschickt. Jede Person, die seitdem geboren wurde, wurde außerhalb des

---

86. **Himmel** – ein echter Ort, von dem Gottes Geschichte sagt, dass dort Gott ist.

LEKTION 9: GOTT ERWÄHLTE JAKOB. GOTT SANDTE JAKOBS SOHN JOSEF NACH ÄGYPTEN.

Gartens geboren. Die Menschen wurden dann in eine Welt voller Sünde und Tod hineingeboren. Noch heute werden die Menschen in eine Welt voller Sünde und Tod hineingeboren. Satan, Sünde und Tod haben die Kontrolle.

Die Menschen zur Zeit Jakobs konnten nur zu Gott auf die Art und Weise kommen, die Gott gesagt hatte, indem sie Tiere opferten. Das war etwas, was sie immer wieder tun mussten, immer und immer wieder. Sie waren durch Satan, Sünde und Tod von Gott getrennt, also mussten sie Tiere töten. Aber Gott wollte einen Weg für die Menschen schaffen, damit sie in der Lage wären, frei zu ihm zu kommen. Er wollte, dass die Menschen für immer bei ihm sind. Gott liebt die Menschen und er möchte nicht, dass sie durch ihre Sünde von ihm getrennt sind.

Also erzählte Gott Jakob in dem Traum, dass er einen Weg für die Menschen schaffen wird, auf dem sie zu ihm werden kommen können und der ewig bestehen wird. Sie würden in der Lage sein, frei zu ihm zu kommen. Gott zeigte Jakob, dass der Mann, der aus seiner Familie kommen wird, Satan besiegen wird. Dieser Mann würde einen Weg für die Menschen schaffen, damit sie frei zu Gott kommen können.

In 1. Mose 29–35 erzählt uns Gottes Geschichte, dass Jakob zum nördlichen Mesopotamien ging. Er lebte dort in dem Land seiner Verwandten für zwanzig Jahre. Während er dort war, heiratete er zwei Schwestern, namens Lea und Rahel. Jakob und seine Familie gingen zurück nach Kanaan. Auf dem Weg zurück gab Gott Jakob einen neuen Namen: Israel.

1 MOSE 35:9-12

⁹ Da erschien Gott Jakob und segnete ihn. Es war das zweite Mal seit seiner Rückkehr aus Mesopotamien. ¹⁰ Gott sagte: „Du heißt Jakob. Doch von jetzt an sollst du nicht mehr Jakob, sondern Israel genannt werden!" So gab er ihm den Namen Israel. ¹¹ Weiter sagte Gott zu ihm: „Ich bin El-Schaddai, der allmächtige Gott. Sei fruchtbar und vermehre dich! Ein Volk, ja eine ganze Schar von Völkern wird von dir abstammen, selbst Könige werden unter deinen direkten Nachkommen sein. ¹² Das Land, das ich Abraham und Isaak zugesprochen habe, werde ich dir und deinen Nachkommen geben."

Manchmal wird in der Bibel der Name Jakob und manchmal der Name Israel benutzt. Manchmal wird der Name benutzt, um von dem individuellen Menschen zu sprechen, und manchmal wird sich auf seine ganze Familie bezogen.

SEINE GESCHICHTE – UNSERE RETTUNG

Jakob, also Israel, hatte zwölf Söhne. Israel lebte in Kanaan mit seinen Söhnen und seiner Familie. Israels Familie wurde größer und größer, so wie Gott es gesagt hatte. Einer von Israels Söhnen hieß Josef.

1 MOSE 37:3,4

³ Doch Israel hatte Josef lieber als alle seine anderen Söhne, weil er ihm erst im Alter geboren worden war. Deshalb ließ er ihm ein prächtiges Gewand machen. ⁴ Als seine Brüder sahen, dass ihr Vater ihn mehr liebte als sie alle, hassten sie ihn und konnten kein freundliches Wort mehr mit ihm reden.

In Gottes Geschichte wird uns viel über Josef berichtet. Er war Jakobs Lieblingssohn. Josefs Brüder hassten ihn.

Josef hörte auf Gott und war ihm sehr nahe. Später wird gesagt, dass Josef einen großen Glauben an Gott hatte. In Gottes Geschichte wird uns alles über das Leben Josefs berichtet. Du kannst seine Lebensgeschichte in 1. Mose in den Kapiteln 37 bis 47 nachlesen. Für jetzt werden wir nur die Hauptpunkte der Geschichte durchgehen. Du kannst die ganze Geschichte später in deiner Bibel nachlesen.

1. Mose 37:5-11

Josef war ein Hirte. Er hatte einige Träume, in denen seine Brüder sich vor ihm verbeugen mussten. Seine Brüder hassten ihn wegen dieser Träume. In den Träumen zeigte Gott Josef, dass er der mächtigste Mann in seiner Familie werden würde.

1. Mose 37:12-26

Josefs Brüder hassten ihn und wollten ihn töten. Eines Tages sahen sie einige Männer aus einem anderen Land vorbeikommen und so verkauften sie Josef als Sklave an diese Männer. Diese Männer waren auf ihrem Weg, um Waren in Ägypten zu verkaufen. Sie nahmen Josef mit nach Ägypten. Als sie dort ankamen, verkauften sie Josef an einen Mann namens Potifar. Potifar arbeitete für den König von Ägypten. In Ägypten wurden alle Könige „Pharao" genannt. Josefs Brüder zeigten ihrem Vater Josefs Mantel, an den sie davor Schafsblut geschmiert hatten. Sie wollten Jakob damit vorgaukeln, dass Josef von einem wilden Tier getötet worden wäre.

LEKTION 9: GOTT ERWÄHLTE JAKOB. GOTT SANDTE JAKOBS SOHN JOSEF NACH ÄGYPTEN.

1. Mose 39:1-6

Josef arbeitete für Potifar. Potifar war der Leiter von Pharaos Wachen. Gott sagte, dass er zu Josef hielt und ihm half. Gott half Josef und der wurde schließlich verantwortlich für das Haus Potifars und alles, was er hatte.

1. Mose 39:7-20

Potifars Frau wollte Josef verführen, mit ihr zu schlafen. Aber Josef hörte nicht auf sie. Er wollte nicht gegen Gott sündigen und auch seinen Vorgesetzten nicht hintergehen. Potifars Frau erzählte ihrem Mann, dass Josef versucht hätte, sie zu vergewaltigen[87]. Potifar glaubte seiner Frau und so wurde Josef zu Unrecht ins Gefängnis geworfen.

1. Mose 39:21-23

Der Herr war mit Josef im Gefängnis. Er half Josef. Er zeigte Josef, dass er ihn liebte und auf ihn aufpasste. Josef wurde verantwortlich für das Gefängnis und all seine Gefangenen.

1. Mose 40:1-23

Gott half Josef, den Menschen die Bedeutung ihrer Träume zu sagen. Er half Josef, zwei Männern im Gefängnis ihre Träume zu erklären. Beide Männer hatten für den Pharao gearbeitet. Josef erklärte ihnen, was ihre Träume bedeuteten. Einer der Männer wurde aus dem Gefängnis freigelassen und der andere wurde hingerichtet. Das war genau das, was Josef gesagt hatte, was passieren würde.

1. Mose 41:1-13

Zwei Jahr später hatte der Pharao zwei Träume. Er war sehr besorgt wegen dieser Träume und wollte wissen, was sie bedeuteten. Er fragte andere Männer, was diese Träume bedeuteten, aber sie konnten es ihm nicht sagen. Der Mann, der aus dem Gefängnis entlassen worden war, erzählte dem Pharao von Josef. Er sagte, dass Josef dem Pharao erzählen könne, was die Träume bedeuteten.

---

87. **Vergewaltigen** – jemandem sexuelle Gewalt antun, jemanden zum Sex zwingen.

SEINE GESCHICHTE – UNSERE RETTUNG

1. Mose 41:14-32

Der Pharao rief Josef zu sich und bat ihn um Hilfe. Josef wurde aus dem Gefängnis entlassen und zum Pharao gebracht. Josef sagte, dass es Gott wäre, der dem Pharao helfen würde zu verstehen, was seine Träume bedeuteten. Der Pharao erzählte Josef seinen Traum. In dem ersten Traum ging es um sieben, sehr dünne Kühe, die sieben dicke Kühe auffraßen. In dem zweiten Traum ging es um sieben kranke Ähren, die sieben gesunde Ähren auffraßen.

Josef erzählte dem Pharao, dass Gott ihm geholfen habe zu wissen, was diese Träume bedeuteten. Es würde sieben gute Jahre in Ägypten geben. Viel Nahrung würde in diesen Jahren wachsen. Dann würde es sieben schlechte Jahre geben. Es würde kein Essen in diesen Jahren wachsen.

1. Mose 41:33-36

Josef schlug vor, dass jemandem die Verantwortung für die Nahrungsmittel in Ägypten übertragen werden sollte. Josef sagte, dass diese Person helfen könnte, das Essen in den guten Jahren aufzubewahren und zu lagern. Dann könnte dieses Essen in den schlechten Jahren gegessen werden.

1. Mose 41:37-46

Der Pharao sah, dass Josef sehr weise war und dass Gott mit ihm war. Also übertrug der Pharao Josef die Verantwortung für die Verwaltung der Nahrungsmittel in Ägypten. Der Pharao war der Einzige, der noch höhergestellt war als Josef. Josef hatte die Verantwortung für jeden anderen in Ägypten.

1. Mose 41:47-57

Es gab sieben gute Jahre und sieben schlechte Jahre, so wie Gott es gesagt hatte. Josef bewahrte das Essen aus den guten Jahren auf. Er hatte eine große Menge an Essen gerettet. Dann, in den schlechten Jahren, verteilte er die Nahrungsmittel. Die Länder um Ägypten herum waren ebenfalls von der Hungersnot betroffen und brauchten auch Essen. Also kamen die Menschen aus solchen Ländern nach Ägypten, um Essen zu kaufen. Auch die Menschen aus Kanaan brauchten Essen.

LEKTION 9: GOTT ERWÄHLTE JAKOB. GOTT SANDTE JAKOBS SOHN JOSEF NACH ÄGYPTEN.

1. Mose 42:1-38

Josefs Vater Jakob und Josefs Brüder lebten in Kanaan, also waren auch sie hungrig. Jakob sandte zehn seiner Söhne nach Ägypten, um Essen zu kaufen. Josefs Brüder kamen, um Essen bei Josef in Ägypten zu kaufen. Sie wussten nicht, dass es ihr Bruder Josef war. Sie dachten, dass er nur ein Mann aus Ägypten sei. Doch Josef wusste, dass es seine Brüder waren. Josefs Brüder kamen und beugten sich vor ihm nieder. Sie beugten sich vor ihm nieder, so wie Gott es in Josefs Traum viele Jahre zuvor gesagt hatte.

Josef sagte seinen Brüdern, dass sie nach Kanaan zurückkehren sollten, um den anderen Bruder zu holen, den sie dort zurückgelassen hatten. Er wollte auch seinen Vater und die ganze Familie holen lassen. Josef wollte, dass sie sicher in Ägypten waren und Essen hatten.

1. Mose 43-45

Also gingen Josefs Brüder zurück nach Kanaan. Dann kamen sie mit ihrem anderen Bruder wieder zurück nach Ägypten. Nach einer Weile sagte Josef ihnen, wer er war. Er sagte ihnen, dass er der Bruder war, den sie als Sklaven viele Jahre zuvor verkauft hatten. Sie dachten, dass er böse mit ihnen sei. Aber Josef hatte ihnen vergeben und sagte zu ihnen, dass Gott das alles geplant hatte. Gott passte auf ihre Familie auf. Der Pharao freute sich, dass Josefs Familie gekommen war. Er bat Josef, seinen Vater zu fragen, nach Ägypten umzuziehen. Der Pharao half ihnen, die ganze Verwandtschaft Josefs, die Tiere und ihre Habe nach Ägypten zu bringen.

1. Mose 46:1-33

Gott sprach in einem Traum zu Jakob. Er sagte zu Jakob, dass er nach Ägypten gehen solle. Gott sagte, dass er Jakobs Familie zu einer großen Nation machen werde. Also gingen Jakob (auch bekannt als Israel) und seine große Familie nach Ägypten. Sie ließen sich dort nieder und lebten dort. Sie waren bekannt als die „Kinder von Israel". Jeder der zwölf Söhne Jakobs war das Haupt einer Familie, die zu einem Stamm[88] wachsen würde. Also gab es zwölf Stämme, die die Kinder Israels ausmachten. Ihre Namen sind in 1. Mose 46,8-27 niedergeschrieben.

---

88. **Stamm** – eine Gruppe von Menschen, die die gleiche Sprache und Kultur teilen und vom gleichen Vorfahren abstammen.

SEINE GESCHICHTE – UNSERE RETTUNG

Wir können sehen, dass Gott auf Jakobs Familie aufpasste. Gott hatte alle Ereignisse in Josefs Leben geplant, um so die Großfamilie Israel am Leben zu erhalten. Erinnerst du dich daran, dass Gott Abraham, Jakobs Großvater, ein Versprechen gegeben hatte? Gott hatte gesagt, dass Abrahams Nachkommen in ein fremdes Land gehen würden, wo sie Fremde sein würden. So hatte Gott es in 1. Mose 15 schon zu Abraham gesagt, was jetzt passierte.

1 MOSE 15:12-16

¹² Als nun die Sonne unterging, fiel ein Tiefschlaf auf Abram, und eine unheimliche, erdrückende Angst legte sich auf ihn. ¹³ Da sagte Jahwe zu ihm: „Du sollst jetzt erfahren, dass deine Nachkommen als Fremde in einem Land leben werden, das ihnen nicht gehört. Dort werden sie unterdrückt und zu Sklavendiensten gezwungen – vierhundert Jahre lang. ¹⁴ Aber auch das Volk, dem sie dienen müssen, wird mein Strafgericht treffen. Und dann werden sie mit großem Besitz von dort wegziehen. ¹⁵ Du selbst wirst ein hohes Alter erreichen und in Frieden sterben und begraben werden. ¹⁶ Erst die vierte Generation wird hierher zurückkehren, denn die Schuld der Amoriter hat noch nicht ihr volles Maß erreicht."

Gottes Plan geschah, so wie er es gesagt hatte. Jakobs Familie lebte nun in dem fremden Land Ägypten. Gott ließ seinen Plan durch das Leben von echten Menschen geschehen. Gottes Plan war, einen Menschen in diese Welt zu bringen, der Satan besiegen wird. Gott wollte, dass dieser Mensch Satans Einfluss beendet und einen ewigen[89] Weg für die Menschen schafft, zu Gott zu kommen. Er sagte, dass dieser Mensch durch Jakobs Familie kommen würde. Gott machte diesen Plan, weil er die Menschen liebt und möchte, dass sie ihn kennen und lieben. Er stellte sicher, dass sein Plan geschehen wird.

Du kannst die ganze Lebensgeschichte von Josef für dich selbst in 1. Mose von Kapitel 37 bis 46 nachlesen. Während du sie liest, denke über Gottes Plan nach. Die Menschen dort waren nur einfache Leute wie du und ich. Aber Gott handelte durch ihr Leben, um seinen Rettungsplan zu realisieren.

---

89. **Ewig** – etwas, das für immer anhält.

LEKTION 9: GOTT ERWÄHLTE JAKOB. GOTT SANDTE JAKOBS SOHN JOSEF NACH ÄGYPTEN.

1. Esau und Jakob waren sehr gegensätzliche Zwillingsbrüder. Wie unterschieden sie sich?

2. Was erklärte Gott Jakob in dem Traum mit der Treppe, den der auf seinem Weg nach Haran hatte?

3. Denke über all das nach, was Abraham, Isaak, Jakob und Josef passierte! Was sagt uns das über Gott und wie er in den Lebenswegen von Menschen arbeitet?

LEKTION 10

GOTT SANDTE ZEHN PLAGEN NACH ÄGYPTEN

Wir lesen weiter in Gottes Geschichte im 2. Buch Mose. Jakobs Familie hatte in dem fremden Land Ägypten ein paar Generationen lang gelebt. Mittlerweile war die Familie sehr groß geworden. Es gab Hunderttausende Nachkommen Jakobs. Als Gruppe waren sie reich und mächtig. Sie sprachen alle die gleiche Sprache, Hebräisch. Sie beteten den einen wahren Schöpfer-Gott an.

2 MOSE 1:6-22

⁶ Dann starben Josef und seine Brüder. Auch von ihren Zeitgenossen lebte niemand mehr. ⁷ Aber die Israeliten waren fruchtbar und vermehrten sich und wurden überaus stark. Das Land füllte sich mit ihnen.
⁸ Da trat ein neuer König die Herrschaft über Ägypten an, der Josef nicht mehr kannte. ⁹ Er sagte zu seinen Leuten: „Passt auf! Das Volk der Israeliten ist zahlreicher und stärker als wir. ¹⁰ Wir müssen geschickt gegen sie vorgehen, damit sie nicht noch stärker werden! Sonst laufen sie in einem Krieg womöglich zu unseren Feinden über und kämpfen gegen uns und ziehen dann aus dem Land weg."
¹¹ Deshalb setzten die Ägypter Aufseher ein, um die Israeliten mit Zwangsarbeit unter Druck zu setzen. Sie mussten die Vorratsstädte Pitom und Ramses für den Pharao bauen. ¹²

SEINE GESCHICHTE – UNSERE RETTUNG

Aber je mehr sie die Israeliten unterdrückten, umso stärker vermehrten sich diese. Sie breiteten sich derartig aus, dass die Ägypter das Grauen vor den Israeliten packte. ¹³ Darum gingen sie hart gegen sie vor und zwangen sie zu Sklavendiensten. ¹⁴ Sie machten ihnen das Leben zur Hölle. Die Israeliten mussten in Schwerstarbeit Ziegel aus Lehm herstellen und harte Feldarbeiten verrichten.
¹⁵ Dann ließ der König von Ägypten die Hebammen für die Hebräer, Schifra und Pua, zu sich rufen ¹⁶ und befahl ihnen: „Wenn ihr den hebräischen Frauen bei der Entbindung helft und seht, dass ein Junge zur Welt kommt, dann tötet ihn sofort! Mädchen dürft ihr am Leben lassen." ¹⁷ Aber die Hebammen fürchteten Gott und befolgten den Befehl des ägyptischen Königs nicht. Sie ließen die Jungen am Leben. ¹⁸ Da rief der König sie wieder zu sich und fragte sie: „Warum tut ihr das und lasst die Jungen am Leben?" ¹⁹ Sie erwiderten dem Pharao: „Weil die hebräischen Frauen nicht so wie die ägyptischen sind. Sie sind kräftig und haben ihre Kinder schon zur Welt gebracht, ehe die Hebamme zu ihnen kommt." ²⁰ So vermehrte sich das Volk und wurde sehr stark. Gott tat den Hebammen Gutes. ²¹ Und weil sie Ehrfurcht vor ihm hatten, schenkte er ihnen Nachkommenschaft. ²² Da ließ der Pharao einen Befehl an sein ganzes Volk ergehen: „Werft jeden Jungen, der den Hebräern geboren wird, in den Nil! Nur die Mädchen dürfen am Leben bleiben."

Der Pharao, der König von Ägypten, der damals regierte, hatte Angst vor den Israeliten. Er dachte, dass sie einer feindlichen Nation helfen könnten, gegen Ägypten zu kämpfen. Aber er brauchte sie auch, um Bauarbeiten und Landwirtschaft in Ägypten zu betreiben. Also entschied der Pharao, die Israeliten zu Sklaven zu machen und sie sehr schlecht zu behandeln. Er wollte nicht, dass sie ein noch größeres und stärkeres Volk wurden und sich womöglich gegen Ägypten wenden konnten, also versuchte er, sie zu schwächen. Gottes Geschichte erzählt uns, dass er ihnen das Leben *zur Hölle*[90] machte. Doch Gott passte auf die Israeliten auf. Es wurden mehr Babys geboren und die Anzahl der Israeliten wuchs. Also entschied der Pharao, dass alle neugeborenen, hebräischen Jungs im Fluss Nil ertränkt werden mussten.

---

90. **Zur Hölle machen** – andere in sehr schwierige und unglückliche Situationen bringen; andere misshandeln.

LEKTION 10: GOTT SANDTE ZEHN PLAGEN NACH ÄGYPTEN

Gottes Feind, Satan, leitete den Pharao. Er versuchte Gottes Volk zu zerstören. Satan wollte nicht, dass Jakobs Familie, die Nation Israel, lebte. Gott hatte gesagt, dass ein Mensch aus dieser Nation kommen würde, der Satan zerstören würde. Durch ihn würde Satan seine Macht über diese Erde und die Menschen verlieren. Das wollte Satan verhindern und versuchte, Gottes Plan irgendwie zu stoppen.

Gott wusste natürlich, was Satan beabsichtigte. Und er wusste längst zuvor, was den Kindern Israels einmal geschehen wird. Viele Jahre zuvor hatte Gott zu Abraham gesagt, dass dessen Nachkommen Sklaven in einem fremden Land werden würden. Gott liebt die Menschen und möchte nicht, dass sie leiden[91]. Er liebt es vielmehr, Gnade zu zeigen und freundlich zu sein. Er geht auf die Menschen zu und rettet die, die akzeptieren, dass sie ihn brauchen. Gott würde nicht zulassen, dass sein Plan, die Menschen zu retten, durch Satan verhindert würde. Also hatte Gott längst einen Plan im Sinn, wie er die Israeliten retten würde.

2 MOSE 2:1-10

¹ Ein Mann von den Nachkommen Levis heiratete eine Frau aus dem gleichen Stamm. ² Sie wurde schwanger und brachte einen Sohn zur Welt. Als sie sah, wie schön der Junge war, hielt sie ihn drei Monate lang versteckt. ³ Länger konnte sie ihn nicht verbergen. Deshalb nahm sie ein Kästchen aus Papyrusrohr, dichtete es mit Erdharz und Pech ab und legte das Kind hinein. Dann setzte sie es im Schilf am Nilufer aus. ⁴ Seine Schwester blieb in der Nähe stehen, um zu sehen, was mit ihm geschehen würde. ⁵ Da kam die Tochter des Pharao an den Nil, um zu baden. Ihre Dienerinnen gingen am Ufer hin und her. Auf einmal sah sie das Kästchen mitten im Schilf und schickte eine Dienerin hin, um es zu holen. ⁶ Als sie es öffnete, fand sie einen weinenden Jungen darin. Mitleidig rief sie: „Das ist ja eins von den Kindern der Hebräer!" ⁷ Da sagte seine Schwester zur Tochter des Pharao: „Soll ich eine hebräische Frau holen, die das Kind für dich stillen kann?" ⁸ „Ja, hole sie!", sagte die Tochter des Pharao. Da holte das Mädchen die Mutter des Kindes. ⁹ Die Pharaostochter sagte zu ihr: „Nimm dieses Kind und stille es für mich! Ich werde dich dafür bezahlen." Da nahm die Frau das Kind zu sich und stillte es. ¹⁰ Als der Junge größer geworden war, übergab sie ihn der Tochter des Pharao, die ihn als ihren Sohn annahm. Sie nannte ihn Mose und sagte: „Ich habe ihn ja aus dem Wasser gezogen."

---

91. **Leiden** – wenn man etwas Schlechtes, Schmerzhaftes oder Verletzendes erlebt.

SEINE GESCHICHTE – UNSERE RETTUNG

Ein Mann und seine Frau aus dem israelitischen Stamm Levi hatten einen Sohn bekommen. Wenn er gefunden worden wäre, hätten die Ägypter ihn auf den Befehl des Pharao hin in den Nil geworfen. Also versteckte seine Mutter ihn für drei Monate. Dann legte sie ihn in ein Körbchen im Schilf am Ufer des Nils. Sie machte das Körbchen so, dass kein Wasser hineinkommen konnte.

Die Tochter des Pharao ging zum Fluss, um sich zu waschen. Sie fand das Baby in dem Körbchen und entschied, dass er leben solle. Sie nannte ihn „Mose" und adoptierte[92] ihn später als ihr eigenes Kind. Mose wuchs heran und hatte eine sehr gute Ausbildung[93] in Ägypten.

Gott bereitete[94] Mose vor. Er wollte, dass Mose ihm half, seinen Plan, die Israeliten zu retten, auszuführen. Gott gibt den Menschen wichtige Aufgaben zu tun. Er stattet[95] sie für die Arbeit aus, die er möchte, dass sie sie tun sollen. Er möchte, dass die Menschen Teil seines Plans sind, andere Menschen zu retten. Er hatte wichtige Aufgaben für Mose und so vergewisserte er sich, dass Mose bereit war, sie zu tun.

2 MOSE 2:11-14, 23

[11] Als Mose erwachsen war, ging er einmal zu seinen Brüdern hinaus und schaute ihnen bei ihren Lastarbeiten zu. Da wurde er Zeuge, wie ein ägyptischer Mann einen von seinen Stammesbrüdern misshandelte. [12] Mose schaute sich nach allen Seiten um, und als er sah, dass niemand in der Nähe war, erschlug er den Ägypter und verscharrte ihn im Sand. [13] Am nächsten Tag ging er wieder hinaus. Da sah er zwei Hebräer miteinander streiten. Er sagte zu dem, der im Unrecht war: „Warum schlägst du einen Mann aus deinem eigenen Volk?" [14] „Wer hat dich denn zum Aufseher und Richter über uns eingesetzt?", erwiderte dieser. „Willst du mich auch umbringen wie den Ägypter?" Da erschrak Mose. „Also ist es doch herausgekommen", dachte er.
[23] Jahre später starb der König von Ägypten. Die Israeliten stöhnten unter der Zwangsarbeit und schrien um Hilfe. Ihr Schreien wegen der Arbeit drang zu Gott.

Mose wollte seinen Volksgenossen helfen. Er besuchte die Orte, an denen sie lebten und arbeiteten. Eines Tages sah er, wie ein Ägypter einen Israeliten

---

92. **Adoptierte** – Grundform: adoptieren; ein Kind einer anderen Person annehmen und es als sein eigenes ansehen.
93. **Ausbildung** – zur Schule gehen und lernen.
94. **Bereitet vor** – Grundform: vorbereiten; jemanden bereit für etwas machen, das er tun soll.
95. **Stattet aus** – Grundform: ausstatten; jemanden auf eine Aufgabe oder Arbeit vorbereiten.

LEKTION 10: GOTT SANDTE ZEHN PLAGEN NACH ÄGYPTEN

schlug. Als er eingriff, tötete er den Ägypter und vergrub dessen Leiche. Der Pharao hörte von dem, was Mose getan hatte, und so musste Mose weglaufen. Mose floh nach Midian, welches irgendwo nordöstlich von Ägypten lag. Dort heiratete er später und ließ sich in der Gegend nieder. Viele Jahre lebte er weit weg von seinem eigenen Volk und weit weg von den Ägyptern. Später starb der König von Ägypten und ein anderer Pharao nahm seinen Platz ein. Doch die Israeliten hatten immer noch ein schreckliches Leben und sie schrien zu ihrem Gott und baten ihn um Hilfe.

2 MOSE 2:24,25

²⁴ Gott hörte ihr Stöhnen und dachte an den Bund, den er mit Abraham, Isaak und Jakob geschlossen hatte. ²⁵ Gott sah also nach den Israeliten und kümmerte sich um sie.

Gott sagt, dass er ihr Stöhnen hörte. Er hörte sie, als sie nach ihm riefen. Er dachte an sein Versprechen, das er Abraham, Isaak und Jakob gegeben hatte. Gott ist liebevoll und gnädig⁹⁶ und er möchte den Menschen helfen, die wissen, dass sie Hilfe brauchen. Und Gott vergisst niemals, was er sich vorgenommen hat zu tun und was er versprochen hat zu tun. Er führt seine Pläne immer aus.

Die Israeliten waren Sklaven in Ägypten. Sie hatten weder eine Möglichkeit zur Flucht noch eine hoffnungsvolle Perspektive. Gott war der Einzige, der sie retten konnte. Gott hatte einen Plan mit Mose. Ihn wollte Gott maßgeblich gebrauchen, um die Israeliten zu retten.

2 MOSE 3:1-15, 4:1, 4:10-17

¹ Mose war Hirte für das Kleinvieh seines Schwiegervaters Jitro, des Priesters von Midian. Als er die Herde hinter die Steppe führte, kam er an den Gottesberg, den Horeb. ² Dort erschien ihm der Engel Jahwes in einer lodernden Flamme, die aus einem Dornbusch herausschlug. Mose sah, dass der Busch brannte, aber nicht von den Flammen verzehrt wurde. ³ „Warum verbrennt der Dornbusch nicht?", dachte Mose. „Das muss ich mir aus der Nähe ansehen!" ⁴ Als Jahwe sah, dass Mose näher kam, rief Gott ihm aus dem Dornbusch heraus zu: „Mose! Mose!" – „Hier bin ich", erwiderte dieser. ⁵ „Komm nicht näher!", sagte Gott. „Zieh deine Sandalen aus, denn der Ort, auf dem du stehst, ist heiliges Land." ⁶ Dann sagte er: „Ich bin der Gott deines Vaters, ich bin der Gott Abrahams, Isaaks und Jakobs." Da verhüllte Mose sein Gesicht, denn

---

96. **Gnädig** – jemandem Vergebung zeigen, obwohl man die Macht und das Recht hat, denjenigen zu bestrafen.

SEINE GESCHICHTE – UNSERE RETTUNG

er fürchtete sich, Gott anzusehen. ⁷ Doch Jahwe sprach weiter: „Ich habe sehr wohl gesehen, wie mein Volk Israel in Ägypten misshandelt wird, und habe sein Schreien wegen der Antreiber gehört. Ja, ich kenne seine Schmerzen. ⁸ Nun bin ich gekommen, um es aus der Gewalt der Ägypter zu befreien. Ich will es aus Ägypten herausführen in ein gutes und geräumiges Land. Ich bringe es in ein Land, das von Milch und Honig überfließt. Es ist das Land der Kanaaniter, Hetiter, Amoriter, Perisiter, Hiwiter und Jebusiter. ⁹ Ja, die Hilfeschreie der Israeliten sind bei mir angekommen, und ich habe auch gesehen, wie grausam die Ägypter sie unterdrücken. ¹⁰ Und nun geh! Ich will dich zum Pharao senden. Du sollst mein Volk, die Israeliten, aus Ägypten herausführen!" ¹¹ Mose erwiderte Gott: „Wer bin ich denn, dass ich zum Pharao gehen und die Israeliten aus Ägypten führen könnte?" ¹² Da sagte Gott: „Ich werde dir ja beistehen. Und das hier ist das Zeichen, dass ich dich beauftragt habe: Wenn du das Volk aus Ägypten herausgeführt hast, werdet ihr an diesem Berg Gott anbeten." ¹³ Mose sagte zu Gott: „Wenn ich nun zu den Israeliten komme und ihnen sage: ‚Der Gott eurer Vorfahren hat mich zu euch geschickt', und sie mich dann fragen: ‚Wie heißt er denn?', was soll ich ihnen sagen?" ¹⁴ Da sagte Gott zu Mose: „Ich bin der, der ist und immer sein wird. Sag den Israeliten: Der ‚Ich-bin' hat mich zu euch geschickt." ¹⁵ Weiter sagte Gott zu Mose: „Sag den Israeliten: ‚Jahwe, der Gott eurer Vorfahren, der Gott Abrahams, Isaaks und Jakobs, hat mich zu euch geschickt.' Das ist mein Name für immer. Mit diesem Namen sollen mich auch die kommenden Generationen ansprechen." (...)
¹ Da erwiderte Mose: „Und was ist, wenn sie mir nicht glauben, wenn sie nicht auf mich hören und sagen: ‚Jahwe ist dir gar nicht erschienen!'?" (...)
¹⁰ Doch Mose erwiderte Jahwe: „Ach Herr, ich bin kein Redner. Ich konnte das noch nie. Und auch seit du mit deinem Sklaven sprichst, ist es nicht besser geworden. Ich bin schwerfällig und unbeholfen, wenn ich reden soll." ¹¹ Da sagte Jahwe zu ihm: „Wer hat dem Menschen denn den Mund gemacht? Wer macht Menschen stumm oder taub, sehend oder blind? Doch wohl ich, Jahwe! ¹² Also geh jetzt! Ich werde deinem Mund schon beistehen und dir beibringen, was du sagen sollst." ¹³ Doch Mose erwiderte: „Ach Herr, schick doch lieber einen anderen!" ¹⁴ Da wurde Jahwe zornig über Mose und sagte: „Hast du nicht noch einen Bruder, den Leviten Aaron? Er kann reden, das weiß ich. Er ist schon auf dem Weg zu dir

LEKTION 10: GOTT SANDTE ZEHN PLAGEN NACH ÄGYPTEN

> und wird sich freuen, wenn er dich wiedersieht. [15] Dann teilst du ihm alles mit, was er sagen soll. Ich helfe dir dabei und werde auch ihm helfen und sage euch auch, was ihr tun sollt. [16] Wenn er für dich zum Volk redet, wird das so sein, als ob er dein Sprecher ist und du sein Gott bist. [17] Und diesen Stab hier nimm in deine Hand! Mit ihm sollst du die Wunderzeichen tun."

Gott hörte sein Volk, als es nach ihm rief. Er war im Begriff, seinen Rettungsplan durchzuführen. Eines Tages nahm Mose seine Schafherde mit in die Wildnis[97] zu einem Berg namens Sinai. Dieser Berg wird manchmal Horeb genannt. Dort sah Mose etwas Umwerfendes. Er sah einen brennenden Busch, der aber nicht verbrannte. Mose ging näher ran, um sich das anzuschauen. Da hörte er seinen Namen, der aus dem brennenden Busch gerufen wurde. Gott war derjenige, der sprach. Er sagte, dass er der Gott Abrahams, Isaaks und Jakobs sei. Gott erzählte Mose, dass er das schreckliche Leben seines Volkes sah und dass er das Schreien um Hilfe gehört habe. Er sagte, dass er sein Volk retten und aus Ägypten hinaus und ins Land Kanaan zurückführen werde.

Der Herr sagte, dass Mose die Israeliten aus Ägypten hinausführen solle. Aber Mose konnte sich nicht vorstellen, dass die Israeliten auf ihn hörten, geschweige denn ihm folgten. Er fragte Gott, was er sagen solle, wer ihn gesandt habe. Gott sagte: *„Ich bin der, der ist und immer sein wird. Sag den Israeliten: Der ‚Ich-bin' hat mich zu euch geschickt."* Gott sagte, dass sich an diesen Namen alle Generationen erinnern werden. Dieser Name – Ich-bin –, den Gott sich selbst gab, ist ein äußerst wichtiger Name. Gott sagte, dass er immer war, immer ist und immer sein wird. Er lebt nicht in einer Zeitepoche, wie wir es tun. Er ist in der Lage, ohne jegliche Hilfe zu leben. Ja, es ist sogar so, dass alle und alles andere allein von ihm Leben bekam und bekommt.

Mose dachte immer noch, dass die Israeliten nicht auf ihn hören würden. Er sagte, dass er nicht fähig sei zu tun, was Gott von ihm wollte. Gott sagte zu Mose, dass er mit ihm sein und ihm helfen würde, indem er Zeichen seiner Macht schicken würde. Später kannst du diese Zeichen in 2. Mose 3 und 4 in deiner Bibel nachlesen. Und der Herr sagte, dass er Mose auch ein weiteres Zeichen geben werde, dass er mit ihm war. Gott sagte, dass Mose später die Israeliten zurück zu dem Berg Sinai führen werde, um dort Gott anzubeten.

---

97. **Wildnis** – ein Bereich, in dem keine Menschen leben und wo sie auch nichts anbauen.

SEINE GESCHICHTE – UNSERE RETTUNG

Mose dachte immer noch, dass er unfähig sei zu tun, was Gott ihn bat zu tun. Er bat Gott, jemand anderen zu senden. Nachdem Mose das gesagt hatte, wurde Gott böse mit ihm. Mose war ein Teil von Gottes Plan, aber Mose traute Gott nicht zu, ihm zu helfen. Trotzdem ging Gott auf Mose ein und sagte, dass Moses Bruder Aaron mit ihm gehen solle. Aaron sollte dann derjenige sein, der sprechen wird.

2 MOSE 4:29-31

²⁹ Dann gingen beide nach Ägypten und riefen die Ältesten des Volkes Israel zusammen. ³⁰ Aaron wiederholte vor ihnen alle Worte, die Jahwe zu Mose gesagt hatte, und Mose tat die Wunderzeichen vor dem Volk. ³¹ Da glaubten die Israeliten und begriffen, dass Jahwe ihr Elend gesehen hatte und zu ihnen gekommen war. Sie verneigten sich und beteten Gott an.

Mose und Aaron berichteten den Israeliten, was Gott gesagt hatte, dass er sie nämlich retten werde. Als die Israeliten hörten, dass der Herr sich um sie sorgte und ihr schreckliches Leben sah, verneigten sie sich und beteten ihn an.

Nachdem sie zu den Israeliten gesprochen hatten, zogen Mose und Aaron los, um mit dem Pharao zu sprechen.

2 MOSE 5:1-9

¹ Dann gingen Mose und Aaron zum Pharao und sagten: „So spricht Jahwe, der Gott Israels: Lass mein Volk ziehen, damit es in der Wüste ein Fest für mich feiern kann!" ² „Jahwe, wer ist das überhaupt", erwiderte der Pharao, „dass er mir befehlen will, Israel ziehen zu lassen? Ich kenne Jahwe nicht und werde Israel auch nicht ziehen lassen!" ³ Da sagten sie: „Er ist der Gott der Hebräer, der uns begegnet ist. Darum wollen wir drei Tagereisen weit in die Wüste ziehen und Jahwe, unserem Gott, Opfer schlachten, damit er nicht mit Pest oder Schwert über uns herfällt." ⁴ Der Ägypterkönig erwiderte: „Warum wollt ihr das Volk von seiner Arbeit abhalten, Mose und Aaron? Macht euch an die Arbeit!" ⁵ Dann fügte er noch hinzu: „Es gibt schon mehr als genug von diesem Volk, und da wollt ihr sie auch noch von ihrer Arbeit abhalten?" ⁶ Noch am selben Tag gab der Pharao den ägyptischen Sklaventreibern und den israelitischen Aufsehern die Anweisung: ⁷ „Ab sofort dürft ihr den Leuten kein Häcksel mehr zur Herstellung der Ziegel liefern. Sie sollen sich das Stroh selbst zusammensuchen! ⁸ Aber sie müssen genauso viele Ziegel abliefern wie bisher! Ihr dürft ihnen

LEKTION 10: GOTT SANDTE ZEHN PLAGEN NACH ÄGYPTEN

nichts erlassen, denn sie sind faul. Darum schreien sie ja: ‚Wir wollen losziehen und unserem Gott Opfer schlachten!' ⁹ Die Arbeit muss den Männern Druck machen! Wenn sie daran genug zu schaffen haben, kümmern sie sich nicht um leeres Geschwätz!"

Der Pharao hörte nicht auf Mose und Aaron. Er sagte, dass er den Herrn nicht kenne. Der Pharao entschied, das Leben noch schwerer für die Israeliten zu machen. Er sagte, dass sie nicht nur die gleiche Menge an Arbeit zu verrichten hätten, sondern dass sie auch selbst das Stroh sammeln sollten, um die Ziegel herzustellen.

Die ägyptischen Menschen dachten, dass der Pharao ein Gott wäre. Die Ägypter und ihre Pharaonen hatten sich vor langer Zeit von Gott abgewandt. Sie hatten viele Geschichten erfunden über die Entstehung der Welt, das Leben und den Tod, denen sie glaubten. Sie hatten viele falsche Götter, die sie anbeteten. Der Pharao glaubte nicht an den Gott der Hebräer und er wollte nicht auf das hören, was sie sagten. Weil Gott alles weiß, wusste er, dass der Pharao nicht auf Mose und Aaron hören würde.

2 MOSE 6:1-8

¹ Da sagte Jahwe zu Mose: „Jetzt wirst du erleben, was ich mit dem Pharao machen werde. Mit großer Gewalt werde ich ihn zwingen, Israel ziehen zu lassen, ja, er wird das Volk sogar aus seinem Land fortjagen." ² Gott fuhr fort: „Ich bin Jahwe! ³ Ich bin Abraham, Isaak und Jakob als Gott, der Allmächtige, erschienen. Aber unter meinem Namen Jahwe habe ich mich ihnen noch nicht zu erkennen gegeben. ⁴ Und dann habe ich auch meinen Bund mit ihnen geschlossen und habe versprochen, ihnen das Land Kanaan zu geben, das Land, in dem sie als Fremde lebten. ⁵ Auch das Stöhnen der Israeliten, die von den Ägyptern wie Sklaven behandelt werden, habe ich gehört. Da habe ich an meinen Bund gedacht. ⁶ Sag deshalb zu den Israeliten: ‚Ich bin Jahwe. Ich befreie euch von der Zwangsarbeit für die Ägypter. Ich rette euch aus der Sklaverei. Mit starker Hand und durch große Strafgerichte werde ich euch erlösen. ⁷ Ich nehme euch als mein Volk an und werde euer Gott sein. Ihr sollt erkennen, dass ich Jahwe bin, euer Gott, der euch von der Zwangsarbeit für die Ägypter befreit hat. ⁸ Ich bringe euch in das Land, das ich Abraham, Isaak und Jakob unter Eid versprochen habe, und gebe es euch zum bleibenden Besitz, ich, Jahwe.'"

SEINE GESCHICHTE – UNSERE RETTUNG

Gott sagte zu Mose, dass er dem Pharao seine große Macht zeigen werde. Und danach wird der Pharao die Menschen gehen lassen. Gott sagte, dass, wenn der Pharao sah, wie mächtig er ist, der *das Volk sogar aus seinem Land fortjagen* werde. Pharao würde also schließlich selbst wollen, dass die Israeliten Ägypten verließen.

Gott sagte, dass er auch den Israeliten seine Macht zeigen werde. Sie würden sehen, dass er ihr Gott ist. Er hatte sie als sein Volk auserwählt. Er wollte, dass sie ihn erkannten und sahen, wie er sie rettet. Er wollte ihnen zeigen, wer er wirklich ist, indem er sie aus der Sklaverei befreit. Er war ihr Gott und er würde auf sie aufpassen.

Gottes Geschichte erzählt uns nun von neun Plagen[98], die Gott zu den Ägyptern und ihren Tieren schickte. Es war eine sehr schreckliche Zeit für Ägypten. Du kannst später in deiner Bibel in 2. Mose 7 bis 10 alles über die neun Plagen nachlesen. Das Wasser des Flusses verwandelte sich in Blut, dann kam eine große Anzahl von Fröschen, dann kam eine große Anzahl von Stechmücken und Hundsfliegen[99]. Als Nächstes tötete eine Krankheit eine große Anzahl der ägyptischen Tiere. Danach bekamen die Ägypter und ihre Tiere schreckliche Geschwüre[100], anschließend kam ein großer Hagelsturm[101] gefolgt von der Plage der Heuschrecken[102] und letztlich schickte Gott drei Tage lang eine totale Finsternis.

---

98. **Plagen** – Katastrophen, die großen Schaden an vielen Menschen anrichten.
99. **Hundsfliege** – eine andere Art Stechmücke.
100. **Geschwüre** – entzündete, mit Eiter gefüllte Schwellungen auf der Haut.
101. **Hagelsturm** – Hagel; Eisstücke, die wie Regen vom Himmel fallen.
102. **Heuschrecken** – große, fliegende Grashüpfer, die Pflanzen fressen.

LEKTION 10: GOTT SANDTE ZEHN PLAGEN NACH ÄGYPTEN

Gott zeigte seine große Macht. Er wollte die Ägypter wissen lassen, dass er der einzig wahre Schöpfer-Gott ist und dass die Israeliten sein Volk sind. Die falschen Götter, an die die Ägypter glaubten, konnten die Ägypter nicht retten. Gott zeigte deutlich, dass er derjenige war, der die Plagen nach Ägypten gebracht hatte. Die Israeliten und ihre Tiere litten in keinem Fall unter den Plagen. Ihnen zeigte Gott seine Liebe und Gnade[103], sodass sie wussten, dass sie sein auserwähltes Volk waren, um das er sich kümmert.

Bei jeder neuen Plage, die kam, sagte der Pharao, dass er die Israeliten gehen ließe. Aber wenn die Plage aufhörte, änderte er seine Meinung und ließ sie doch nicht gehen. Schließlich, nach der letzten Plage mit der Finsternis, sagte der Pharao, dass er Mose umbringen würde, wenn sie noch einmal kämen, um zu fragen, ob er die Israeliten gehen ließe.

Der Herr sagte dann zu Mose, dass er eine letzte Katastrophe nach Ägypten schickte. Danach werde der Pharao die Israeliten wirklich gehen lassen wollen. Gott sagte, dass der erstgeborene Sohn jeder ägyptischen Familie sterben werde. Du kannst in deiner Bibel in 2. Mose 11 später genau nachlesen, was Gott zu Mose sagte.

Gott sagte zu den Israeliten, dass sie etwas sehr Wichtiges tun mussten, bevor diese letzte Katastrophe kam. Er sagte ihnen, dass sie genauestens auf das hören sollten, was er sagte. Wenn sie tun würden, was er sagte, würden ihre erstgeborenen Söhne gerettet werden.

2 MOSE 12:3-7

³ Sagt der ganzen Gemeinschaft Israels: Am 10. dieses Monats soll jeder ein Lamm für seine Familie auswählen, ein Lamm für jedes Haus. ⁴ Ist die Familie zu klein, um ein ganzes Tier zu essen, dann soll sie sich mit der Nachbarsfamilie zusammentun. Es sollen so viele Menschen von dem Lamm essen, dass es für alle reicht und nichts übrigbleibt. ⁵ Es muss ein Schaf- oder Ziegenböckchen sein, einjährig und ohne Fehler. ⁶ Ihr sollt es bis zum 14. des Monats gesondert halten und am späten Nachmittag dieses Tages schlachten. ⁷ Dann sollen sie etwas von dem Blut nehmen und es an den Türsturz und die beiden Türpfosten streichen. Das muss bei den Häusern geschehen, wo sie das Lamm essen.

---

103. **Gnade** – Liebe, Freundlichkeit oder Vergebung, die man nicht verdient hat, aber dennoch bekommt.

SEINE GESCHICHTE – UNSERE RETTUNG

Gott sagte, dass die Kinder Israel ein Lamm oder eine junge Ziege auswählen sollten. Dieses Tier musste unversehrt sein. Es durfte nicht die kleinste Fehlbildung, Verletzung oder Krankheit haben. Dann, an dem Tag, den Gott ihnen nennen würde, sollten sie das Lamm bzw. die junge Ziege töten. Das Blut des Tieres sollte ausfließen. Gott wollte, dass sie dies tun, um zu zeigen, dass sie auf ihn hörten und ihm glaubten. Wenn sie es taten, würde es zeigen, dass sie glaubten, dass das, was Gott sagt, wahr ist. Es würde auch zeigen, dass sie wüssten, dass sie es eigentlich wie die Ägypter verdient hätten zu sterben. Es würde zeigen, dass sie verstanden, dass der einzige Weg, um dem eigenen Tod zu entfliehen, der war, dass ein Lamm oder eine Ziege an ihrer Stelle starb. Sie würden Gott zustimmen, dass sie den Tod wegen ihrer Sünde verdient hätten, aber dass Gott ihnen einen Weg gezeigt hatte, dem Tod zu entkommen. Ein Tier würde anstelle ihres erstgeborenen Sohnes sterben. Gott sagte auch, dass beim Schlachten kein Knochen der Tiere gebrochen werden solle.

Gott sagte, dass die israelitischen Familien etwas von dem Blut des Opfertieres nehmen sollten und es an den Türsturz und an die Türpfosten streichen sollten. Das bedeutet, dass sie ein wenig Blut oben und an die beiden Seiten des Türrahmens ihrer Häuser streichen sollten. Dann, nachdem sie das Fleisch aufgegessen hatten, sollten sie im Inneren des Hauses warten, dessen Tür mit dem Blut gekennzeichnet war.

2 MOSE 12:12-14

¹² In dieser Nacht werde ich durch Ägypten gehen und jede männliche Erstgeburt bei Mensch und Vieh töten. An allen Göttern Ägyptens werde ich das Gericht vollstrecken, ich, Jahwe. ¹³ Das Blut an den Häusern, in denen ihr euch befindet, soll ein Schutzzeichen für euch sein. Wenn ich das Blut sehe, werde ich vorübergehen, und der Schlag, mit dem ich das Land Ägypten treffe, wird euch nicht verderben. ¹⁴ Dieser Tag soll für euch ein Gedenktag sein. Ihr sollt ihn als Fest für Jahwe feiern. Das gilt für euch und alle Generationen nach euch.

Gott sagte, dass er durch das Land Ägypten gehen werde und das Leben der erstgeborenen Söhne und Tiere nähme. Er würde zeigen, dass er derjenige ist, der mächtig ist, nicht die falschen Götter der Ägypter. Er sagte, dass er an den Häusern, die das Blut am Haustürrahmen haben, vorübergehen werde. Das Blut würde zeigen, dass der Tod bereits in das Haus gekommen war, sodass Gott nicht den Erstgeborenen dort töten müsse.

LEKTION 10: GOTT SANDTE ZEHN PLAGEN NACH ÄGYPTEN

1 MOSE 12:28-30

²⁸ Dann gingen die Israeliten und machten alles genauso, wie Jahwe es Mose und Aaron befohlen hatte. ²⁹ Um Mitternacht erschlug Jahwe alle Erstgeburt in Ägypten vom ältesten Sohn des Pharao an, der einmal auf seinem Thron sitzen sollte, bis zum Erstgeborenen des Sträflings im Gefängnis, ja selbst die Erstgeburt beim Vieh. ³⁰ Der Pharao und alle seine Hofbeamten fuhren aus dem Schlaf, ganz Ägypten schreckte in dieser Nacht hoch. Überall im Land hörte man Wehgeschrei, denn es gab kein Haus, in dem nicht ein Toter war.

Die Israeliten glaubten Gott und taten, was er sagte. Sie strichen das Blut an die Türpfosten und Gott sah es. Er ging an den Häusern mit dem Blut vorüber und tötete keinen ihrer erstgeborenen Söhne. Gott akzeptierte den Tod der Opfertiere anstelle den der Menschen, als er das Blut sah.

Aber die Ägypter konnten nicht entkommen. Es gab kein Blut an den Türen ihrer Häuser. Es gab nichts vorzuweisen, dass dort ein stellvertretender Tod bereits stattgefunden hatte. Und so tötete Gott um Mitternacht die erstgeborenen Söhne Ägyptens und auch alle erstgeborenen Tiere. Selbst der Sohn des Pharao wurde getötet. In der gleichen Nacht rief der Pharao Mose und Aaron zu sich.

1 MOSE 12:31-33

³¹ Noch in der Nacht ließ der Pharao Mose und Aaron zu sich rufen und sagte zu ihnen: „Verlasst sofort mein Volk, ihr und die Israeliten! Geht und dient Jahwe, wie ihr es wolltet! ³² Nehmt eure Schafe, Ziegen und Rinder mit, wie ihr es verlangt habt! Geht und segnet auch mich!" ³³ Die Ägypter drängten das Volk und wollten sie so schnell wie möglich aus dem Land haben. „Sonst kommen wir alle noch um", sagten sie.

Der Pharao sagte zu Mose und Aaron, dass alle Israeliten sein Land verlassen sollten. Die Ägypter wollten die Israeliten nun so schnell wie möglich loswerden, sodass der König ihnen Silber, Gold und andere wertvolle Dinge gab. Gott tat, was er gesagt hatte, was er Mose und seinem Volk versprochen hatte und was er schon dem Abraham Hunderten von Jahren zuvor versprochen hatte. Er hatte zu Abraham gesagt, dass sein Volk mit großem Reichtum aus der Nation kommen werde, die sie zu Sklaven gemacht hatten. Und genau das geschah nun.

SEINE GESCHICHTE – UNSERE RETTUNG

1. Warum wollte Satan die Kinder Israels zerstören?
2. Wie passte Gott auf Mose auf? Und wie machte er ihn bereit für die Aufgabe, die er mit ihm vorhatte?
3. Gott brachte die Plagen über Ägypten. Was zeigte er den Ägyptern dadurch über sich selbst? Was zeigte er den Israeliten über sich selbst?
4. Warum hat Gott nicht in allen Häusern in Ägypten alle Erstgeborenen sterben lassen, sondern ging an manchen Häusern vorüber?

LEKTION 11

GOTT RETTETE DIE ISRAELITEN UND SCHLOSS MIT IHNEN EINEN BUND

Gott tat genau das, was er gesagt hatte. Er befreite sein auserwähltes Volk aus der Sklaverei in Ägypten. Er zeigte deutlich seine Macht und hielt seine Versprechen, die er Abraham, Isaak und Jakob gegeben hatte. Er passte gut auf Abrahams Familie auf, die zu einer großen Nation angewachsen war. Denn aus dieser Familie sollte der versprochene Retter[104] kommen. Der Retter sollte derjenige sein, der Gottes Feind besiegen wird und der die Menschen vor diesem Feind, dem Satan, retten wird.

Wir werden später in Gottes Geschichte sehen, wie die Israeliten für die nächsten 1500 Jahre Gottes Botschaft weitererzählten. Von Gott berufene Männer aus seinem Volk, genannt Propheten[105], sollten seine Worte den Menschen weitersagen. Dann wurden diese Worte niedergeschrieben und für alle Menschengenerationen bewahrt, im Alten Testament. Die Israeliten sollten also den anderen Völkern erzählen und zeigen, was es heißt, mit Gott zu leben.

2 MOSE 13:17-22

¹⁷ Als der Pharao das Volk ziehen ließ, führte Gott es nicht den Weg durch das Land der Philister, obwohl das der kürzeste

---

104. **Retter** – derjenige, der die Menschen vom Verlorensein rettet und von der Strafe der Sünde befreit.
105. **Propheten** – Menschen, die Gottes Wort den anderen Menschen mitteilten und niederschrieben.

SEINE GESCHICHTE – UNSERE RETTUNG

Weg gewesen wäre, denn Gott dachte: „Wenn das Volk merkt, dass es kämpfen muss, könnte es seine Meinung ändern und nach Ägypten zurückkehren." [18] Aus diesem Grund ließ Gott das Volk einen Umweg machen und führte es den Wüstenweg zum Schilfmeer. Die Israeliten zogen wie ein Kriegsheer aus Ägypten. [19] Mose nahm die Gebeine Josefs mit, denn dieser hatte es die Söhne Israels ausdrücklich schwören lassen und gesagt: „Gott wird euch gewiss wieder aufsuchen. Nehmt dann meine Gebeine von hier mit!"
[20] Von Sukkot zogen sie nach Etam. Dort, am Rand der Wüste, schlugen sie ihr Lager auf. [21] Jahwe zog vor ihnen her, um ihnen den Weg zu zeigen. Tagsüber führte er sie in einer Wolkensäule und nachts in einer Feuersäule, um ihnen zu leuchten. So konnten sie Tag und Nacht weiterziehen.
[22] Tagsüber sahen sie die Wolkensäule vor sich, nachts die Feuersäule.

Die Israeliten waren nun eine sehr große Gruppe von Menschen, wahrscheinlich in etwa zwei Millionen Erwachsene und Kinder. Der einfachste Weg, um von Ägypten nach Kanaan zu gehen, war entlang der Mittelmeerküste. Doch Gott führte sie in die Wüste in eine südöstliche Richtung. Auf diesem Weg würden sie nicht den Philistern begegnen. Die Philister waren sehr starke, kriegerische Menschen, die sehr gute Seefahrer[106] waren. Gott wusste, dass die Israeliten vielleicht nach Ägypten zurückkehren wollten, wenn sie auf die Philister träfen und gegen sie kämpfen müssten.

Gott führte sie mit einer Wolkensäule[107] am Tag und einer Feuersäule in der Nacht. Diese Wolke und das Feuer blieben während ihres ganzen Weges bei ihnen. Gott zeigte ihnen deutlich den Weg. Der Prophet Mose war derjenige, den Gott auserwählt hatte, seine Worte zu sprechen, aber Gott selbst führte sie.

2 MOSE 14:1-4

[1] Jahwe sagte zu Mose: [2] „Befiehl den Israeliten, umzukehren und ihr Lager vor Pi-Hahirot zwischen Migdol und dem Meer aufzuschlagen, gegenüber von Baal-Zefon. [3] Der Pharao wird denken: „Sie irren ziellos im Land herum und sitzen in der Wüste fest." [4] Ich werde ihn so starrsinnig machen, dass er euch verfolgen wird. Dann will ich ihm und seinem ganzen Heer meine Macht zeigen. Die Ägypter sollen erkennen, dass ich Jahwe bin." Die Israeliten folgten dem Befehl.

---

106. **Seefahrer** – Menschen, die auf Schiffen reisen, um Länder zu entdecken und zu erobern.
107. **Wolkensäule** – eine Art Turm aus wolkenartiger Luft oder Rauch.

LEKTION 11: GOTT RETTETE DIE ISRAELITEN UND SCHLOSS MIT IHNEN EINEN BUND

Gott führte sie zum Ufer[108] des Roten Meeres und sie lagerten[109] dort.

2 MOSE 14:5-9

⁵ Als man dem König von Ägypten meldete, Israel sei geflohen, bereuten er und seine Hofbeamten ihre Nachgiebigkeit. Sie sagten: „Wie konnten wir Israel nur aus unserem Dienst entlassen!" ⁶ So ließ er seinen Streitwagen anspannen und bot seine ganze Kriegsmacht auf.
⁷ Alle verfügbaren Streitwagen Ägyptens folgten den 600 Wagen seiner Elitetruppe. Auf allen war ein dritter zusätzlicher Wagenkämpfer. ⁸ Jahwe hatte den Pharao, den König von Ägypten, starrsinnig gemacht, so dass er die Israeliten verfolgte, die kühn aus dem Land zogen. ⁹ Die Ägypter jagten mit allen Pferden und Streitwagen des Pharao, mit seinen Reitern und seiner ganzen Streitmacht hinter ihnen her und holten sie ein, während sie bei Pi-Hahirot gegenüber Baal-Zefon am Meer lagerten.

Der Pharao hörte, dass die Israeliten am Ufer des Roten Meeres lagerten. Er entschied, sie nach Ägypten zurückzubringen, damit sie wieder seine Sklaven wären. So sandte er seine Armee, um sie zurückzuholen.

2 MOSE 14:10-14

¹⁰ Als der Pharao sich näherte und die Israeliten sahen, dass die Ägypter sie verfolgten, wurden sie von Angst gepackt und schrien zu Jahwe. ¹¹ Mose warfen sie vor: „Es gab wohl keine Gräber in Ägypten, dass du uns zum Sterben in die Wüste geführt hast? Was hast du uns da angetan! Warum hast du uns aus Ägypten herausgeführt? ¹² Haben wir es dir nicht schon dort gesagt: ‚Lass uns in Ruhe, wir wollen den Ägyptern dienen!'? Wir wären besser Sklaven der Ägypter, als hier in der Wüste umzukommen!" ¹³ Mose antwortete ihnen: „Habt keine Angst! Stellt euch auf und schaut euch an, wie Jahwe euch heute retten wird! Denn die Ägypter, die ihr heute noch seht, werdet ihr nie wieder erblicken. ¹⁴ Jahwe wird für euch kämpfen, ihr selbst braucht gar nichts zu tun."

Als die Israeliten sahen, dass die ägyptische Armee kam, waren sie verängstigt[110]. Sie schrien zum Herrn um Hilfe. Aber sie vergaßen alle Wunder, die Gott getan hatte, um sie aus Ägypten herauszuholen. Sie klagten Mose an, weil er sie aus

---

108. **Ufer** – Gewässerrand; Küste; Meeresrand.
109. **Lagerten** – Grundform: lagern; für eine absehbare Zeit einen Platz errichten, um dort zu bleiben.
110. **Verängstigt sein** – sehr eingeschüchtert und furchtsam sein.

SEINE GESCHICHTE – UNSERE RETTUNG

Ägypten herausgeführt hatte. Mose antwortete ihnen, dass sie abwarten und zuschauen sollten, was Gott tun wird. Sie saßen in einer Falle[111]. Sie konnten nicht vorwärts ins Rote Meer gehen. Und die ägyptische Armee kam hinter ihnen her. Nur Gott konnte sie retten.

2 MOSE 14:15-31

[15] Jahwe sagte zu Mose: „Was schreist du zu mir? Sag den Israeliten, sie sollen aufbrechen. [16] Und du heb deinen Stab hoch und streck deine Hand über das Meer aus! Spalte es, damit die Israeliten auf dem Trockenen ins Meer hineingehen können! [17] Ich aber werde die Ägypter so starrsinnig machen, dass sie hinter ihnen her jagen. Dann werde ich am Pharao und seiner ganzen Heeresmacht, an seinen Streitwagen und Reitern meine Macht beweisen. [18] Die Ägypter sollen erkennen, dass ich Jahwe bin, wenn ich am Pharao, seinen Wagen und Männern meine Macht beweise."
[19] Der Engel Gottes, der den Zug der Israeliten anführte, ging nun ans Ende der Kolonne, und die Wolkensäule, die sonst immer vor ihnen war, stellte sich hinter sie. [20] So kam sie zwischen die beiden Heerlager. Auf der Seite der Ägypter stand eine finstere Wolke, aber auf der Seite der Israeliten erhellte sie die Nacht. So konnten die Ägypter ihnen die ganze Nacht nicht näherkommen. [21] Mose streckte seine Hand über das Meer aus, und Jahwe ließ die ganze Nacht einen starken Ostwind wehen, der das Wasser zurücktrieb. So verwandelte sich das Meer in trockenes Land. Das Wasser hatte sich geteilt.
[22] Die Israeliten gingen auf dem Trockenen mitten durchs Meer. Das Wasser stand wie eine Mauer auf beiden Seiten.
[23] Die Ägypter verfolgten sie. Alle Pferde und Streitwagen des Pharao und alle seine Reiter jagten ins Meer. [24] Kurz vor Tagesanbruch schaute Jahwe in der Feuer- und Wolkensäule auf das Heer der Ägypter herab und brachte es durcheinander. [25] Er ließ die Räder ihrer Streitwagen sich lockern und sie nur mühsam vorankommen. Da sagten die Ägypter: „Wir müssen fliehen! Jahwe kämpft für Israel und ist gegen uns."
[26] Da sagte Jahwe zu Mose: „Streck deine Hand über das Meer aus! Dann wird das Wasser zurückfluten und die Ägypter, ihre Streitwagen und ihre Reiter bedecken." [27] Mose streckte seine Hand aus, und bei Tagesanbruch strömte das Wasser zurück. Die fliehenden Ägypter rannten geradewegs hinein.

---

111. **In einer Falle sitzen** – keinen Ausweg haben, um zu fliehen.

LEKTION 11: GOTT RETTETE DIE ISRAELITEN UND SCHLOSS MIT IHNEN EINEN BUND

> Jahwe trieb sie mitten ins Meer. ²⁸ Das Wasser kehrte zurück und bedeckte Wagen und Reiter, die ganze Heeresmacht des Pharao, die den Israeliten ins Meer gefolgt war. Nicht einer von ihnen entkam.
> ²⁹ Die Israeliten aber waren auf dem Trockenen mitten durchs Meer gegangen, während das Wasser wie eine Mauer links und rechts neben ihnen stand. ³⁰ So rettete Jahwe an diesem Tag die Israeliten aus der Gewalt der Ägypter. Israel sah die Ägypter nur noch tot am Strand liegen. ³¹ Als den Israeliten bewusst wurde, dass Jahwe seine große Macht an den Ägyptern demonstriert hatte, fürchteten sie Jahwe. Sie glaubten an ihn und vertrauten seinem Diener Mose.

Gott rettete sein Volk, obwohl sie seine Gnade überhaupt nicht verdient[112] hatten. Er befahl Mose, seine Hand zu heben, und dann schuf Gott einen trockenen Weg durch das Meer. Gott hat das Wasser und alle Gewässer gemacht, also konnte er einen trockenen Pfad durch das Meer schaffen. Alle Israeliten mit all ihren Tieren gingen auf diesem Weg, den Gott geschaffen hatte, durch das Rote Meer hindurch auf die gegenüberliegende Seite.

Die Ägypter verfolgten die Israeliten auf diesem Weg, den Gott durch das Meer geschaffen hatte. Am Morgen aber ließ der Herr die ägyptischen Streitwagen[113] schwer vorankommen. Die Ägypter hatten Angst, denn nun konnten sie sehen, dass Gott gegen sie kämpfte. Aber es war zu spät. Das Wasser stürzte zurück und alle Ägypter ertranken in den Fluten. Die Israeliten konnten später die Leichen der Ägypter sehen, wie sie an Land gespült wurden. Als sie Gottes große Macht sahen, wollten sie wieder auf Gott hören. Gott rettet Menschen, die in der Falle sitzen und sich um Hilfe an ihn wenden.

In 2. Mose 16 und 17 erzählt Gott uns, wie es mit den Israeliten weiterging, nachdem sie das Rote Meer durchquert hatten. Sie waren in der Wildnis, in der es keine Menschen oder Siedlungen, und auch kein Essen oder Wasser gab. Wieder klagten sie Mose und Aaron an. Wieder hatten sie vergessen, dass Gott der Einzige war, der ihnen helfen konnte. Sie meinten, dass das Leben in Ägypten so viel besser gewesen wäre und dass sie in der Wildnis verhungern[114] würden.

---

112. **Verdient** – Grundform: verdienen; etwas bekommen für etwas, das man getan hat; Lohn, Bezahlung bekommen.
113. **Streitwagen** – ein kleiner Wagen für Soldaten, der von Pferden gezogen wurde.
114. **Verhungern** – vor Hunger sterben, weil man kein Essen hat.

SEINE GESCHICHTE – UNSERE RETTUNG

Obwohl die Israeliten ihm nicht vertrauten, sorgte Gott für sie. Er gab ihnen Nahrung. Er ließ Vögel auf ihr Lager fallen, die sie essen konnten. Er gab ihnen Essen namens ‚Manna', welches jeden Morgen einfach auf dem Boden lag. Sie machten aus diesem Manna Brot, der Teig dazu kam direkt von Gott. Später, als es nur noch sehr wenig Wasser für sie zu trinken gab, fingen sie wieder an zu jammern[115]. Doch Gott gab ihnen das Wasser, das sie brauchten. Er gab ihnen mehr als genug für alle Menschen und ihre Tiere.

Gott führte die Israeliten auch weiterhin Tag und Nacht auf dem Weg. Er brachte sie zum Berg Sinai.

2 MOSE 19:1,2

¹ Genau am dritten Neumondstag nach ihrem Auszug aus Ägypten erreichten die Israeliten die Wüste Sinai. ² Sie waren von Refidim aufgebrochen und schlugen nun ihr Lager in der Wüste dem Berg gegenüber auf.

Sie schlugen vor dem Berg Sinai in der Wildnis ihr Lager auf. Erinnerst du dich, dass Gott viele Jahre zuvor gesagt hatte, dass dies ein Zeichen für Mose sein würde, dass Gott mit ihm und den Israeliten ist? Gott sagte, dass er Mose und die Israeliten zurück zu diesem Berg bringen würde, um ihn dort anzubeten. Und das geschah jetzt. Gott tut immer, was er sagt.

Gott brachte die Israeliten zu dem Berg Sinai und schloss dort einen Bund[116] mit ihnen. Ein weiteres Wort für Bund ist Vereinbarung. Ein Bund ist eine Vereinbarung, die oft in einem Vertrag[117] niedergeschrieben wird. Ein weiteres Wort, das das Gleiche bedeutet, ist *Testament*.

2 MOSE 19:3-8

³ Mose stieg hinauf, um Gott zu begegnen. Da rief ihm Jahwe vom Berg aus zu: „Sage es den Nachkommen Jakobs, rede zu den Israeliten: ⁴ ‚Ihr habt gesehen, was ich mit den Ägyptern gemacht habe. Ihr habt erlebt, dass ich euch wie auf Adlersflügeln getragen und bis hierher zu mir gebracht habe. ⁵ Wenn ihr nun auf mich hört und meinen Bund haltet, dann sollt ihr unter allen Völkern mein persönliches Eigentum sein. Denn mir gehört die ganze Erde. ⁶ Ihr sollt mir ein Königsvolk von Priestern sein, eine heilige Nation!' Das sollst du den

---

115. **Jammern** – klagen; rumheulen; sagen, dass man unglücklich ist; schlecht über etwas oder jemanden reden.
116. **Bund** – ein Versprechen oder Vertrag zwischen zwei oder mehreren Personen.
117. **Vertrag** – etwas, das niedergeschrieben wird, über das zwei oder mehrere Personen übereingekommen sind; eine Abmachung.

LEKTION 11: GOTT RETTETE DIE ISRAELITEN UND SCHLOSS MIT IHNEN EINEN BUND

> Israeliten sagen!"
> ⁷ Da ging Mose zurück und rief die Ältesten des Volkes zusammen. Er legte ihnen vor, was Jahwe ihm aufgetragen hatte. ⁸ Das ganze Volk war sich einig: „Wir wollen alles tun, was Jahwe gesagt hat!" Mose ging, um Jahwe die Antwort des Volkes zu überbringen.

Mose stieg den Berg hinauf, um mit Gott zu reden. Dort oben sagte Gott zu Mose, was der den Israeliten sagen solle, nämlich, dass Gott ihr Vater und Herr ist, der sie aus der Sklaverei in Ägypten befreit hatte, dass sie sein besonderes Volk auf der Erde sind und dass er Aufgaben für sie hat, die sie hier auf der Erde für Gott tun sollten. Diese Aufgaben sollten die Israeliten genau nach Gottes Vorgaben ausführen. Das sollte der Bund sein, den er mit ihnen machen wollte.

Als Mose all das den Israeliten sagte, antworteten sie, dass sie alles tun würden, was der Herr sagt. Aber ihnen war gar nicht genau klar, wie Gottes Bund aussehen würde. Auch hatten sie vergessen, dass sie zuvor gescheitert[118] waren, Gott zu glauben und zu tun, was er gesagt hatte. Also hätten sie nicht einfach zustimmen sollen, dass sie tun würden, um was auch immer Gott sie bat. Sie hätten sich daran erinnern sollen, dass ihr Leben voller Sünde war. Sie hätten Gott um Hilfe bitten sollen. Sie hätten sich daran erinnern sollen, dass Sünde und Satan die Kontrolle in ihrem Leben hatten und dass sie den Tod für ihre Sünden verdient hatten. Sie hätten sich daran erinnern sollen, dass nur Gott sie durch den versprochenen Retter retten konnte.

In 2. Mose 19 kannst du alles lesen, was Gott zu Mose sagte, dass das Volk tun sollte, damit sie bereit wären, auf Gott zu hören. Er wollte, dass sie sich ganz besonders darauf vorbereiteten, genau zuzuhören, was sein Bund mit ihnen sein würde. Er wollte sie wissen lassen, wie wichtig dieser Bund mit ihnen war. Gott sagte, dass sie eine Grenze[119] um den Berg ziehen sollten. Er befahl, dass kein Mensch oder Tier diese Grenze überqueren durfte. Wenn eine Person oder ein Tier darüber gehen würde, müssten sie getötet werden.

Gott erklärte das den Israeliten, weil er persönlich dort anwesend war und dieser Berg somit ein heiliger[120] Ort war. Auf diesen Berg war Gott selbst gekommen, um ihnen zu sagen, was sein Bund war. Nur Gott ist vollkommen und sein Bund würde auch vollkommen sein. Gott wollte die Israeliten daran erinnern, dass

---

118. **Gescheitert** – Grundform: scheitern; nicht in der Lage sein, etwas zu tun; etwas nicht schaffen.
119. **Grenze** – eine Linie, die einen bestimmten Bereich markiert.
120. **Heiliger Ort** – ein Ort, der für Gott abgegrenzt bzw. bestimmt ist.

SEINE GESCHICHTE – UNSERE RETTUNG

sie Sünder waren und nicht ohne seine Hilfe zu ihm kommen konnten. Wenn sie die Grenze überquert hätten, die Gott um den Berg gemacht hatte, würden sie sterben. Alles, was Gott tut, ist wahr und findet wirklich statt. Also musste auch ihre Beziehung zu Gott tatsächlich und wahrhaftig sein. Doch als Sünder waren sie seine Feinde, also konnten sie nicht einfach zu ihm kommen, wie sie es wollten. Sie mussten so zu ihm kommen, wie er es sagte. Dann erst würde ihre Beziehung zu ihm möglich sein und auch dann erst würde sie richtig sein.

Am Morgen des dritten Tages bedeckte eine Wolke die Spitze des Berges. Die Israeliten konnten Donner hören und Blitze sehen. Der ganze Berg rauchte und der Boden bebte. Mose führte die verängstigten Menschen bis zu der Grenze. Dann befahl Gott, dass Mose zu ihm heraufkommen solle. Mose ging direkt auf den Berg und verschwand in dem Rauch. Dort redete Gott wieder mit ihm.

2 MOSE 20:1-17

¹ Dann redete Gott. Er sagte:
² „Ich bin Jahwe, dein Gott! Ich habe dich aus dem Sklavenhaus Ägyptens befreit.
³ Du darfst keine anderen Götter vor mich stellen!
⁴ Du darfst dir kein Götterbild machen, kein Abbild von irgendetwas im Himmel, auf der Erde oder im Meer!
⁵ Wirf dich niemals vor ihnen nieder und verehre sie auf keinen Fall! Denn ich, Jahwe, ich, dein Gott, bin ein eifersüchtiger Gott. Wer mich verachtet und beiseite stellt, bei dem verfolge ich die Schuld der Väter noch bis zur dritten und vierten Generation. ⁶ Doch wer mich liebt und meine Gebote hält, dem schenke ich meine Gunst auf tausend Generationen hin.
⁷ Du darfst den Namen Jahwes, deines Gottes, nie missbrauchen! Denn Jahwe wird jeden bestrafen, der seinen Namen mit Nichtigkeiten in Verbindung bringt.
⁸ Denk an den Sabbattag und reserviere ihn für Gott! ⁹ Sechs Tage hast du, um all deine Arbeit zu tun, ¹⁰ aber der siebte Tag ist Sabbat für Jahwe, deinen Gott. An diesem Tag sollst du nicht arbeiten, weder du noch dein Sohn oder deine Tochter, weder dein Sklave noch deine Sklavin, nicht einmal dein Vieh oder der Fremde, der in deinem Ort wohnt. ¹¹ Denn in sechs Tagen hat Jahwe den Himmel und die Erde gemacht, das Meer und alles, was dazugehört. Am siebten Tag aber ruhte er. Deshalb hat er den Sabbattag gesegnet und für sich bestimmt.
¹² Ehre deinen Vater und deine Mutter! Dann wirst du lange in dem Land leben, das Jahwe, dein Gott, dir gibt.
¹³ Morde nicht!

LEKTION 11: GOTT RETTETE DIE ISRAELITEN UND SCHLOSS MIT IHNEN EINEN BUND

¹⁴ Brich die Ehe nicht!
¹⁵ Stiehl nicht!
¹⁶ Sag nichts Unwahres über deinen Mitmenschen!
¹⁷ Begehre nichts, was deinem Mitmenschen gehört, weder seine Frau noch seinen Sklaven oder seine Sklavin, sein Rind oder seinen Esel oder sonst etwas, das ihm gehört!"

Als Mose vom Berg zurückkam, erzählte er dem Volk, was Gott gesagt hatte. Gott hatten den Kindern Israel zehn Gebote[121] gegeben. Später würde er ihnen viele weitere Gesetze geben, wie sie leben und wie sie zu ihm kommen sollten. Aber diese ersten zehn Gebote waren die Grundlage[122] und die Wichtigsten, die sie erst einmal verstehen sollten.

Gott erinnerte sie daran, dass er ihr Herr war und dass er sie aus der Sklaverei in Ägypten befreit hatte. Er hatte das Recht, ihr Gesetzesgeber zu sein, weil er der Schöpfer ist und weil er sie rettete und sich um sie kümmerte.

Das erste Gebot. Gott sagte, dass sie keinen anderen Gott, außer ihm, haben sollten. Das bedeutet, dass keine Person, keine Sache, kein Bedürfnis und keine Idee wichtiger sein sollte als Gott. Sie sollten auf niemanden sonst vertrauen, bei niemandem sonst Hilfe oder Fürsorge suchen. Sie sollten auch weder auf sich selbst noch auf etwas Anderes vertrauen. Wenn sie das nur einmal täten, würden sie Gottes erstem Gebot nicht gehorchen und würden daran scheitern, ihren Teil des Bundes mit ihm einzuhalten.

---
121. **Gebote** – Regeln bzw. Gesetze von Gott, die befolgt werden müssen.
122. **Grundlage** – der Ausgangspunkt oder das Fundament (für alle anderen Gesetze).

SEINE GESCHICHTE – UNSERE RETTUNG

Das zweite Gebot. Gott sagte, dass sie sich kein Götzenbild machen sollten. Götzenbilder sind menschengemachte Dinge, die Menschen wie Götter anbeten. Viele andere Nationen beteten zur damaligen Zeit menschengemachte Götzenbilder an. Menschen, die nicht auf Gott hören, wenden sich oft menschengemachten Dingen zu und beten sie an. Viele Menschen verbringen ihr Leben damit, darüber nachzudenken und dafür zu arbeiten, menschengemachte Dinge zu bekommen. Wenn die Israeliten so etwas einmal täten, würden sie Gottes zweitem Gebot nicht gehorchen und hätten ihren Bund mit Gott gebrochen.

Das dritte Gebot. Gott sagte, dass sie seinen Namen nicht missbrauchen[123] sollten. Gott wollte sie daran erinnern, wer er wirklich ist. Er wollte nicht, dass sie seinen Namen auf schlechte Art und Weise gebrauchten. Und er wollte nicht, dass sie seinen Namen benutzten, ohne darüber nachzudenken. Er wollte sie daran erinnern, dass er ihr Herr war und derjenige, der sie gerettet hatte. Die Ägypter und die anderen Völker zu dieser Zeit gebrauchten die Namen ihrer Götter oft in rituellen Gesängen[124]. Sie meinten, dass das Aussprechen eines solchen Namens beim Singen sie vor Leid beschützen könnte. Gott wollte von den Israeliten, dass sie sich immer an die Wahrheit erinnerten, wer er wirklich ist. Die Art und Weise, wie sie über ihn sprachen oder seinen Namen gebrauchten, würde zeigen, was sie wirklich über ihn dachten. Wenn sie dies nur einmal vergessen würden, dann würden sie Gottes drittem Gebot nicht gehorchen.

Das vierte Gebot. Gott ordnete an, dass sie einen Tag in der Woche heilighalten sollten. Dieser Tag sollte *Sabbat* genannt werden. Dieser Tag sollte extra für Gott in Ehren gehalten werden. In der hebräischen Sprache bedeutet Sabbat *Ruhe*. Gott ruhte nach dem sechsten Schöpfungstag. Gott wollte, dass die Israeliten innehielten und ruhten und sich einen Tag von der normalen Arbeit freinahmen, damit sie an Gott dachten, ihren Schöpfer. Indem sie das taten, würden sie Gott zustimmen, dass er derjenige ist, der das Sagen über ihr Leben hat. Gott wusste, dass sie ein beschäftigtes Leben haben und ihn relativ schnell vergessen würden. Also ordnete er für sie an, einen Tag in der Woche anders zu gestalten, um an ihn zu denken und die Beziehung mit ihm zu pflegen. Wenn sie das nicht täten, dann würden sie das Gebot brechen, das Gott ihnen gab, um besondere Zeit mit ihm zu verbringen.

---

123. **Missbrauchen** – etwas auf die falsche Weise gebrauchen.
124. **Rituelle Gesänge** – Lieder, von denen religiöse Menschen meinen, dass sie bei Gott oder Göttern etwas bewirken könnten, wenn sie diese immer wieder wiederholen.

LEKTION 11: GOTT RETTETE DIE ISRAELITEN UND SCHLOSS MIT IHNEN EINEN BUND

Das fünfte Gebot. Gott sagte, dass sie ihre Väter und Mütter ehren[125] sollten. In Gottes Geschichte wird später gesagt, dass Gott von den Eltern wolle, dass sie ihre Kinder über Gott unterrichten und dass sie ein Vorbild für ihre Kinder sind. Kinder müssen erst lernen, ihre Eltern zu ehren, bevor sie Gott ehren können. Gott wollte, dass jede Generation ihn kennt, liebt und respektiert. Wenn einer von den Israeliten seine Eltern schlecht behandelte, wenn auch nur einmal, dann würde der dem fünften Gebot Gottes nicht gehorchen.

Das sechste Gebot. Gott sagte, dass sie nicht morden[126] sollten. Alles Leben kommt von Gott. Gott liebt die Menschen und ihr Leben ist ihm wichtig und wertvoll. Er wollte von den Israeliten, dass sie das menschliche Leben so wertschätzten, wie er es tut. Er sagte, dass eine Person nicht das Leben einer anderen nehmen dürfe. Weiter hinten in der biblischen Geschichte sagt Gott, dass es genauso schlimm ist wie Mord, wenn man eine andere Person hasst. Wenn die Israeliten also jemanden nur einmal hassten, würden sie das sechste Gebot Gottes brechen.

Das siebte Gebot. Gott sagte, dass sie die Ehe nicht brechen[127] sollten. Gott schuf die Ehe als den besten Lebensweg für die Menschen und für die Kinder, um darin aufzuwachsen. Jede Art von Sexualität außerhalb der Ehe ist gegen das, was Gott wollte. Später wird in Gottes Geschichte gesagt, dass es genauso schlimm ist wie sexuelle Betätigung, wenn man jemanden, der nicht der eigene Ehepartner ist, mit sexuellen Hintergedanken anschaut. Wenn die Israeliten dies einmal täten, würden sie Gottes siebtem Gebot nicht gehorchen.

Das achte Gebot. Gott sagte, dass sie nicht stehlen sollten. Gott wollte sie wissen lassen, dass sie nicht etwas nehmen sollten, das einem anderen gehört, sei es Geld oder irgendetwas, das der andere besitzt. Aber es bedeutete auch, dass sie auch nicht auf andere Weise etwas von einem anderen wegnehmen sollten. Sie sollten nicht nur an sich selbst denken. Sie sollten sich nicht einfach nehmen, was sie wollten. Später in der biblischen Geschichte sagt Gott, dass die Menschen erst daran denken sollten, was andere Menschen benötigen, bevor sie an sich selbst denken. Wenn die Israeliten erst an ihre eigenen Bedürfnisse dachten und etwas von einer anderen Person nahmen, wenn auch nur einmal, dann würden sie Gottes achtem Gebot nicht gehorchen.

---

125. **Ehren** – jemandem Liebe und Respekt entgegenbringen für etwas, das er getan hat.
126. **Morden** – das Töten bzw. Umbringen von (einem) Menschen.
127. **Die Ehe brechen** – Ehebruch begehen; Sex zwischen einer verheirateten Person und jemandem, der nicht ihr Ehemann oder seine Ehefrau ist.

SEINE GESCHICHTE – UNSERE RETTUNG

Das neunte Gebot. Gott sagte, dass sie nichts Falsches über andere sagen oder verbreiten sollten. Gott sagt immer die Wahrheit und lügt nie. Satan ist ein Lügner und hasst die Wahrheit. Also sagte Gott den Israeliten, dass sie keine Lügen über andere Menschen sagen sollten. Gott weiß, dass Satan die Lüge benutzt, um Menschen zu schaden und Probleme zwischen ihnen zu schaffen. Wenn die Israeliten nur eine Lüge erzählten oder etwas sagten, das nicht vollständig der Wahrheit entsprach, dann würden sie Gottes neuntem Gebot nicht gehorchen.

Das zehnte Gebot. Gott sagte ihnen, dass sie nichts von anderen begehren sollten. Etwas zu begehren heißt, etwas zu wollen, das einem nicht zusteht oder das einem anderen gehört. Gott war derjenige, der auf die Israeliten aufpasste und ihnen alles gab, was sie brauchten. Er hatte sie gerettet und sich um sie gekümmert, als sie in der Wildnis waren. Wenn sie nun mehr begehrten, als sie hatten, würde es zeigen, dass sie nicht zufrieden mit dem waren, was Gott ihnen gab. Wenn sie unbedingt haben wollten, was andere hatten, würde es auch zeigen, dass sie dachten, dass ihre Bedürfnisse wichtiger wären als die der anderen. Neben dem Wunsch, mehr Geld oder Zeug haben zu wollen, kann Begehren auch bedeuten, dass man Macht über andere haben will oder dass man mehr haben will als andere. Wenn die Israeliten nur einmal etwas wollten, das ihnen nicht gehörte, dann würden sie dem zehnten Gebot Gottes nicht gehorchen.

Das waren also die Gesetze Gottes, die Mose von dem Berg mitbrachte. Gott hatten seinem Volk erklärt, was sie als Teilhaber seines Bundes mit ihm tun müssten, aber es würde eine unmögliche[128] Aufgabe sein! Sie wären niemals in der Lage gewesen, auch nur eines von Gottes Geboten ständig zu befolgen!

Gott wollte, dass sie erkannten, dass es unmöglich für sie war, alle seine Gebote zu halten. Gott ist vollkommen und seine Gesetze zeigten, wie ein vollkommenes Volk zusammenleben solle. Aber die Israeliten waren nicht vollkommen. Sie waren außerhalb des Gartens Eden in eine Welt voller Sünde und Tod geboren worden. Sie waren Sünder. Sie konnten seinen Gesetzen nicht folgen, auch wenn sie es versuchten hätten. Gott wollte sie wissen lassen, dass sie ihn brauchten, um von dem Tod gerettet zu werden. Er wollte eine Beziehung zu ihnen, die wahr und real war. Die Wahrheit war, dass sie ihn brauchten, damit er sie rettete. Sie konnten für ihre Sünden nicht selbst bezahlen, indem

---

128. **Unmöglich** – etwas, das nicht getan oder geschafft werden kann.

LEKTION 11: GOTT RETTETE DIE ISRAELITEN UND SCHLOSS MIT IHNEN EINEN BUND

sie etwa Gottes Gesetze befolgten. Sie waren nicht in der Lage, für ihre Sünden mit ihrer eigenen Anstrengung zu bezahlen.

Genau diese Tatsache versuchte Gott von Anfang an den Menschen klarzumachen. Adam und Eva waren nackt und schämten sich. Nur Gott konnte Kleidung aus Tierhaut für sie machen. Die Feigenblätter, die sie für sich gefunden hatten, waren nicht genug. Die Kleidung, die Gott für sie machte, zeigte, dass die Menschen den Tod verdient hatten. Aber Gott ließ Tiere an ihrer Stelle sterben. Kain versuchte, auf eigene Weise zu Gott zu kommen. Aber Gott akzeptierte Kains Opfer nicht. Kain stimmte Gott nicht zu, dass es den Tod geben muss, um für die Sünde zu bezahlen. Noah und seine Familie hatten nur eine Tür, um in die Arche zu kommen. Gott sagte ihnen, wie sie das Boot bauen sollten und er war derjenige, der die Tür hinter ihnen schloss. Der Tod war außerhalb der Arche, aber Noah und seine Familie waren im Inneren sicher. Gott war derjenige, der sie rettete. Sie hatten keinen Ausweg, aber Gott rettete sie. Auch für Isaak gab es keine Hoffnung, bis auf Gott, der ihm ein Schaf gab, das an Isaaks Stelle starb. Und die Israeliten hatten keinen Ausweg vor dem Roten Meer, um vor der Armee des Pharao zu fliehen. Also schuf Gott für sie einen Weg, damit sie es sicher überqueren konnten, und er rettet sie vor ihren Feinden.

Nun hatte Gott den Israeliten seine Gesetze gegeben. Sie wollten seine Hilfe und seinen Schutz[129]. Sie wollten eine besondere Beziehung zu ihm. Er sagte, dass sie eine große Nation seien, aus der der versprochene Retter kommen werde. Alle Familien der Erde würden durch sie gesegnet werden. Und so waren die Israeliten froh, Gottes Vertrag zuzustimmen. Sie dachten, dass sie keine Probleme hätten, allen Gesetzen Gottes zu folgen. Sie dachten, dass sie es schaffen könnten und dass er mit ihnen zufrieden sein würde. Aber das war weder wahr noch real. Sie hätten wissen müssen, dass es unmöglich für sie war, das zu tun. Gott ist vollkommen heilig und er tut immer, was richtig ist. Sie könnten niemals ein vollkommenes Leben führen, indem sie den Gesetzen folgten. Sie brauchten Gott, damit er sie vor dem Tod und der ewigen Trennung[130] von ihm rettete.

---

129. **Schutz** – Bewahrung vor Leid und Verletzung.
130. **Trennung** – weg sein von jemandem, nicht am gleichen Ort sein.

1. Gott führte die Israeliten zum Roten Meer, wo sie nicht vor ihren Feinden fliehen konnten. Warum tat er das? Was zeigte er dadurch über sich selbst?

2. Hatten die Israeliten Glauben an Gott? Glaubten sie, was Gott sagte?

3. Gott half den Israeliten in der Wüste. Er führte sie und gab ihnen Essen und Trinken. Warum tat er das?

4. Wie zeigte Gott, dass seine Gesetze wichtig waren?

5. Dachte Gott, dass die Israeliten diesen Gesetzen folgen könnten?

6. Könnte irgendeine Person allen Gesetzen Gottes folgen? Warum oder warum nicht?

7. Warum gab Gott den Israeliten sein Gesetz, wenn er wusste, dass sie nicht in der Lage waren, ihm zu gehorchen?

LEKTION 12

GOTT ERKLÄRTE DEN ISRAELITEN, WIE SIE IHN ANBETEN SOLLTEN

Die Israeliten sagten, dass sie den Bund mit Gott gerne schließen wollten. Als Mose mit den Gesetzen Gottes von dem Berg zurückkam, sagten die Israeliten noch einmal, dass sie alles tun würden, was Gott sagte.

2 MOSE 24:3

³ Dann trat Mose vor das Volk und gab ihm alle Worte und Bestimmungen Jahwes weiter. Das ganze Volk antwortete wie aus einem Mund: „Wir wollen alles tun, was Jahwe uns befohlen hat."

Dann rief Gott Mose noch einmal auf den Berg zu ihm.

2 MOSE 24:12

¹² Jahwe sagte zu Mose: „Steig nun zu mir auf den Berg herauf und bleib dort, damit ich dir die Steintafeln geben kann, auf die ich das Gesetz und die Gebote für die Unterweisung Israels geschrieben habe."

Dieses Mal gab Gott Mose eine Abschrift seiner Gebote, geschrieben auf großen Steintafeln. Gott wollte, dass seine vollkommenen Gesetze in Stein gemeißelt[131]

---

131. **Gemeißelt** – Grundform: meißeln; mit etwas Spitzem und Scharfem in etwas hineinritzen.

SEINE GESCHICHTE – UNSERE RETTUNG

sind. Er wollte nicht, dass sie verloren gingen oder verändert würden. Er wollte die Israeliten an das erinnern, wessen sie zugestimmt hatten.

Gott erzählte Mose auch etwas Erstaunliches. Gott sagte, dass er kommen würde und bei den Israeliten leben würde. Sie hatten Gottes Vertrag zugestimmt und er sagte, er würde Teil ihrer Gemeinschaft[132] sein. Die Israeliten waren Nomaden – das bedeutet, dass sie von Ort zu Ort zogen und in Zelten lebten. Der Ort, an dem Gott unter ihnen leben wollte, musste noch geschaffen werden, sodass er von Ort zu Ort mitkommen konnte. Gott sagte Mose, dass sie ein großes Zelt der Zusammenkunft bauen sollten, wo Gott wohnen würde. Im Deutschen wird dieses Zelt auch Tabernakel, Stiftshütte oder Zelt der Begegnung genannt.

Dieses Zelt sollte ein ganz besonderes sein. Gott erklärte Mose jedes kleine Detail, das getan werden sollte, um es fertigzustellen. Er sagte Mose haargenau, welche Einrichtungsgegenstände[133] und was im Inneren der Stiftshütte sein sollten. Er sagte Mose auch, wie es dekoriert[134] werden sollte. Gott wollte, dass die Israeliten deutlich sahen, wie heilig und vollkommen er ist. Er wollte ihnen zeigen, dass sündige Menschen nicht einfach auf ihre Art und Weise zu ihm, zu Gott, kommen können. Er wollte, dass sie verstehen, dass sie zu ihm kommen müssen, wie er es sagte. Also sagte er ihnen sehr deutlich, wie sie diesen besonderen Ort machen sollten, an dem er mit ihnen, seinem Volk, leben würde.

Gott wusste, dass die Israeliten nicht in der Lage sein würden, den Gesetzen zu folgen. Er wusste, dass sie dem Bund, dem sie zugestimmt hatten, nicht treu sein würden. Ja, sie waren Gottes auserwähltes Volk, aber wie alle Menschen, die außerhalb des Gartens geboren wurden, waren sie Sünder. Sie konnten dies nicht selbst ändern oder reparieren. Sie waren in eine Welt voller Sünde geboren worden und Sünde war Teil dessen, wer sie waren. Wie alle Menschen konnten sie nicht vollkommen leben und allen Geboten Gottes folgen. Gott ist der Einzige, der vollkommen ist. Die Israeliten konnten nicht tun, was Gottes Gebote sagten. Sie brauchten Gott, der sie rettete. Aber sie verstanden das damals nicht.

Nun hatte Gott mit den Israeliten eine Vereinbarung, einen Bund, geschlossen. Er würde unter ihnen leben. Die Stiftshütte würde der Ort sein, an dem sie zu ihm kommen konnten. Dort sollten alle Menschen – um die zwei Millionen

---

132. **Gemeinschaft** – eine Gruppe von Menschen, die in der gleichen Gegend zusammenleben.
133. **Einrichtungsgegenstände** – Dinge, die Menschen in einem Raum gebrauchen, wie Möbel, Lampen etc.
134. **Dekoriert** – Grundform: dekorieren; etwas schön gestalten; ein Zimmer einrichten, indem man Vorhänge, Farben oder Accessoires hinzufügt.

LEKTION 12: GOTT ERKLÄRTE DEN ISRAELITEN, WIE SIE IHN ANBETEN SOLLTEN

– genauso zu Gott kommen, wie er es wollte. Es war ein sehr wichtiger und besonderer Ort. Gott sagte ihnen haargenau[135], wie sie dieses Zelt der Begegnung mit ihm aufbauen sollten. Du kannst später in deiner Bibel in 2. Mose 26–27 alles nachlesen, was Gott über den Bau der Stiftshütte gesagt hatte. Wir werden nun nur auf ein paar Dinge schauen, die Gott darüber gesagt hat.

Gott sagte ihnen, dass sie Tierhäute und Stoffe aus Tierhaaren für die Außenwände und das Dach benutzen sollten. Das waren die gleichen Materialien, die die Israeliten für ihre eigenen Zelte benutzten.

Gott sagte, dass die Außenwände der Stiftshütte etwa 46 Meter lang und 23 Meter breit sein sollten. Innerhalb dieser Begrenzung sollte es ein Zelt geben, das etwa 14 mal 4,5 Meter groß sein und zwei nebeneinanderliegende Räume haben sollte. Der erste Raum, der größere, sollte das Heiligtum genannt werden. Der zweite, der dahinterliegen sollte, würde das Allerheiligste genannt werden. Dieser Raum würde nur halb so groß sein wie das Heiligtum.

Das Allerheiligste würde Gottes Ort sein, abgetrennt nur für ihn. Gott ist Geist – er hat keinen Körper wie wir und braucht somit kein Haus oder Zelt, in dem er leben kann. Aber Gott wollte sein Volk wissen lassen, dass er bei ihm war. Deswegen wollte er die Stiftshütte bauen lassen.

Gott sagte, dass sie einen sehr dicken Vorhang[136] zwischen die beiden Räume hängen sollten. Der Vorhang sollte die Menschen daran erinnern, dass sie nicht einfach auf ihre Weise zu Gott kommen konnten. Denn Gott ist heilig, sie aber

---

135. **Haargenau** – sehr genau; sorgfältig; detailliert.
136. **Vorhang** – ein Stück Stoff, das oben befestigt wird, sodass eine Zwischenwand entsteht.

nicht. Der Vorhang sollte sie an ihre Sünde erinnern, die sie von Gott trennte und fernhielt. Ihre Sünde war wie der Vorhang, der zwischen ihnen und dem Allerheiligsten hing, wo Gott war.

Gott sagte, dass ein besonderer, mit Gold überzogener Holzkasten ins Allerheiligste gestellt werden solle. Der würde das einzige Möbelstück im Allerheiligsten sein. Im Englischen wird dieser Kasten „ark" genannt, das gleiche Wort wie Arche. Im Deutschen sagt man Lade oder Bundeslade. Eine Lade ist eine stabile Kiste bzw. Box, deren Inhalt sicher ist. Gottes Gebote, die auf die Steintafeln geschrieben worden waren, sollten im Inneren der goldenen Box aufbewahrt werden. Diese Gesetze waren die Vereinbarung, also der Bund, den die Israeliten mit Gott gemacht hatten. Daher der Name Bundeslade. Gott sagte, dass die Box einen besonderen Deckel haben solle, den Sühnedeckel. Dieser Deckel würde die Steintafeln mit den darauf geschriebenen Gesetzen bedecken. Gott sagte, dass er genau da, über dem Deckel der Box, bleiben würde. Er sagte, dass dieser Ort ein Ort der Gnade sein würde, an dem alles Falsche richtiggestellt werden sollte.

Gott wusste, dass die Menschen seinen Geboten nicht gehorchen könnten. Er wusste, dass sie niemals für ihre Sünden bezahlen könnten. Aber er wollte einen Weg für sie schaffen, zu ihm zu kommen. Er wollte nicht, dass sie wegen ihrer Sünde starben. Er liebt die Menschen und er wollte die Israeliten retten und mit ihnen zusammen sein. Er wollte Gemeinschaft mit ihnen haben, eine echte und wahre Beziehung. Die goldene Box mit den Gesetzen im Inneren zeigte, wie vollkommen Gottes Gesetze waren. Sie zeigte, dass Gottes vollkommene Gesetze sich niemals ändern würden. Aber weil Gott die Menschen liebt, wird er einen Weg schaffen, um die Gesetze zu „bedecken" – so wie der Deckel auf der goldenen Box die in Stein geschriebenen Gesetze bedeckte. Gott wollte nicht, dass die Menschen für ihre Sünden mit ihrem eigenen Tod bezahlen mussten. Gott hatte versprochen, den Retter zu schicken, der sich um die Sünde kümmern würde. Aber bis zu diesem Zeitpunkt schuf Gott in der Stiftshütte eine vorübergehende[137] Möglichkeit für sein Volk, um zu ihm zu kommen.

Gott sagte den Israeliten, dass sie einen großen Altar bauen sollten – einen Ort für Brandopfer. Dieser Altar sollte aus Messing[138] gemacht werden. Er sollte innerhalb der Außenwänden vor das Zelt mit den zwei Räumen gestellt werden. Gott sagte, dass die Menschen dort Tiere hinbringen sollten, um sie ihm zu

---

137. **Vorübergehend** – etwas, das nur für eine begrenzte Zeit gilt.
138. **Messing** – ein gelbliches Metall, gemacht aus Kupfer und Zink.

LEKTION 12: GOTT ERKLÄRTE DEN ISRAELITEN, WIE SIE IHN ANBETEN SOLLTEN

opfern. Er sagte, dass die Person, die ein Tier bringt, ihre Hand auf den Kopf des Tieres legen solle. Dann sollten sie Gott bitten, den Tod des Tieres an ihrer Stelle zu akzeptieren. Gott wollte sie immer daran erinnern, dass sie den Tod für ihre Sünden verdient hätten, aber dass er einen Weg für sie geschaffen hatte, zu ihm zu kommen und zu leben.

Es gab viele andere Dekorationen, Möbel und Gegenständen, von denen Gott ihnen gesagt hatte, sie in die Stiftshütte zu stellen. Gott sagte ihnen, wie sie alles herrichten und aus welchen Materialien sie alles herstellen sollten. Alle Gegenstände in der Stiftshütte waren da, um die Menschen an die wichtigen Dinge über Gott zu erinnern.

Gott sagte Mose, dass eine Gruppe von Männern, genannt Priester[139], auf die Stiftshütte aufpassen sollten. Die Priester sollten aufpassen, dass die Opfer korrekt ausgeführt wurden. Sie sollten den Menschen helfen, alles so zu machen, die Gott es ihnen gesagt hatte. Gott sagte, dass Moses Bruder Aaron der erste Hohepriester sein werde. Der Hohepriester sollte der Leiter der Priester sein. Aarons Söhne würden mit ihm arbeiten. Später würden neue Priester aus der Familie Aarons kommen. Du kannst alles, was Gott über die Priester sagt, in 2. Mose 28 und 29 nachlesen. Gott erklärte den Israeliten alles sehr ausführlich. Er sagte ihnen exakt, wie diese Männer die Arbeit in der Stiftshütte verrichten sollten. Er gab ihnen viele Anweisungen[140], wie sie die Opfer darbringen sollten.

Gott sagte, dass der Hohepriester einen besonderen Job hatte. An einem Tag im Jahr sollte der Hohepriester in das Allerheiligste gehen. Dieser Tag wurde *Versöhnungstag* genannt. Versöhnung kommt von Sühne und bedeutet Wiedergutmachung oder Befreiung von Schuld. Gott sagte, dass an diesem Tag der Hohepriester das Blut von einem Tier zu Gottes besonderem Ort bringen sollte. Der Hohepriester sollte das Blut auf den Deckel der Bundeslade sprenkeln[141]. Gott sagte, dass sie dies jedes Jahr so tun sollten, wie er es ihnen gesagt hatte. Dann würde Gott die Israeliten für alle Gesetzesbrüche in diesem Jahr nicht bestrafen.

Gott weiß alles, was jemals passiert ist und was passieren wird. Also wusste er, dass die Kinder Israel nicht in der Lage sein würden, den Gesetzen, die er ihnen gegeben hatte, zu gehorchen. Er wollte, dass sie verstanden, dass sie ihn für ihre Rettung brauchten. Als Mose noch auf dem Berg im Gespräch mit Gott war,

---

139. **Priester** – jemand, der anderen Menschen hilft, Gott anzubeten.
140. **Anweisungen** – Hinweise oder Aufträge, wie etwas zu tun ist.
141. **Sprenkeln** – etwas mit kleinen Tropfen (Blut) bedecken; besprühen; befeuchten.

SEINE GESCHICHTE – UNSERE RETTUNG

wurde die Untreue der Israeliten gegenüber Gott und seinen Geboten in krasser Weise deutlich.

Du kannst die ganze Geschichte über das, was sie taten, in 2. Mose 32 nachlesen. Mose war für eine lange Zeit auf dem Berg. Währenddessen schmolzen[142] die Israeliten eine große Menge an Gold ein und machten daraus die Figur eines Kalbes[143]. Dann beteten sie diese goldene Skulptur an. Sie dankten dem Goldenen Kalb, dass es sie aus Ägypten herausgebracht habe. Sie beteten einen leblosen Götzen[144] an, anstatt den lebendigen Gott.

Gott wusste, dass sie seine Gesetze brechen würden, also schuf er einen weiteren Weg für sie, zu ihm zu kommen. Er sagte ihnen, dass sie Tiere in der Stiftshütte opfern könnten. Indem sie das taten, würden sie zeigen, dass sie wüssten, dass eigentlich sie selbst für ihre Sünden sterben müssten. Aber die Tiere würden an ihrer Stelle sterben. Sie sollten das immer wieder tun und auf den Retter warten, der eines Tages von Gott kommen würde. Er würde dann den Satan endlich besiegen und für die Sünden der Menschen ein für alle Mal bezahlen.

Nachdem die Stiftshütte fertiggebaut war, zogen die Israeliten weiter.

2 MOSE 40:36-38

³⁶ Während der ganzen Wanderschaft richteten sich die Israeliten nach der Wolke. Immer wenn sie sich erhob, brachen sie auf; ³⁷ und wenn sie ruhte, blieben sie an ihrem Lagerplatz. Wenn sie sich wieder erhob, zogen sie weiter. ³⁸ Bei Tag schwebte die Wolke Jahwes über der Wohnung. Bei Nacht war ein Feuer in ihr, das alle Israeliten während ihrer ganzen Wanderung sehen konnten.

Gott kam und lebte bei ihnen. Während des Tages konnte das Volk sehen, dass Gott mit ihnen war: Gott setzte eine Wolke über die Stiftshütte. Und bei Nacht konnten sie sehen, dass er immer noch dort war: Bei Nacht setzte Gott ein Feuer in die Wolke, sodass alle sehen konnten, dass er immer noch bei ihnen war. Wenn diese Wolke aufstieg, wussten die Menschen, dass Gott ihnen sagte, weiterzuziehen.

Eines Tages, zehn oder elf Monate, nachdem sie das erste Mal am Berg Sinai angekommen waren, stieg die Wolke auf.

---

142. **Schmolzen** – Grundform: schmelzen; ein Element (z. B. Gold) so stark erhitzen, dass man ihm eine andere Form geben kann.
143. **Kalb** – ein junges Rind.
144. **Götze** – etwas, das Menschen aus Metall oder Holz machen und als Gott anbeten.

LEKTION 12: GOTT ERKLÄRTE DEN ISRAELITEN, WIE SIE IHN ANBETEN SOLLTEN

4 MOSE 10:11

¹¹ Im zweiten Jahr nach dem Auszug aus Ägypten, am 20. Mai, erhob sich die Wolke von der Wohnung des Bundesgesetzes.

Mit Gottes Führung reisten sie durch die Wildnis. Sie erreichten die Grenze¹⁴⁵ zu Kanaan. Das war das Land, das Gott Abraham Hunderte von Jahren zuvor versprochen hatte. Sie schlugen ihr Lager an einem Ort namens Kadesch-Barnea in der Wüste Paran auf.

Das Land Kanaan ist der Bereich, der heute Israel, die palästinensischen Gebiete¹⁴⁶, Libanon und den westlichen Teil von Jordanien und Syrien umfasst. Das war das Land, das Gott der israelitischen Nation versprochen hatte. Doch als die Israeliten zu der Grenze kamen, lebten in Kanaan bereits viele Menschen semitischer Abstammung. Semitisch bedeutet, dass sie Nachkommen von Noahs Sohn Sem waren. Einige dieser Stämme wollten mehr Land erobern und kämpften mit den anderen Stämmen. Die Menschen dort glaubten nicht an Gott, geschweige denn hörten sie auf ihn. Sie beteten andere Götter an. Sie glaubten nicht, dass Jahwe der Schöpfer war. Gott hatte Abraham viele Jahre zuvor schon gesagt, dass diese Stämme einmal bestraft werden würden, weil sie sich von ihm abgewandt hatten. Gott wusste, wie das Land Kanaan sein würde, wenn die Israeliten dort ankämen. Er wusste, dass es dort bereits lebende Völkerstämme geben würde.

Während die Israeliten dort in Kadesch-Barnea lagerten, geschahen einige interessante Dinge. Du kannst dies später für dich selbst nachlesen. Aber wir werden nun ein wenig in der Geschichte voranschreiten. Gott sagte Mose, dass er zwölf Männer auswählen solle – je einen Mann aus jedem Stamm Israels. Die sollten in das Land Kanaan hineingehen und zurückzukommen, um den Menschen im Lager zu erzählen, was sie dort vorgefunden hatten.

4 MOSE 13:21-29

²¹ So zogen sie hinauf und erkundeten das Land von der Wüste Zin bis Rehob bei Lebo-Hamat. ²² Sie zogen durch den Negev und kamen nach Hebron. Dort wohnten Ahiman, Scheschai und Talmai, die Nachkommen Anaks. Die Stadt Hebron war noch vor Zoan in Ägypten gegründet worden. ²³ Als die Männer schließlich ins Traubental kamen, schnitten sie eine Weinranke mit einer Traube ab und trugen sie an einer Stange, auch Granatäpfel und Feigen nahmen sie mit. ²⁴ Das Tal bekam erst später den Namen Wadi Eschkol, Traubental,

---

145. **Grenze** – die äußere Linie eines Gebiets.
146. **Gebiete** – Bereiche eines Landes, die einen Staat/einen Regierungsbezirk bilden.

weil die Israeliten dort eine Traube abgeschnitten hatten. ²⁵ Vierzig Tage lang hatten sie das Land erkundet ²⁶ und kehrten dann zu Mose und Aaron und der ganzen Gemeinschaft Israels nach Kadesch in die Wüste Paran zurück. Sie erstatteten ihnen Bericht und zeigten die mitgebrachten Früchte. ²⁷ Sie berichteten Mose: „Wir sind in dem Land gewesen, in das du uns geschickt hast. Es ist wirklich ein Land, das von Milch und Honig überfließt. Sieh dir nur diese Früchte an! ²⁸ Allerdings ist das Volk, das dort wohnt, stark, und seine Städte sind groß und gut befestigt. Und dann haben wir auch noch die Söhne Anaks dort gesehen! ²⁹ Im Negev wohnen die Amalekiter, im Bergland die Hetiter, Jebusiter und Amoriter, am Meer und in der Jordanebene die Kanaaniter."

Die zwölf Männern gingen für fast sechs Wochen nach Kanaan. Sie besuchten verschiedene Gebiete des Landes. Sie sahen, dass das Land sehr fruchtbar war. Sie brachten eine große Weintraube mit, um sie dem Volk zu zeigen. Aber sie erzählten dem Volk auch, dass die Stämme in dem Land sehr stark waren. Sie sagten, dass es dort große Menschen gäbe und dass deren Städte sehr starke Mauern hätten. Aber zwei von den Männern, die nach Kanaan gegangen waren, sagten den Menschen, dass sie dennoch keine Angst zu haben bräuchten. Ihre Namen waren Kaleb und Josua. Sie glaubten, dass Gott ihnen helfen würde, die Menschen, die dort lebten, zu besiegen.

4 MOSE 13:30

³⁰ Kaleb beschwichtigte das Volk, das über Mose aufgebracht war. Er sagte: „Wir werden hinaufziehen und das Land in Besitz nehmen! Wir können es sehr wohl erobern."

Aber die Menschen hörten nicht auf Kaleb und Josua. Sie hatten Angst. Sie hörten auf die zehn anderen Männer. Sie wollten am liebsten wieder nach Ägypten zurückkehren. Sie wurden sogar so böse, dass sie Kaleb und Josua umbringen wollten. Von Mose und Aaron wollten sie sich nichts mehr sagen lassen.

Gott hatte versprochen, dass die Israeliten in dem Land Kanaan wohnen würden. Aber sie glaubten nicht an das, was Gott sagte. Weil die Kinder Israel nicht glaubten, was Gott sagte, sagte er ihnen, dass ihre Generation nicht in das verheißene Land gehen dürfe und nicht dort leben dürfe. Gott sagte, dass sie noch vierzig Jahre in der Wildnis herumgehen und dann in der Wildnis sterben

LEKTION 12: GOTT ERKLÄRTE DEN ISRAELITEN, WIE SIE IHN ANBETEN SOLLTEN

würden. Aber die Generation ihrer Kinder und Josua und Kaleb, die würden nach den vierzig Jahren in das Land gehen, welches er versprochen hatte.

Gottes Geschichte erzählt uns, wie die Israeliten sich in den folgenden vier Jahrzehnten in der Wüste verhielten. Du kannst in 4. Mose 20 etwas über die Zeit lesen, als ihnen das Wasser ausging. Sie fragten nicht Gott um Hilfe. Stattdessen motzten sie ständig herum und beschuldigen Mose und Aaron, dass sie sie raus in die Wildnis geführt hätten, um zu sterben.

Nicht lange danach beklagten sie sich über das Essen und Trinken, mit dem Gott sie in der Wildnis jeden Tag treu versorgte. Sie meckerten Mose an und sagten, dass das Manna, das Gott ihnen zu essen gegeben hatte, schrecklich[147] sei.

4 MOSE 21:4-9

⁴ Als die Israeliten vom Berg Hor weiterzogen, wandten sie sich zunächst in Richtung Schilfmeer, um das Land Edom zu umgehen. Doch auf dem Weg wurde das Volk ungeduldig. ⁵ Es lehnte sich gegen Gott und Mose auf und sagte: „Wozu habt ihr uns aus Ägypten heraufgeführt? Damit wir in der Wüste sterben? Hier gibt es weder Brot noch Wasser, und es ekelt uns vor diesem elenden Fraß." ⁶ Da schickte Jahwe Brandnattern unter das Volk, sodass viele der Israeliten gebissen wurden und starben. ⁷ Da lief das Volk zu Mose und sagte: „Wir haben gesündigt, dass wir uns gegen Jahwe und gegen dich aufgelehnt haben. Bete doch zu Jahwe, dass er uns von den Schlangen befreit!" Mose betete für das Volk. ⁸ Und Jahwe sagte zu ihm: „Mach dir eine Brandnatter und befestige sie an einer Stange. Dann wird jeder, der gebissen wurde und sie ansieht, am Leben bleiben." ⁹ So fertigte Mose eine Schlange aus Bronze und machte sie am Ende einer Stange fest. Wer nun von einer Schlange gebissen wurde und aufschaute zur ehernen Schlange, blieb am Leben.

Gott sandte giftige[148] Schlangen an den Ort, an dem die Israeliten lagerten. Wenn eine Schlange jemanden gebissen hatte, dann starb derjenige. Die Menschen wussten, dass Gott ihnen das antat, weil sie gegen Gott und gegen Mose rebelliert hatten. Sie baten Mose, zu Gott zu sprechen und um Hilfe zu bitten. Gott sagte zu Mose, dass der eine Schlange aus Bronze machen und sie hoch oben auf

---
147. **Schrecklich** – sehr schlecht oder unangenehm.
148. **Giftig** – eine Substanz mit Gift darin, die Menschen töten kann.

SEINE GESCHICHTE – UNSERE RETTUNG

eine Stange stecken solle. Gott sagte, dass jeder, der von einer giftigen Schlange gebissen worden war, auf diese Schlange aus Bronze aufschauen konnte. Wenn sie auf sie schauten, würde Gott sie heilen[149].

Gott sandte die Giftschlangen, um den Israeliten zu zeigen, dass sie ihn brauchten. Sie konnten den Bissen der Schlangen nicht entfliehen. Aber Gott schuf einen Weg für die Menschen, dass sie überleben konnten. Wenn sie dennoch nicht taten, was er sagte, würden sie sterben.

Gott hatte Adam und Eva versprochen, dass er einen Retter senden würde, um die Macht Satans zu beenden. Der Retter würde die Menschen retten, damit sie nicht für ihre Sünde bezahlen müssten. Die Schlange aus Bronze war ein Bild dessen, was der Retter für all die Menschen später tun würde. Wir werden später in der Geschichte Gottes mehr darüber hören.

1. Gott sagte den Kindern Israel sehr deutlich, wie sie die Stiftshütte bauen sollten. Warum tat er das?
2. Gott wusste, dass die Israeliten nicht seinen Geboten gehorchen würden. Aber er blieb dennoch bei ihnen, wohnte in ihrer Mitte und gab ihnen einen Weg, wie sie zu ihm kommen konnten. Warum, denkst du, tat er das?
3. Wie, sagte er, sollten die Israeliten zu ihm kommen?
4. Wie zeigte Gott, dass er bei den Israeliten war?
5. Was zeigte die Schlange aus Bronze auf einer Stange den Menschen über Gott?

---

149. **Heilen** – jemanden wiederherstellen, sodass es ihm gut geht.

LEKTION 13

GOTT BRACHTE DIE ISRAELITEN NACH KANAAN

Gott sagte, dass die Generation, die er aus Ägypten herausgebracht hatte, das verheißene Land Kanaan nicht betreten würde, weil sie ihm nicht geglaubt hatte, als sie in Kadesch-Barnea lagerte. Die Israeliten hatten sich mehrfach gegen Gott und Mose aufgelehnt. Immer wieder zeigten sie damit, dass sie Gott nicht vertrauten. So geschah nun, was Gott gesagt hatte. Die Israeliten dieser Generation starben in der Wildnis.

Doch Josua und Kaleb hatten auf Gott gehört. Sie hatten den Menschen gesagt, dass sie auf Gott vertrauen sollten. Also waren sie die einzigen zwei Personen dieser Generation, die das verheißene Land betreten durften. Gott sagte zu Mose, dass er Josua als neuen Führer der Israeliten ernennen solle.

4 MOSE 27:18-23

¹⁸ Jahwe sagte zu Mose: „Nimm Josua Ben-Nun, einen Mann, in dem der Geist ist, und lege deine Hand auf ihn! ¹⁹ Stell ihn vor den Priester Eleasar und die ganze Versammlung und beauftrage ihn vor ihren Augen. ²⁰ Und gib ihm von deiner Autorität ab, damit die ganze Gemeinschaft der Israeliten auf ihn hört. ²¹ Er soll bei jeder Entscheidung vor den Priester Eleasar treten, und der soll vor Jahwe die Entscheidung der

SEINE GESCHICHTE – UNSERE RETTUNG

Urim für ihn einholen. Nach diesem Befehl sollen sie ausziehen und nach diesem Befehl zurückkehren. Das gilt für Josua und alle Israeliten, die ganze Gemeinschaft."
²² Mose machte es, wie Jahwe ihm befohlen hatte. Er holte Josua, stellte ihn vor den Priester Eleasar und die ganze Versammlung. ²³ Er legte ihm die Hände auf und beauftragte ihn, wie Jahwe es ihm gesagt hatte.

Nicht lange danach befahl Gott Mose, auf den Gipfel des Berges mit Ausblick[150] auf Kanaan zu gehen.

5 MOSE 34:1-8

¹ Vom Steppengebiet Moabs aus stieg Mose auf den Berg Nebo und zwar auf den Pisga-Gipfel, der Jericho gegenüber liegt. Dort zeigte ihm Jahwe das ganze Land von Gilead bis Dan, ² das ganze Gebiet des Stammes Naftali, das Gebiet der Stämme Efraïm und Manasse, das ganze Gebiet des Stammes Juda bis zum westlichen Meer, ³ den Negev und die Tiefebene des Jordan von der Palmenstadt Jericho bis nach Zoar. ⁴ Dann sagte Jahwe zu ihm: „Das ist das Land, das ich Abraham, Isaak und Jakob unter Eid versprochen habe. Ich hatte gesagt: „Deinen Nachkommen werde ich es geben." Ich habe es dich jetzt mit eigenen Augen sehen lassen, aber betreten darfst du es nicht."
⁵ So starb Mose, der Diener Jahwes, im Land Moab, wie Jahwe es gesagt hatte, ⁶ und er begrub ihn dort im Tal gegenüber von Bet-Peor. Bis heute weiß niemand, wo sein Grab ist. ⁷ Mose war 120 Jahre alt geworden. Sein Sehvermögen hatte nicht nachgelassen und seine Kraft war nicht geschwunden.
⁸ Dreißig Tage lang hielt das ganze Volk im Steppengebiet Moabs Totenklage für ihn.

Gott wollte, dass Mose sich an Gottes Versprechen erinnerte, das er einst Abraham, Isaak und Jakob gegeben hatte. Er erklärte Mose, dass dieses Land dasjenige war, das er ihren Nachkommen versprochen hatte zu geben. Gott zeigte Mose das Land, aber Mose konnte nicht hineingehen. Mose starb dort und die Israeliten betrauerten[151] ihn 30 Tage lang.

---

150. **Ausblick** – wenn man von einer Anhöhe/einem Gipfel aus das ganze Land überblicken kann.
151. **Betrauerten** – Grundform: betrauern; traurig sein, weil jemand gestorben ist, und Abschied von ihm nehmen.

LEKTION 13: GOTT BRACHTE DIE ISRAELITEN NACH KANAAN

Gottes Geschichte erzählt uns, was noch alles geschah, als Gott den Israeliten half, nach Kanaan zu kommen. Du kannst das später in deiner Bibel nachlesen. Josua führte das Volk Israel in vielen Kämpfen an, die es gegen die Völker zu meistern hatte, die in Kanaan lebten. Wenn sie im Kampf auf Gott vertrauten, dann half er ihnen. Aber manchmal glaubten sie nicht, dass Gott ihnen helfen würde. Dann hatten sie eine sehr schwierige Zeit. Sie hatten viele Feinde, die um sie herum lebten. Da sie nicht auf Gott hörten und seine Worte nicht befolgten, konnten sie das ganze Land nicht so einnehmen, wie Gott es wollte. Viele Feinde, die die Israeliten töten wollten, lebten in ihrer Nähe.

Leider fingen die Leute vom Volk Gottes an, sich ebenso zu verhalten wie die Leute der anderen Stämme, unter denen sie nun im Land Kanaan lebten.

RICHTER 2:7-13

⁷ Solange Josua lebte, diente das Volk Jahwe, und auch noch solange die Ältesten lebten, die die großen Taten Jahwes für Israel gesehen hatten.
⁸ Doch dann starb Josua Ben-Nun, der Diener Jahwes, 110 Jahre alt. ⁹ Sie bestatteten ihn auf seinem Erbbesitz in Timnat-Heres, im Gebirge Efraïm, nördlich vom Berg Gaasch.
¹⁰ Schließlich starb jene ganze ältere Generation und es wuchs eine neue heran, die Jahwe nicht kannte und seine großen Taten für Israel nicht miterlebt hatte.
¹¹ Da fingen die Israeliten an, den Baalen zu dienen, was Jahwe als sehr böse ansah.
¹² So verließen sie Jahwe, den Gott ihrer Vorfahren, der sie aus Ägypten herausgeführt hatte, und liefen fremden Göttern nach. Sie warfen sich vor den Göttern ihrer Nachbarvölker nieder und reizten Jahwe auf diese Weise zum Zorn, ¹³ denn sie verließen ihn dadurch, dass sie Baal und Astarte verehrten.

Nachdem Josua gestorben war, vergaß die nächste israelitische Generation ihren Gott. Die Israeliten fingen an, falsche Götter anzubeten. Gottes Feind, Satan, verleitete sie dazu, Gott zu vergessen. Er wollte nicht, dass sie Gott folgten. Er wollte nicht, dass Gottes Rettungsplan aufging. Die Israeliten vergaßen, dass nur Gott sie retten konnte. Sie versuchten, einen anderen Weg zu finden, um sich selbst zu retten, indem sie bei falschen Göttern um Hilfe baten. Gottes Geschichte sagt, dass sie Jahwe zum Zorn reizten. Gottes Plan war es doch, alle Menschen aller Völker durch das Volk Israel zu retten. Doch ausgerechnet

SEINE GESCHICHTE – UNSERE RETTUNG

sein Volk vergaß ihn nun. Als sie ihn vergaßen, ließ er ihre Feinde in einer Schlacht[152] gegen sie gewinnen.

Dies geschah mehrere Male in den nächsten Hundert Jahren. Die Israeliten wandten sich von Gott ab und beteten andere Götter an. Wenn sie dies taten, ließ Gott ihre Feinde gewinnen. Er ließ sogar ihre Feinde einige Teile ihres Landes einnehmen. Dann, wenn ihre Feinde sie besiegten, kehrten die Israeliten zu dem Herrn zurück und bereuten[153] ihre Untreue.

Zu dieser Zeit half Gott einigen Israeliten, Führer ihres Volkes zu werden. Gott erhob diese Führer, um dem Volk Israel zu helfen, gegen seine Feinde zu kämpfen.

RICHTER 2:16-19

16 Aber dann ließ Jahwe ihnen immer wieder besondere Führer erstehen, die Richter, die sie aus der Gewalt der plündernden Nachbarstämme befreiten. 17 Aber auch auf ihre Richter hörten sie nicht lange, sondern gaben sich wie Huren immer wieder anderen Göttern hin und warfen sich vor ihnen nieder. Schnell kamen sie vom rechten Weg ab, den ihre Väter gegangen waren und gehorchten den Geboten Jahwes nicht mehr.
18 Trotzdem ließ Jahwe ihnen immer wieder Richter erstehen und stand diesen zur Seite. Er befreite sein Volk aus der Gewalt ihrer Feinde, solange die Richter lebten, denn er hatte Mitleid mit ihnen, wenn sie unter ihren Unterdrückern und Peinigern ächzten. 19 Doch sobald der Richter gestorben war, wurden die Israeliten rückfällig und trieben es noch schlimmer als ihre Vorfahren. In ihrem Trotz hörten sie einfach nicht auf, den anderen Göttern nachzurennen, sie zu verehren und sich vor ihnen niederzuwerfen.

Diese Führer bzw. Leiter Israels werden in der Bibel als Richter bezeichnet. Man könnte das ursprüngliche Wort auch mit Überbringer oder Retter übersetzen. Gott brachte diese Führer zu den Israeliten, um ihnen zu helfen. Obwohl die Menschen fortfuhren, sich gegen Gott zu wenden, half er ihnen immer, wenn sie zu ihm zurückkamen. Gott hatte einen Plan, den er lange zuvor versprochen hatte. Er würde das Volk Israel nicht aufgeben und er würde seinen Plan nicht

---

152. **Schlacht** – Kampf; Krieg.
153. **Bereuten** – Grundform: bereuen; vor Gott zugeben, dass man gegen ihn gesündigt hat; zu Gott umkehren.

LEKTION 13: GOTT BRACHTE DIE ISRAELITEN NACH KANAAN

aufgeben. Er würde den Retter senden, der die Macht Satans, der Sünde und des Todes besiegen wird.

Der letzte Richter wurde Samuel genannt. Viele Jahre lang sprach er die Worte Gottes zu Israel. Jemand, der die Worte Gottes spricht, wird *Prophet* genannt. Als Samuel alt war, gab es keinen geeigneten Ersatz für ihn.

1 SAMUEL 8:1-7

¹ Als Samuel alt wurde, setzte er seine Söhne als Richter über Israel ein. ² Sein Erstgeborener hieß Joël, der zweite Abija. Sie übten ihr Amt in Beerscheba aus. ³ Seine Söhne folgten aber nicht seinem Vorbild. Sie waren auf Gewinn aus, nahmen Bestechung an und beugten das Recht.
⁴ Da kamen alle Ältesten Israels bei Samuel in Rama zusammen. ⁵ Sie sagten zu ihm: „Du bist alt geworden, und deine Söhne folgen nicht deinem Beispiel. Setz deshalb einen König über uns ein, damit er für Recht bei uns sorgt, wie es bei allen Völkern üblich ist."
⁶ Aber Samuel missfiel sehr, was sie forderten, und er betete zu Jahwe. ⁷ Jahwe antwortete ihm: „Hör auf alles, was sie dir sagen. Denn dieses Volk lehnt nicht dich ab, sondern mich. Ich soll nicht länger ihr König sein."

Das Volk bat Samuel, ihnen einen König zu geben. Samuel dachte, dass dies eine sündige Idee sei. Warum? Weil Gott der Herrscher der Israeliten war. Gott war derjenige, der sie aus Ägypten herausgeführt hatte. Er war derjenige, der ihnen geholfen hatte. Samuel sprach mit dem Herrn darüber. Der Herr sagte, dass das Volk ihn, Gott, als ihren König ablehnte. Sie wollten einen menschlichen König wie all die anderen Nationen um sie herum. Sie wollten nicht mehr, dass Gott sie führte.

Gott ließ sie einen König haben, weil es das war, was sie wollten. Ihr erster König war Saul. Er begann gut. Aber mit der Zeit wollte er nicht mehr auf Gottes Worte hören, die Gott durch Samuel zu ihm sprach.

1 SAMUEL 13:13,14

¹³ „Das war sehr dumm von dir!", sagte Samuel. „Du hast den Befehl von Jahwe, deinem Gott, nicht ausgeführt. Denn gerade jetzt hätte er dein Königtum über Israel für immer bestätigt. ¹⁴ Aber nun wird es keinen Bestand haben. Jahwe hat sich einen Mann gesucht, der ihm gefällt, und ihn zum Führer über sein Volk bestimmt. Denn du hast dich nicht an das Gebot Jahwes gehalten."

SEINE GESCHICHTE – UNSERE RETTUNG

Saul hörte nicht auf die Worte Gottes, die Samuel sprach, weil er sich innerlich von Gott abgewandt hatte. Also fand Gott einen neuen Führer für sein Volk. Sein Name war David. Als David jung war, war er ein Hirte. In der Bibel gibt es viele Geschichten über Davids Leben, wie er beispielsweise als junger Mann gegen einen Riesen[154] namens Goliat kämpfte. David vertraute auf Gott und erschlug den angreifenden Goliat.

David war Israels größter und berühmtester König. David hatte eine sehr enge Beziehung zu Gott. So wie alle Menschen war David ein Sünder und konnte nicht immer das tun, was richtig war. Aber er sprach immer mit Gott über seine Sünden. Er wusste immer, dass er für seine Sünden sterben müsste, aber dass Gott für ihn einen Weg geschaffen hatte, zu ihm zu kommen. David ist ein großes Vorbild dafür, wie ein Mensch sich eine enge Beziehung zu Gott wünscht und diese auch pflegt.

Gott berief David zum König über Israel. Gott machte David auch zu einem seiner Erzähler, zu jemandem, der die Worte Gottes sprach, also zu einem Propheten. David war auch ein sehr guter Musiker[155]. Er schrieb viele Lieder über Gott und über seine Beziehung zu Gott. Viele dieser Lieder, die Gott anbeten, stehen in der Bibel und heißen Psalmen. Du kannst die Lieder später in deiner Bibel nachlesen. Als David seine Lieder schrieb, war er sehr offen und ehrlich[156] darüber, wie er sich fühlte. Gott sorgte dafür, dass diese Lieder bis heute für uns erhalten geblieben sind. Gott möchte mit jedem Menschen eine enge Beziehung haben. Davids Lieder sind für uns ein Beispiel für eine vertraute, auf Liebe gegründete Beziehung zwischen Gott und einem Menschen.

König David führte die Nation Israel gut. Während seiner Regierungszeit genoss sie eine Zeit des Friedens und der Stärke. Die Israeliten brauchten nicht mehr umherzuziehen. David lebte in einem wunderschönen Palast[157]. Er wollte, dass sein Herr und Gott auch einen wunderschönen Ort hätte, worin er leben könne. David fand, dass die Stiftshütte nicht gut genug als Wohnort für Gott war.

2 SAMUEL 7:1-17

¹ Als nun der König in seinem Palast wohnte und Jahwe ihm Ruhe vor all seinen Feinden ringsum verschafft hatte, ² sagte er eines Tages zum Propheten Natan: „Sieh doch, ich wohne

---

154. **Riese** – ein außergewöhnlich großer Mann.
155. **Musiker** – jemand, der Musik macht und Lieder schreibt.
156. **Ehrlich** – die Wahrheit sprechen und nichts verbergen.
157. **Palast** – ein großes und wunderschönes Gebäude, in dem Könige und Herrscher leben.

LEKTION 13: GOTT BRACHTE DIE ISRAELITEN NACH KANAAN

hier in einem Palast aus Zedernholz, und die Lade Gottes steht nur in einem Zelt."
³ Natan sagte zum König: „Geh ruhig ans Werk und tu, was du auf dem Herzen hast, denn Jahwe ist mit dir!"
⁴ Aber in der folgenden Nacht kam das Wort Jahwes zu Natan:
⁵ „Geh zu meinem Diener David und richte ihm aus: „So spricht Jahwe: Du willst mir ein Haus bauen, in dem ich wohnen soll?
⁶ Seit ich die Söhne Israels aus Ägypten herausführte, habe ich noch nie in einem Haus gewohnt, sondern bin bis heute in einer Zeltwohnung umhergezogen. ⁷ Habe ich während dieser ganzen Zeit jemals von euch verlangt, mir ein Haus aus Zedernholz zu bauen? Von keinem der Führer Israels, denen ich aufgetragen hatte, mein Volk Israel zu weiden, habe ich so etwas verlangt."
⁸ Darum sollst du meinem Diener David ausrichten: „So spricht Jahwe, der Allmächtige: Ich selbst habe dich von der Schafherde weggeholt und dich zum Herrscher über mein Volk Israel gemacht. ⁹ Und wohin du auch gegangen bist, bin ich bei dir gewesen und habe alle deine Feinde vor dir beseitigt. Ich habe deinen Namen berühmt gemacht. Du wirst zu den Großen der Erde gezählt. ¹⁰ Ich habe meinem Volk Israel eine Heimat gegeben, ein Land, in dem es sicher leben kann und nicht mehr zittern muss. Böse Menschen werden es nicht mehr unterdrücken wie früher ¹¹ und auch noch zu der Zeit, als ich Richter über mein Volk Israel einsetzte. Ich habe dir Ruhe vor all deinen Feinden verschafft.
Und nun kündigt Jahwe dir an, dass er dir ein Haus bauen wird. ¹² Wenn deine Zeit abgelaufen ist und du gestorben bist, werde ich dir einen deiner eigenen Nachkommen auf dem Thron folgen lassen und seine Herrschaft festigen. ¹³ Der wird dann ein Haus für meinen Namen bauen. Und seinem Königtum werde ich ewigen Bestand geben. ¹⁴ Ich werde sein Vater sein, und er soll mir Sohn sein. Wenn er Unrecht begeht, werde ich ihn mit menschlicher Rute und auf menschliche Weise züchtigen. ¹⁵ Aber meine Gnade entziehe ich ihm nicht, wie ich sie Saul entzog, den ich vor dir beseitigt habe. ¹⁶ Dein Königshaus und deine Königsherrschaft sollen für immer vor mir Bestand haben. Dein Thron steht fest auf ewig.""
¹⁷ Natan gab David alles genauso weiter, wie es ihm gesagt und offenbart worden war.

SEINE GESCHICHTE – UNSERE RETTUNG

Natan, der Prophet, sprach die Worte Gottes. Durch Natan sagte Gott zu David, dass es zwar eine gute Idee war, ein Haus für Gott bauen zu wollen, aber auch, dass David es nicht bauen sollte, sondern dessen Sohn. Was Gott aber auch sagte, war, dass Davids Thron für immer feststehen wird. Gott gab damit das Versprechen, dass der Retter aus Davids Familie kommen würde. Der Verheißene, der Satan besiegen wird, würde ein Nachkomme Davids sein. Das war das gleiche Versprechen, das Gott Abraham, Isaak und Jakob gegeben hatte. Gott machte damit klar, dass er noch immer seinen Plan verfolgte und ausführen wird und dass er sein Versprechen nicht vergessen hatte.

König David fing an, alles Gold, Silber, besondere Holz und andere Materialien für den Bau des Tempels zu sammeln, der Gottes Haus werden sollte. Dieser Tempel würde in Jerusalem gebaut werden, der Hauptstadt Israels. Davids Sohn Salomo war derjenige, der diesen Tempel baute, so wie Gott es gesagt hatte. Das sagte Salomo darüber:

2 CHRONIK 2:5-6

> [5] Selbst der Himmel und das ganze Universum können ihn nicht fassen. Wer ist überhaupt berechtigt, ihm ein Haus zu bauen? Und wer bin ich, dass ich das könnte, es sei denn, es gäbe ein Heiligtum, in dem Weihrauch als Opfer zu ihm aufsteigt.
> [6] Schick mir doch einen fähigen Mann, der alle Arbeiten in Gold, Silber, Bronze und Eisen ausführen kann! Ebenso muss er Rotpurpur, Karmesin und Blaupurpur verarbeiten können und sich aufs Gravieren verstehen. Er soll mit den Künstlern aus Juda und Jerusalem zusammenarbeiten, die schon mein Vater David angestellt hat.

Salomo baute den Tempel in Jerusalem. Es war ein großes und wunderschönes Gebäude, gebaut aus Steinen, Holz, Gold und Silber. Es wurden der gleiche Plan für die Räume und die gleiche Einrichtung benutzt wie in der Stiftshütte. Als der Tempel fertig war, opferten die Menschen Gott viele Tieropfer[158]. Gott nahm den Tempel als seine Wohnung an und zog darin ein. Die Menschen konnten daraufhin ein sehr helles Licht sehen. Das helle Licht befand sich im Allerheiligsten. Gott zeigte ihnen so, dass er dort in dem Tempel war. Gott wollte bei seinem Volk leben. Er wollte sie wissen lassen, dass er dort bei ihnen war.

---

158. **Tieropfer** – ein Tier als Opfer für Gott töten.

LEKTION 13: GOTT BRACHTE DIE ISRAELITEN NACH KANAAN

Als David und Salomo Könige von Israel waren, gab es eine Zeit des Friedens. Israel wurde mächtig und reich. Aber nachdem David und Salomo gestorben waren, spaltete sich Israel in zwei Königreiche[159] – das nördliche und das südliche Königreich. Diese zwei Königreiche hießen Israel und Juda. Im Laufe der Zeit hatte jedes Königreich um die zwanzig Könige an der Macht. Die meisten dieser Könige folgten Gott nicht. Sie folgten anderen Göttern und machten auch das, was die Nationen um sie herum taten. Gott war sehr traurig, dass das Volk Israel ihm nicht folgte. Aber er gab sie niemals auf. Immer und immer wieder versuchte er, zu ihnen zu sprechen, sie zu korrigieren und sie zu bestrafen. Er wollte, dass sie zu ihm umkehrten. Wann immer sie zu ihm zurückkamen und ihn um Hilfe baten, half er ihnen.

Gott erzählt uns in seiner Geschichte, was in Israel in den nächsten 500 Jahren geschah. Das Volk Israel folgte Gott nicht immer. Viel zu oft beteten sie Götzen an und wandten sich von Gott weg. Sie gehorchten Gottes Geboten nicht und hielten sich nicht an ihren Bund mit ihm. Aber Gott versuchte immer, auf verschiedene Weise mit ihnen zu sprechen. Er liebte sie und wollte sie an sich erinnern. Er wollte eine echte und enge Beziehung zu ihnen haben.

Hauptsächlich sprach Gott während dieser Zeit zu Israel und Juda durch seine Propheten. Einige von ihnen waren Jesaja, Jeremia, Hesekiel und Daniel. Sie warnten die Menschen immer wieder davor, irgendwelchen Götzen oder ihren eigenen falschen Entscheidungen zu folgen. Sie sagten eine Zeit voraus, in der die Menschen für das, was sie getan haben, gerichtet[160] werden. Du kannst in den Büchern, die nach ihnen benannt sind, nachlesen, was jeder Prophet gesagt hat.

Jona war ein weiterer Prophet Gottes während dieser Zeit. Gott sandte ihn, um zu den Nationen zu sprechen, die um Israel herum lebten. Er sagte ihnen, dass schreckliche Dinge passieren würden, wenn sie nicht zu dem wahren Schöpfer-Gott umkehren würden. Du kannst im Buch Jona in der Bibel nachlesen, was mit Jona geschah.

Einige Menschen hörten auf die Propheten und kehrten zu Gott um. Und manchmal führte einer der Könige die Menschen zurück zu Gott. Aber das geschah nicht sehr oft. Während dieser 500 Jahre vergaßen die meisten

---

159. **Königreich** – ein Gebiet und eine Menschengruppe, die von einem König regiert werden.
160. **Gerichtet werden** – gesagt bekommen, wie Gott einen beurteilt; Belohnung oder Strafe bekommen für das, wie man war und was man getan hat.

SEINE GESCHICHTE – UNSERE RETTUNG

Menschen Gott. Sie waren zwar noch religiös und brachten im Tempel Opfer, aber sie kannten oder liebten Gott nicht wirklich. Das sagt Gott über sie:

 JESAJA 29:13

> ¹³ Weiter hat der Herr gesagt: „Dieses Volk ist nur mit dem Mund nah bei mir, es ehrt mich mit den Lippen, aber sein Herz ist weit von mir fort. Ihre Gottesfurcht ist ohne Wert, weil sie nur auf angelernten, menschlichen Geboten beruht."

Gott ist immer echt und wahr, in allem, was er tut. Er möchte mit den Menschen echte und wahre Gemeinschaft haben. Er wusste, dass die Menschen, die im Tempel Opfer brachten, ihm nicht wirklich folgten. Sie führten zwar religiöse Rituale aus, die aber nach Gottes Meinung nichts als „menschliche Gebote" waren. Gott weiß immer, was die Menschen wirklich denken. Die Menschen brachten Opfer und folgten Regeln, aber sie glaubten nicht wirklich, dass das, was Gott sagte, wahr war. Sie dachten nicht an Gott als eine echte Person, die sie kennen und lieben könnten. Sie wollten keine echte Beziehung zu Gott.

Der Prophet Jesaja überbrachte Israel, dem nördlichen Königreich, eine Nachricht von Gott. Er sagte, dass die Assyrer sie in einem Krieg besiegen würden, wenn sie nicht zu Gott umkehren würden. Die Assyrer waren eine sehr starke, feindliche Nation. Israel hörte aber nicht auf Gottes Botschaft. Also nahmen die Assyrer die nördliche Stadt Israels, Samaria, um 722 v. Chr. ein und regierten von da an die Israeliten des Nordreichs. Tausende Israeliten wurden als Sklaven weggeführt. Und Menschen anderer Völker wurden von den Assyrern in die nördliche Region von Kanaan gebracht, um sich dort anzusiedeln. Diese Menschen kannten den wahren Schöpfer-Gott nicht. Sie beteten andere Götter an.

Der Prophet Jeremia und andere Propheten überbrachten Botschaften von Gott an das südliche Königreich Juda. Auch Jeremia forderte die Israeliten auf, zu Gott umzukehren. Er sagte, dass sie sich an den Bund erinnern sollten, den sie mit Gott geschlossen hatten. Wenn sie das nicht täten, dann würde die sehr starke Nation Babylon sie zerstören. Doch auch Juda hörte nicht auf Gottes Warnung. Also kamen die Babylonier und rissen den Tempel in Jerusalem ab. Sie rissen die Steinmauern nieder, die um Jerusalem herum waren. Viele Menschen aus Juda wurden nach Babylon verschleppt. In Gottes Geschichte lesen wir von dieser Zeit. Du kannst dies in deiner Bibel später in 2. Könige 25,1-12 nachlesen.

LEKTION 13: GOTT BRACHTE DIE ISRAELITEN NACH KANAAN

Nachdem diese schrecklichen Dinge geschehen waren, wollten viele Israeliten wieder zu Gott umkehren. Sie lasen die Gesetze, die Gott ihnen gegeben hatte. Nach einer Generation kamen einige vom israelitischen Volk aus Assyrien und Babylon zurück nach Kanaan. Später richteten sie die Mauern von Jerusalem wieder auf und bauten den Tempel wieder auf. Diese Menschen wurden Juden genannt. Dieser Name kommt wahrscheinlich vom Namen Juda, welche der wichtigste Stamm von den zwölf Stämmen Israels war.

Gott wollte, dass die Juden ein Beispiel für die anderen Nationen waren. Sie sollten nicht wie die Menschen um sie herum sein. Aber die Juden wollten keine echte Beziehung zu Gott. Sie versuchten, unabhängig von Gottes Hilfe allen Geboten Gottes zu folgen, aber das war unmöglich. Sie fügten auch viele neue Gesetze hinzu, die sie sich selbst ausgedacht hatten. Sie dachten, das würde Gott gefallen und für ihre Sünden bezahlen. Sie glaubten nicht, dass nur Gott sie retten konnte. Natürlich wusste Gott, dass dies geschehen würde. Viele Jahre zuvor, als Gott zu Mose redete, hatte er schon vorhergesagt:

5 MOSE 31:20

> [20] Denn ich werde sie in das Land bringen, das von Milch und Honig überfließt, wie ich es ihren Vorfahren geschworen habe. Sie werden sich satt essen und fett werden. Und dann werden sie sich anderen Göttern zuwenden und ihnen dienen. Mich werden sie verwerfen und meinen Bund brechen.

Um 400 vor Christus kam Alexander der Große und nahm das Land Kanaan ein. Er war der Führer des griechischen Reiches. Zu dieser Zeit hatte sich die griechische Kultur und Sprache über einen großen Bereich des Mittelmeeres ausgebreitet. Nachdem Alexander starb, wurden viele Kriege in dem Gebiet gekämpft. Es gab auch Kriege in dem Bereich, in dem die Juden lebten. Um 60 vor Christus kam die Armee aus Rom und nahm das Land, in dem die Israeliten lebten, ein. Das Volk wurde fortan von Römern regiert und musste hohe Steuern an Rom zahlen.

Die Juden zu dieser Zeit opferten Gott noch immer Tiere im Tempel. Sie versuchten, den Gesetzen zu folgen, die Gott ihnen gegeben hatte, und den Gesetzen, die sie selbst erfunden hatten. Aber Gott war für sie so etwas wie ein Götze. Sie waren bloß religiös, aber wie Gott wirklich ist, wussten sie nicht. Und weil sie ihn gar nicht kannten, konnten sie ihn auch nicht lieben. Sie glaubten nicht an die Wahrheit über Gott, die Gott ihnen gesagt hatte. Aber Gott gab sie nicht auf. Gott liebte sie und wollte sie daran erinnern, wer er wirklich ist. Er

SEINE GESCHICHTE – UNSERE RETTUNG

wollte, dass sie eine wahre Beziehung zu ihm hatten. Weil Gott die Wahrheit ist, kann er nur wahre Beziehungen leben. Alles andere wäre Heuchelei. Und Gott lügt nicht. Hier eine Aussage, die Gott durch den Propheten Jesaja machte:

JESAJA 51:12-16

¹² „Ich, ich bin es, der euch tröstet! Wie kommst du dazu, dich vor Sterblichen zu fürchten, vor Menschen, die vergehen wie Gras, ¹³ und Jahwe zu vergessen, der dich gemacht hat, der den Himmel ausgespannt und die Erde gegründet hat? Warum zitterst du den ganzen Tag vor dem Zorn deines Unterdrückers, wenn er sich rüstet, um dich zu vernichten? Wo bleibt denn die Wut des Bedrückers? ¹⁴ Bald werden die Gefesselten befreit, keiner wird durch Hunger sterben, für alle ist genug zu essen da. ¹⁵ Ich bin doch Jahwe, dein Gott, der das Meer aufwühlt, so dass die Wogen tosen, Jahwe, der allmächtige Gott, bin ich. ¹⁶ Meine Worte gab ich in deinen Mund, und mit dem Schatten meiner Hand hüllte ich dich ein, als ich den Himmel ausspannte und die Erde gründete, als ich zu Zion sagte: ‚Du bist mein Volk.'"

Obwohl sein Volk ihn vergessen hatte, vergaß Gott sein Volk nicht. Seinen Plan, die Menschen von Satan, der Sünde und dem Tod zu befreien, hat Gott auch niemals vergessen. Wie er diesen Plan wohl weiterverfolgte und schließlich ausführte?

1. Die Generation Israeliten, die aus Ägypten kam, ging nicht in das verheißene Land. Warum?
2. Was hat gezeigt, dass die Menschen sich von Gott abgewandt hatten?
3. Was tat Gott, wenn die Menschen sich von Gott abwandten?
4. Die Juden versuchten, Gottes Gesetzen zu folgen. Warum war Gott darüber nicht froh?
5. Veränderte Gott seinen Rettungsplan, weil die Israeliten ihn vergessen hatten?

LEKTION 14

GOTT SANDTE JOHANNES, UM ISRAEL AUF DEN RETTER VORZUBEREITEN

Zirka 340 Jahre bevor die Römer die Israeliten regierten, sandte Gott einen seiner Propheten zu den Juden. Sein Name war Maleachi. Maleachi war der letzte Prophet, dessen Worte im Alten Testament niedergeschrieben wurden. Durch Maleachi erinnerte Gott die Juden an sein Versprechen, einen Retter zu senden. Er sagte, dass der Verheißene bald käme.

MALEACHI 3:1-2

¹ „Passt auf!", sagt Jahwe, der allmächtige Gott. „Ich sende meinen Boten. Er wird mir den Weg bahnen." Und ganz plötzlich wird auch der Herr, auf den ihr wartet, zu seinem Tempel kommen. Ja, der Bote des Bundes, den ihr herbeisehnt, wird kommen.
² Aber wer wird den Tag seines Kommens ertragen, und wer wird vor seinem Erscheinen bestehen können? Denn er ist wie das Feuer des Goldschmieds und wie die Lauge der Wäscher.

Aber Gott kündete durch Maleachi noch einen anderen Propheten an, der kurz vor dem verheißenen Retter kommen sollte. Dessen Botschaft von Gott sollte die Menschen für die Ankunft des Retters bereitmachen.

SEINE GESCHICHTE – UNSERE RETTUNG

MALEACHI 3:23-24

²³ „Gebt acht! Bevor der große und schreckliche Tag Jahwes kommt, sende ich euch den Propheten Elija. ²⁴ Er wird das Herz der Väter den Söhnen zuwenden und das Herz der Söhne den Vätern. Er wird sie miteinander versöhnen, damit ich nicht den Bann am Land vollstrecken muss, wenn ich komme."

Nachdem Maleachi gestorben war, sandte Gott für 400 Jahre keinen weiteren Propheten. Gott sprach für 400 Jahre nicht zu seinem Volk. Er wollte, dass sein Volk auf die Ankunft des Retters wartete.

Der erste Teil von Gottes Geschichte, welches wir das Alte Testament nennen, wurde in der hebräischen Sprache geschrieben. Das Alte Testament endet mit den Worten von Gottes Prophet Maleachi. Der zweite Teil von Gottes Geschichte wird das Neue Testament genannt. Später werden wir mehr über die Männer hören, die die Worte Gottes in dem Neuen Testament niedergeschrieben haben. Das Neue Testament wurde in der griechischen Sprache geschrieben.

Es geschah in den 400 Jahren nach Maleachi viel in der Welt. Die griechische Sprache verbreitete sich über die ganze Region[161]. Viele Völker konnten nun in Griechisch miteinander sprechen. Genau deswegen wurden viele Ideen weit verbreitet. Und die Römer bauten sehr viele Straßen. Für die Menschen wurde es möglich, von Stadt zu Stadt zu reisen. Während dieser Zeit verbreiteten sich die hebräisch sprechenden Juden und ließen sich in vielen Regionen rund ums Mittelmeer nieder. Sie nahmen Gottes Geschichte mit sich. Sie nahmen den Gedanken mit, dass es einen Gott gibt, nicht viele Götter. In vielen kleinen Städten und Dörfern lebten nun Juden. Sie kannten Gottes wahre Geschichte, die von dem Versprechen Gottes handelt, einen Retter zu schicken. Andere Menschen hörten von Gottes wahrer Geschichte, weil die Juden unter ihnen lebten.

Nun werden wir in Gottes Geschichte lesen, was als Nächstes passierte. Die Reiche Israel und Juda waren bereits für eine lange Zeit unter der Herrschaft der Römer gewesen. Die Juden warteten auf den kommenden Retter. Sie nannten ihn *Messias*. Messias bedeutet Retter, Erlöser, Befreier.

Zwei Juden, die auf den Messias warteten, waren Zacharias und seine Frau Elisabet.

---

161. **Region** – ein großer Bereich mit einigen Ländern und Volksgruppen.

LEKTION 14: GOTT SANDTE JOHANNES, UM ISRAEL AUF DEN RETTER VORZUBEREITEN

LUKAS 1:5-25

⁵ Es begann in der Zeit, als Herodes König von Judäa war. Damals lebte dort ein Priester namens Zacharias, der zur Priesterabteilung des Abija gehörte. Seine Frau hieß Elisabet und stammte aus dem Priestergeschlecht Aarons. ⁶ Beide führten ein Leben in Verantwortung vor Gott und richteten sich in allem nach den Geboten und Anweisungen des Herrn. ⁷ Sie waren kinderlos geblieben, weil Elisabet keine Kinder bekommen konnte. Und nun waren beide schon alt geworden. ⁸ Als seine Abteilung wieder einmal an der Reihe war, den Priesterdienst vor Gott zu verrichten, ⁹ wurde Zacharias nach priesterlichem Brauch durch ein Los dazu bestimmt, das Räucheropfer im Heiligtum des Herrn darzubringen. ¹⁰ Während er opferte, stand eine große Menschenmenge draußen und betete.
¹¹ Doch ihm erschien auf einmal ein Engel des Herrn. Er stand rechts neben dem Altar. ¹² Zacharias erschrak, als er ihn wahrnahm, und bekam es mit der Angst zu tun. ¹³ Doch der Engel sagte zu ihm: „Fürchte dich nicht, Zacharias! Gott hat dein Gebet erhört. Deine Frau Elisabet wird dir einen Sohn schenken, und den sollst du Johannes nennen. ¹⁴ Du wirst überglücklich sein, und auch viele andere werden sich über seine Geburt freuen, ¹⁵ denn vor Gott wird er ein Großer sein. Er wird keinen Wein und auch keine anderen berauschenden Getränke anrühren und von Mutterleib an mit dem Heiligen Geist erfüllt sein. ¹⁶ Und viele Israeliten wird er zum Herrn, ihrem Gott, zurückführen. ¹⁷ Im Geist und in der Kraft des Propheten Elija wird er dem Herrn als Bote vorausgehen. Er wird die Herzen der Väter zu ihren Kindern umkehren lassen und Ungehorsame zur Gesinnung von Gerechten zurückführen, um so das Volk für das Kommen des Herrn bereit zu machen."
¹⁸ „Wie kann ich sicher sein, dass das wirklich geschieht?", fragte Zacharias. „Schließlich bin ich ein alter Mann und auch meine Frau ist nicht mehr jung."
¹⁹ „Ich bin Gabriel!", erwiderte der Engel. „Ich stehe unmittelbar vor Gott und bin extra zu dir geschickt worden, um mit dir zu reden und dir diese gute Nachricht zu bringen! ²⁰ Was ich gesagt habe, wird zur gegebenen Zeit eintreffen. Aber du wirst stumm sein, weil du mir nicht geglaubt hast! Du wirst so lange nicht mehr sprechen können, bis alles geschehen ist, was ich dir angekündigt habe."
²¹ Draußen wartete das Volk auf Zacharias und wunderte sich,

dass er so lange im Tempel blieb. ²² Als er dann herauskam, konnte er nicht zu ihnen sprechen. Er machte sich durch Handzeichen verständlich, blieb aber stumm. Da merkten sie, dass er im Tempel eine Erscheinung gehabt hatte.
²³ Als seine Dienstwoche vorüber war, ging er wieder nach Hause. ²⁴ Bald darauf wurde seine Frau Elisabet schwanger und zog sich fünf Monate völlig zurück. Sie sagte: ²⁵ „Der Herr hat mir geholfen. Er hat meinen Kummer gesehen und die Schande meiner Kinderlosigkeit von mir genommen."

Zacharias war ein Priester im Tempel und vollführte dort seinen Dienst. Einer von Gottes Botschaftern, ein Engel, kam zu ihm, um mit ihm zu sprechen. Der Engel stellte sich selbst in menschlicher Form da, um mit Zacharias zu sprechen. Der Engel sagte, dass Zacharias und Elisabet einen Sohn haben würden und dass sie ihn Johannes nennen sollten. In der hebräischen und aramäischen Sprache bedeutet Johannes ‚Gott hat Gnade¹⁶² erwiesen'.

Der Engel erklärte Zacharias, welche Aufgabe Gott für Johannes vorgesehen hatte. Johannes war der Prophet, von dem Maleachi gesagt hatte, dass er vor dem Retter kommen würde. Johannes' Botschaft würde den Menschen helfen, sich auf den Verheißenen vorzubereiten. Der Engel sagte, dass Johannes das Volk für das Kommen des Herrn bereitmachen¹⁶³ würde. Der Engel sagte, dass der Retter der Herr selbst sein würde. Irgendwie würde Gott unter seinem Volk auf besondere Art und Weise erscheinen. Aber wie würde er das anstellen?

Johannes wurde Zacharias und Elisabet geschenkt, obwohl sie beide sehr alt waren. Gott sagte, dass sie einen Sohn haben würden und so geschah es auch. Ein paar Tage, nachdem Johannes geboren worden war, gab Gottes Geist Zacharias die besondere Fähigkeit¹⁶⁴ zu weissagen, das heißt, Gottes Worte auszusprechen.

LUKAS 1:67-79

⁶⁷ Sein Vater Zacharias wurde mit dem Heiligen Geist erfüllt und begann als Prophet zu sprechen: ⁶⁸ „Gepriesen sei der Herr, Israels Gott! Er hat sein Volk wieder beachtet und ihm die Erlösung gebracht: ⁶⁹ Aus Davids Geschlecht ging ein starker Retter hervor, ein Horn des Heils aus dem Haus seines Dieners. ⁷⁰ So hat er es uns vor sehr langer Zeit durch heilige Propheten gesagt. ⁷¹ Er ist die Rettung vor unseren

---

162. **Gnade** – wenn Gott die Menschen liebt, ihnen vergibt und sie rettet, obwohl sie das nicht verdient haben.
163. **Bereitmachen** – jemanden auf etwas vorbereiten.
164. **Fähigkeit** – Können; Vermögen/Potential, etwas zu tun.

LEKTION 14: GOTT SANDTE JOHANNES, UM ISRAEL AUF DEN RETTER VORZUBEREITEN

> Feinden, vor unserer Hasser Gewalt. [72] So zeigte sich sein Erbarmen an uns, das er schon unseren Vätern erwies, so bestätigte er seinen heiligen Bund [73] und den Eid, den er unserem Stammvater Abraham schwor. [74] Befreit aus der Hand unserer Feinde dürfen wir ihm nun ohne Furcht dienen, [75] in Heiligkeit und Gerechtigkeit, so lange wir am Leben sind. [76] Und du, mein Kind, wirst ein Prophet des Höchsten sein, ein Wegbereiter des Herrn. [77] Du wirst sein Volk zur Einsicht bringen, dass die Vergebung der Schuld ihre Rettung ist. [78] Weil unser Gott voller Barmherzigkeit ist, kommt das Licht des Himmels zu uns. [79] Es wird denen leuchten, die im Finstern sitzen und in Furcht vor dem Tod, und uns wird es leiten, den Weg des Friedens zu gehen."

Zacharias sagte, dass Gottes Verheißung über den Messias wahr werden würde. Gott hatte Abraham ein Versprechen gegeben, dass alle Familien auf der Erde durch Abrahams Familie gesegnet werden würden. Gott war im Begriff zu tun, was er einst gesagt hatte. Zacharias sagte: *„Gepriesen sei der Herr, Israels Gott! Er hat sein Volk wieder beachtet und ihm die Erlösung gebracht."* Erlösung bedeutet, dass ein anderer den Preis für etwas bezahlt hat, das man selbst verschuldet hat. Zacharias sagte, dass Gott nun die Erlösung vollbringen würde.

Zacharias sagte auch, dass sein Sohn Johannes als erwachsener Mann die Menschen auf ihre Sünden ansprechen und ihnen erklären würde, wie ihnen vergeben[165] werden könnte. Johannes sollte die Menschen für den Retter vorbereiten.

Zacharias sagte, dass das Licht des Himmels zu ihnen kommen würde, weil Gott voller Barmherzigkeit ist. Das Licht würde *denen leuchten, die im Finstern sitzen und in Furcht vor dem Tod*. Seit dem Zeitpunkt, an dem Adam und Eva auf die Lügen von Satan gehört hatten, hatte Dunkelheit die Erde regiert. Alle Menschen auf der Erde lebten in Dunkelheit, weit davon entfernt, das Licht Gott zu kennen. Sie lebten in Furcht vorm Sterben, dem Tod und dem Ort des Todes, zu dem sie dann gingen. Nun sagte Gott, dass sein Licht im Begriff war zu kommen.

Bis hierher hatte Gott durch die Geschichte hindurch immer wieder versucht, den Menschen seine Wahrheit zu vermitteln. Zum einen konnten die Menschen alles um sich herum sehen, was er für sie geschaffen hatte. Zum anderen hat er viele Male zu ihnen gesprochen. Er hatte einen Bund mit ihnen geschlossen

---

165. **Vergeben** – die Schuld erlassen; von Sünde und deren Folgen befreien.

SEINE GESCHICHTE – UNSERE RETTUNG

und ihnen seine Gebote gegeben. Er hatte unter seinem Volk, den Israeliten, gelebt. Er hatte seine Propheten gesandt, die seine Worte weitergaben und niederschrieben. Aber Satan hatte gegen Gott gearbeitet und Lügen über ihn erzählt. Und die Menschen hatten sich dazu entschieden, Satan zu glauben und nicht Gott.

Johannes' Aufgabe war es, dem Volk Israel zu sagen, dass Gott im Begriff war zu kommen. Gott war bereit, in die Dunkelheit zu kommen. Er war im Begriff, Licht und Wahrheit zu bringen. Er war im Begriff zu zeigen, dass Satan den Menschen Lügen erzählt hatte. Und Gott war im Begriff zu zeigen, wer er wirklich ist, und das auf eine Art und Wiese, die nie zuvor geschehen war. Er würde kommen und solche Menschen finden, die auf ihn hörten. Er war im Begriff, ihnen seine Geschichte zu erzählen und ihnen auf komplett neue Weise zu zeigen, wer er wirklich ist. Dieses Ereignis, das im Begriff war, bald zu geschehen, war das wichtigste Ereignis, das jemals geschehen ist und das jemals geschehen wird.

Im nördlichen Teil Israels gab es eine Stadt namens Nazaret. Eine junge Frau mit Namen Maria lebte dort. Sie war mit einem Mann namens Josef verlobt[166]. Josef war ein Nachkomme des Königs David. Maria war eine Sünderin, wie alle Menschen. Aber Maria wusste, dass sie eine Sünderin und von Gott getrennt war. Sie wusste, dass sie Gott brauchte, um gerettet zu werden. Sie gehörte zu denjenigen Juden, die auf den versprochenen Retter warteten.

Gott sandte einen Engel, um mit Maria zu sprechen. Er sagte ihr, dass er sie dazu auserwählt habe, die Mutter des Retters zu werden.

LUKAS 1:26-33

²⁶ Als Elisabet im sechsten Monat schwanger war, sandte Gott den Engel Gabriel nach Galiläa in eine Stadt namens Nazaret ²⁷ zu einer jungen Frau, die Maria hieß. Sie war noch unberührt und mit einem Mann namens Josef verlobt, einem Nachfahren Davids. ²⁸ Der Engel kam zu ihr herein und sagte: „Sei gegrüßt, du mit hoher Gunst Beschenkte! Der Herr ist mit dir!" ²⁹ Maria erschrak, als sie so angesprochen wurde und überlegte, was der Gruß bedeuten sollte.
³⁰ „Hab keine Angst, Maria!", sagte der Engel. „Gott hat dich mit seiner Gunst beschenkt. ³¹ Du wirst schwanger werden und einen Sohn zur Welt bringen, den du Jesus nennen sollst. ³² Er wird große Autorität haben und Sohn des Höchsten genannt werden. Gott wird ihn die Königsherrschaft seines

---

166. **Verlobt sein** – an jemanden gebunden sein, dem man versprochen hat, ihn/sie zu heiraten.

LEKTION 14: GOTT SANDTE JOHANNES, UM ISRAEL AUF DEN RETTER VORZUBEREITEN

Stammvaters David weiterführen lassen. ³³ Für immer wird er die Nachkommenschaft Jakobs regieren und seine Herrschaft wird nie mehr zu Ende gehen."

Der Engel sagte Maria, dass sie ihren Sohn Jesus nennen solle. Jesus ist die deutsche Übersetzung des hebräischen Wortes Yeshua und bedeutet „Jahwe rettet" oder „Gott rettet". Der Engel sagte, dass Jesus der *Sohn des Höchsten* sein würde. Er würde der Sohn Gottes sein.

Wir hatten schon gelernt, dass Gott eine Dreieinheit ist: Gott, der Vater, Gott, der Sohn, und Gott, der Geist. Der Engel sagte Maria, dass ihr Sohn der Sohn Gottes sein würde. Gott ist ein Geist und hat keinen Körper. Gott kann zu jeder Zeit und an jedem Ort sein, wann immer und wo immer er möchte. Gott ist ein allmächtiger Schöpfer. Nun sagte der Engel Maria, dass Gott als Baby geboren werden wird. Gott, der Sohn, würde ein Baby sein, aber er würde nicht wie alle anderen Babys vor ihm sein, sondern Gott als Mensch. Der Engel erzählte Maria auch, dass ihr Sohn für immer als König regieren[167] würde.

Ungefähr 600 Jahre zuvor hatte Gott gesagt, dass dies geschehen würde. Hier sagt er es durch den Propheten Jesaja:

JESAJA 9:5

⁵ Denn ein Kind ist uns geboren, ein Sohn ist uns geschenkt; das wird der künftige Herrscher sein. Gott hat ihm seinen Namen gegeben: wunderbarer Berater, kraftvoller Gott, Vater der Ewigkeit, Friedensfürst.

Gott sagte, dass uns ein Kind geboren, ein Sohn geschenkt ist. Seine Namen zeigten, wie wunderbar, weise, mächtig und ewig er ist und dass er Frieden brächte.

Maria verstand nicht, wie sie ein Baby haben konnte. Sie hatte noch nie mit einem Mann geschlafen. Sie war Jungfrau. Der Engel erklärte ihr, dass Gott das Kind in ihr erzeugen werde.

LUKAS 1:34-36

³⁴ „Wie wird das geschehen?", fragte Maria. „Ich habe ja noch nie mit einem Mann geschlafen."
³⁵ „Der Heilige Geist wird über dich kommen", erwiderte der Engel, „die Kraft des Höchsten wird dich überschatten. Deshalb wird das Kind, das du zur Welt bringst, heilig sein

---
167. **Regieren** – als Oberhaupt/König herrschen.

SEINE GESCHICHTE – UNSERE RETTUNG

und Sohn Gottes genannt werden. ³⁶ Sieh doch, auch deine Verwandte Elisabet ist noch in ihrem Alter schwanger geworden und erwartet einen Sohn. Von ihr hieß es ja, sie könne keine Kinder bekommen. Und jetzt ist sie schon im sechsten Monat."

Gott war derjenige, der am Anfang den Menschen das Leben gab. Er ist der Einzige, der Leben geben kann. Er sagte, er würde Maria einen Sohn geben. Er würde das Kind in ihr wachsen lassen und es würde auf normale Weise geboren werden. Aber ihr Baby würde kein normales Kind sein. Es würde keinen menschlichen Vater haben. Es würde kein Nachkomme Adams sein, damit es nicht, wie alle anderen Menschen, als Sünder geboren werden würde. Marias erstes Kind sollte der vollkommene Sohn Gottes sein.

Maria hörte auf das, was der Engel sagte. Sie glaubte, dass Gott alles genau so machen wird, wie der Engel es gesagt hatte.

Einer von Gottes Schreibern seiner Geschichte zu dieser Zeit war Matthäus. Matthäus schrieb Jesus' Leben in dem Buch Matthäus in der Bibel nieder. Er fing an, über Jesus' Familie zu schreiben.

MATTHÄUS 1:1

¹ Buch des Ursprungs von Jesus Christus, dem Nachkommen von König David und dem Stammvater Abraham.

Matthäus nennt Jesus hier *Jesus Christus*. Das deutsche Wort Christus kommt aus dem Griechischen und entspricht dem hebräischen Wort Messias, was Retter, Befreier oder Erlöser heißt. Matthäus nennt ihn hier so, weil Jesus der von Gott verheißene Retter ist, der als Mensch einen ganz besonderen Auftrag erfüllen sollte.

1500 Jahre zuvor hatte Mose den Israeliten eine Botschaft von Gott gesagt, dass nämlich eines Tages Gott einen ganz bestimmten Propheten unter die Israeliten senden wird. Ein Prophet ist jemand, der die Worte Gottes spricht.

5 MOSE 18:15-18

¹⁵ Einen Propheten wird Jahwe, dein Gott, aus deiner Mitte, aus deinen Brüdern, für dich erstehen lassen so wie mich. Auf ihn sollt ihr hören. ¹⁶ So hast du es von Jahwe, deinem Gott, am Tag der Zusammenkunft erbeten: „Ich möchte die Stimme Jahwes, meines Gottes, nicht mehr hören und dieses große Feuer nicht länger sehen, damit ich nicht sterben muss."

LEKTION 14: GOTT SANDTE JOHANNES, UM ISRAEL AUF DEN RETTER VORZUBEREITEN

> ¹⁷ Da sagte Jahwe zu mir: „Was sie gesagt haben, ist gut. ¹⁸ Einen Propheten werde ich ihnen aus der Mitte ihrer Brüder erstehen lassen so wie dich. Durch seinen Mund werde ich zu ihnen sprechen. Er wird euch alles verkünden, was ich ihm befehle."

Gott sagte, dass er durch den Mund dieses Propheten zu ihnen sprechen würde. Er sagte auch, dass dieser Prophet den Menschen alles sagen würde, was Gott ihm befahl zu sagen. Jesus ist derjenige, von dem Gott hier sprach.

Auch in einem Lied Davids, einem Psalm, sagte Gott viele Jahre zuvor etwas über den Verheißenen, der kommen sollte:

PSALM 110:4

> ⁴ Jahwe hat geschworen und bereut es nicht: „Du bist mein Priester für ewige Zeit, so wie Melchisedek es seinerzeit war."

Melchisedek war ein besonderer Priester, der zur Zeit Abrahams lebte. David sagte, dass der Verheißene auch ein besonderer Priester sein würde. Bedenke, dass der Dienst des Hohepriesters auch darin bestand, einmal im Jahr das Blut eines Opfertieres ins Allerheiligste zu bringen und es dort auf den Deckel der Bundeslade zu sprenkeln. Jedes Jahr, Generation um Generation, musste das gemacht werden, um die Sünden der Menschen zu bedecken. Wir werden später in Gottes Geschichte sehen, dass Jesus ein besonderer, auserwählter Priester Gottes ist. Er sollte ein Opfer bringen, das weitaus größer war, als jeder andere Priester es jemals getan hatte.

Um die 700 Jahre bevor Jesus geboren wurde, schrieb Gottes Prophet Jesaja das hier über ihn:

JESAJA 9:6

> ⁶ Seine Macht reicht weit, und sein Frieden hört nicht auf. Er regiert sein Reich auf Davids Thron, seine Herrschaft hat für immer Bestand, denn er stützt sie durch Recht und Gerechtigkeit. Das wirkt Jahwe, der allmächtige Gott, im Eifer seiner Leidenschaft.

Jesaja sagte, dass ein Nachkomme Davids käme und mit Recht und Gerechtigkeit für immer auf Davids Thron regieren wird. Jesus ist dieser von Gott auserwählte König, der über die ganze Schöpfung regiert. Über ihn hatte Jesaja hier geschrieben.

SEINE GESCHICHTE – UNSERE RETTUNG

Jesus Christus war der von Gott Auserwählte, der göttliche Prophet, Priester und König.

Wir haben hier nur ein paar Zitate gelesen, die Mose, David und Jesaja über Jesus geweissagt haben. Doch es gibt viel mehr Stellen im Alten Testament, in denen von ihm geschrieben steht. Vieles wurde über Jesus vorhergesagt, über seine Familie, seine Geburt, sein Leben, seinen Charakter und seinen Tod. Gott ist nicht zeitlich begrenzt wie wir. Er weiß, was in der Zukunft passieren wird. Er platzierte diese Informationen über Jesus in seine Geschichte, lange bevor sie geschahen. Gott weiß alles. Und wenn Gott sagt, dass etwas geschehen wird, dann geschieht es – ausnahmslos.

1. Nenne einige Ereignisse, die während der 400 Jahre nach Maleachi geschahen!
2. Wie, denkst du, haben sich Zacharias und Elisabet gefühlt, als sie hörten, dass der Messias bald kommen solle?
3. Warum nennt Matthäus den Versprochenen „Christus" bzw. „Messias"?
4. Was sagen einige andere Propheten aus dem Alten Testament über Jesus, den Verheißenen?

LEKTION 15

JESUS WURDE GEBOREN, WUCHS HERAN UND LIEß SICH TAUFEN

Gottes Geschichte erzählt uns nun, wann Jesus, der Messias, geboren wurde.

MATTHÄUS 1:18-25

[18] Es folgt die Geschichte der Geburt von Jesus, dem Messias: Seine Mutter Maria war mit Josef verlobt. Da stellte sich heraus, dass Maria ein Kind erwartete, obwohl sie noch nicht miteinander geschlafen hatten. Sie war durch den Heiligen Geist schwanger geworden. [19] Josef, der schon als ihr Ehemann galt, war ein gewissenhafter und gottesfürchtiger Mann. Er nahm sich deshalb vor, den Ehevertrag stillschweigend rückgängig zu machen, um sie nicht bloßzustellen.
[20] Während er noch darüber nachdachte, erschien ihm ein Engel des Herrn im Traum. „Josef", sagte er, „du Sohn Davids, zögere nicht, Maria als deine Frau zu dir zu nehmen. Denn das Kind, das sie erwartet, stammt vom Heiligen Geist. [21] Sie wird einen Sohn zur Welt bringen, den du Jesus, Retter, nennen sollst, denn er wird sein Volk von seinen Sünden befreien.
[22] Das alles ist geschehen, damit in Erfüllung geht, was der Herr durch den Propheten angekündigt hat:
[23] ‚Seht, das unberührte Mädchen wird schwanger sein und

einen Sohn zur Welt bringen, den man Immanuel nennen wird.'" Immanuel bedeutet: Gott ist mit uns.
²⁴ Als Josef aufwachte, befolgte er, was der Engel des Herrn ihm aufgetragen hatte, und holte seine Frau zu sich. ²⁵ Er schlief aber nicht mit ihr, bis dieser Sohn geboren war, den er Jesus nannte.

Maria war mit einem Mann namens Josef verlobt. Im jüdischen Gesetz war die Verlobung ein festes Versprechen zu heiraten. Die Paare, die verlobt waren, konnten sich nicht einfach so trennen. Sie mussten geschieden[168] werden, um ihre Verlobung zu lösen. Während Josef und Maria verlobt waren, lebte Maria im Haus ihrer Familie. Erst nach der Heirat würde Maria in Josefs Haus ziehen.

Josef und Maria hatten noch keinen Sexualverkehr gehabt. Als Josef mitbekam, dass Maria schwanger[169] war, dachte er, dass Maria mit einem anderen Mann geschlafen[170] hätte. Solch ein Treuebruch wurde bei den Juden verurteilt und bestraft. Manchmal sogar mit der Todesstrafe. Doch Josef war ein guter Mann und wollte Maria nicht bloßstellen. Damit Maria nicht beschämt dastünde, wollte er heimlich verschwinden, sodass die Leute denken würden, dass er Maria Unrecht getan habe und nicht sie ihm.

Doch es war Teil von Gottes Plan, dass Josef und Maria heiraten sollten. Gott wollte, dass genau dieser anständige Mann, Josef, auf Maria und ihr besonderes Kind aufpasste. Also sandte Gott einen Engel zu Josef, um ihm von seinem Sohn, der als Marias Kind Mensch werden sollte, zu erzählen. Gottes Engel erklärte Josef unmissverständlich, dass Maria keineswegs ihr Versprechen der Verlobung gebrochen habe und dass sie deswegen schwanger sei, weil Gott es hatte geschehen lassen, und nicht ein anderer Mann. Der Engel erzählte Josef, dass das Baby Jesus genannt werden solle. Jesus heißt auf Hebräisch Yeshua und bedeutet „Jahwe rettet". Der Engel sagte, dass der Junge Jesus genannt werden solle, weil er die Menschen von ihren Sünden retten werde.

Der Engel sagte auch, dass das Kind *Immanuel* heißen würde. Dieser Name stammt von zwei hebräischen Worten: „Gott" und „mit uns". Also bedeutet Immanuel „Gott mit uns". Der Prophet Jesaja schrieb davon schon ungefähr 700 Jahre zuvor.

---

168. **Geschieden** – Grundform: sich scheiden lassen; ein gerichtliches Urteil, das eine Ehevereinbarung auflöst.
169. **Schwanger sein** – ein Baby erwarten.
170. **Geschlafen** – Grundform: mit jemandem schlafen; Geschlechtsverkehr/Sex haben.

LEKTION 15: JESUS WURDE GEBOREN, WUCHS HERAN UND LIESS SICH TAUFEN

JESAJA 7:14

¹⁴ Deshalb wird euch der Herr selbst ein Zeichen geben. Seht, die unberührte junge Frau wird schwanger werden und einen Sohn zur Welt bringen, den sie Immanuel (Gott mit uns) nennt.

Josef glaubte, dass das, was Gottes Engel ihm gesagt hatte, wahr war. Also tat er, was der Engel ihm gesagt hatte. Er heiratete Maria, hatte aber keinen sexuellen Körperkontakt mit ihr, bis ihr Baby geboren war. Als das göttliche Kind geboren war, nannten sie es Jesus.

Gottes Geschichte, niedergeschrieben von Matthäus, erzählt uns nun, was geschah, als Jesus geboren worden war. Josef und Maria waren weit weg von ihrer Heimatstadt Nazaret, als es für das Baby Zeit war zu kommen. Die Römer führten eine Volkszählung durch, weil sie Informationen über alle Menschen, über die sie herrschten, haben wollten. Jeder musste in seine Geburtsstadt gehen, um dort für die Volkszählung registriert zu werden. Josef gehörte der Familie von König David an, also musste er nach Bethlehem gehen, welches die Stadt Davids war. Deswegen wurde Jesus in Bethlehem geboren.

MATTHÄUS 2:1-18

¹ Als Jesus während der Herrschaft von König Herodes in Bethlehem, einer Stadt in Judäa, geboren war, kamen Sterndeuter aus einem Land im Osten nach Jerusalem. ² „Wo finden wir den König der Juden, der kürzlich geboren wurde?", fragten sie. „Wir haben seinen Stern aufgehen sehen und sind hergekommen, um ihn anzubeten." ³ Als König Herodes davon hörte, geriet er in Bestürzung und ganz Jerusalem mit ihm. ⁴ Er befahl alle Hohen Priester und Gesetzeslehrer des jüdischen Volkes zu sich und erkundigte sich bei ihnen, wo der Messias geboren werden sollte. ⁵ „In Bethlehem in Judäa", erwiderten sie, „denn so ist es in der Heiligen Schrift durch den Propheten vorausgesagt: ⁶ ‚Du Bethlehem im Land Juda, bist keineswegs die unbedeutendste von Judas führenden Städten, denn ein Fürst wird aus dir kommen, der als Hirt mein Volk Israel führt.'" ⁷ Danach rief Herodes die Sterndeuter heimlich zu sich und fragte sie, wann genau sie den Stern zum ersten Mal gesehen hatten. ⁸ Dann schickte er sie nach Bethlehem. „Geht, und erkundigt euch sorgfältig nach dem Kind", sagte er, „und gebt mir Nachricht, sobald ihr es gefunden habt, damit ich auch hingehen und ihm die Ehre erweisen kann." ⁹ Nach diesen Worten des Königs machten sie sich auf den Weg. Und der Stern, den sie bei seinem Aufgang beobachtet hatten, zog vor ihnen her, bis er schließlich genau über dem Ort stehen blieb, wo das Kind

war. ¹⁰ Als sie den Stern sahen, kam eine sehr große Freude über sie. ¹¹Sie gingen in das Haus und fanden das Kind mit seiner Mutter Maria. Da warfen sie sich vor ihm nieder und erwiesen ihm die Ehre. Dann holten sie ihre mitgebrachten Schätze hervor und legten sie dem Kind hin: Gold, Weihrauch und Myrrhe.

¹² Als sie dann im Traum eine göttliche Weisung erhielten, nicht wieder zu Herodes zurückzukehren, reisten sie auf einem anderen Weg in ihr Land zurück. ¹³ Nachdem die Sterndeuter abgereist waren, erschien auch Josef im Traum ein Engel, der zu ihm sagte: „Steh auf, nimm das Kind und seine Mutter, und flieh nach Ägypten! Und bleib dort, bis ich dir Bescheid gebe. Denn Herodes will das Kind suchen und umbringen lassen." ¹⁴ Da stand Josef auf und brach noch in der Nacht mit dem Kind und seiner Mutter nach Ägypten auf.

¹⁵ Dort blieb er dann bis zum Tod von Herodes. So erfüllte sich, was der Herr durch den Propheten vorausgesagt hat: „Aus Ägypten habe ich meinen Sohn gerufen."

¹⁶ Als Herodes merkte, dass die Sterndeuter ihn hintergangen hatten, war er außer sich vor Zorn. Er befahl, in Bethlehem und der ganzen Umgebung alle Jungen im Alter von zwei Jahren und darunter zu töten. Das entsprach dem Zeitpunkt, nach dem er sich bei den Sterndeutern so genau erkundigt hatte. ¹⁷ So erfüllte sich, was durch den Propheten Jeremia vorausgesagt worden war: ¹⁸ „Angstschreie hört man in Rama, lautes Weinen und Klagen: Rahel weint um ihre Kinder und lässt sich nicht trösten, denn sie sind nicht mehr."

Vom östlichen Westjordanland kommend, erreichten ein paar Sterndeuter die Stadt Jerusalem. Sie waren einem Stern gefolgt, den sie am Himmel sahen. Da sie belesen und Forscher waren, wussten sie, welche Bedeutung diesem Stern zuzumessen war. Sie wussten, dass dieser besondere Stern am Himmel bedeutete, dass ein Baby geboren worden war, der der *König der Juden* werden würde. Also kamen die Sterndeuter nach Jerusalem, um etwas über den neugeborenen König in Erfahrung zu bringen.

Damals herrschte König Herodes über die jüdischen Gebiete des Römerreiches. Die Römer hatten ihn zum König der Juden gemacht. Herodes hörte, was die Sterndeuter über ein neugeborenes Baby erzählten, das angeblich der König der Juden werden solle. Herodes befürchtete, dass dieses Baby, wenn es erwachsen war, ihm seinen Platz als König streitig machen könnte. Also befragte er die

LEKTION 15: JESUS WURDE GEBOREN, WUCHS HERAN UND LIESS SICH TAUFEN

Experten der jüdischen Religion[171], die Hohepriester und Schriftgelehrten[172], was sie über den Messias wussten und wo der Messias geboren werden sollte. Die religiösen Experten erzählten Herodes, was im Alten Testament über den Messias stand. Dort wird gesagt, dass ein Fürst und Hirte in Bethlehem geboren werden würde. Herodes befahl den Sterndeutern, nach Bethlehem zu gehen, um das Kind zu finden. Und er befahl ihnen, zu ihm zurückzukommen und ihm zu berichten, wo in Bethlehem sie das besagte Kind gefunden hatten, damit auch er den neuen König anbeten könne.

Die Sterndeuter folgten dem Stern bis zu dem Haus, in dem Jesus war. Sie gaben ihm Geschenke und beteten ihn als neuen König an. Gott sagte den Sterndeutern in einem Traum, dass sie nicht zu Herodes zurückgehen sollten. Also gingen sie auf einem anderen Weg nach Hause.

Einer von Gottes Engeln erzählte Josef, dass Herodes nach ihnen suche und dass Josef deshalb so schnell wie möglich mit Maria und Jesus nach Ägypten fliehen solle. Sie gingen gerade noch rechtzeitig weg. Herodes war sehr böse und wollte nicht, dass dieser neue König seinen Platz einnahm. Da er ihn nicht finden und umbringen lassen konnte, befahl er seinen Dienern, in Bethlehem alle kleinen Jungs im Alter bis zu zwei Jahren zu töten. Gott wusste, dass dies geschehen würde und hatte schon Jahre zuvor den Propheten Jeremia beauftragt, dies niederzuschreiben. Dass letztlich Satan hinter diesem schrecklichen Massenmord stand, können wir uns nur denken. Satan wollte nicht, dass der Retter kam. Er kannte ja Gottes Plan, einen Mann zu senden, der ihn und seine Herrschaft über die Menschen auf der Erde zerstören würde. Satan wollte Gottes Rettungsplan stoppen.

Später, nachdem Herodes gestorben war, sagte Gott zu Josef, dass es nun Zeit wäre, Ägypten wieder zu verlassen. Also gingen Josef, Maria und Jesus zurück nach Israel. Sie gingen zurück in ihre Heimatstadt Nazaret. Einer der Männer, die zu dieser Zeit Gottes Geschichte niederschrieben, war Lukas. Er beschrieb, wie Gottes Sohn Jesus in Nazaret aufwuchs.

LUKAS 2:40

⁴⁰ Das Kind wuchs heran und wurde kräftig. Es war mit Weisheit erfüllt und Gottes Gnade ruhte sichtbar auf ihm.

---

171. **Experten der jüdischen Religion** – Menschen, die die Schriften, Gesetze und Regeln der Juden gut kennen.
172. **Schriftgelehrte** – religiöse Führer der Juden, die schreiben und lesen konnten und die die jüdischen Gesetze studiert haben.

SEINE GESCHICHTE – UNSERE RETTUNG

Lukas schrieb auch über eine Begebenheit, als Jesus zwölf Jahre alt war. Jesus war mit Josef und Maria nach Jerusalem gegangen, um das Passafest zu feiern. Dieses Fest wurde jedes Jahr in Jerusalem gefeiert. Beim Passafest erinnerten sich die Juden daran, wie Gott in den ägyptischen Häusern alle Erstgeborenen getötet hatte und wie der Herr an ihren Häusern aber vorübergegangen war, weil dort das Blut an den Türpfosten war.

LUKAS 2:41-52

⁴¹ Jedes Jahr zum Passafest reisten seine Eltern nach Jerusalem. ⁴² Als Jesus zwölf Jahre alt war, gingen sie wieder zum Fest, wie es der Sitte entsprach, und nahmen auch den Jungen mit. ⁴³ Nach den Festtagen machten sie sich auf den Heimweg. Doch Jesus blieb in Jerusalem, ohne dass die Eltern davon wussten. ⁴⁴ Sie dachten, er sei irgendwo in der Reisegesellschaft. Nach der ersten Tagesetappe suchten sie ihn unter den Verwandten und Bekannten. ⁴⁵ Als sie ihn nicht fanden, kehrten sie am folgenden Tag nach Jerusalem zurück und suchten ihn dort. ⁴⁶ Nach drei Tagen endlich entdeckten sie ihn im Tempel. Er saß mitten unter den Gesetzeslehrern, hörte ihnen zu und stellte ihnen Fragen. ⁴⁷ Alle, die zuhörten, staunten über sein Verständnis und seine Antworten. ⁴⁸ Seine Eltern waren sehr überrascht, ihn hier zu sehen. „Kind", sagte seine Mutter zu ihm, „wie konntest du uns das antun? Dein Vater und ich haben dich verzweifelt gesucht." ⁴⁹ „Warum habt ihr mich denn gesucht?", erwiderte Jesus. „Wusstet ihr nicht, dass ich im Haus meines Vaters sein muss?" ⁵⁰ Doch sie verstanden nicht, was er damit meinte. ⁵¹ Jesus kehrte mit seinen Eltern nach Nazaret zurück und war ihnen ein gehorsamer Sohn. Seine Mutter aber bewahrte das alles in ihrem Herzen.
⁵² Jesus nahm weiter an Weisheit zu und wuchs zu einem jungen Mann heran. Gott und die Menschen hatten ihre Freude an ihm.

Nachdem das Fest in Jerusalem vorbei war, machten Josef und Maria sich auf den Heimweg nach Nazaret. Weil sie in einer großen Gruppe reisten, bemerkten sie nicht, dass Jesus nicht in dieser Gruppe war. Am Ende des Tages sahen sie, dass Jesus nicht bei ihnen war. Also gingen sie zurück nach Jerusalem und fanden ihn schließlich im Tempel. Dort sprach er mit den Gesetzeslehrern. Gottes Geschichte sagt, dass Josef und Maria und jeder andere über sein Verständnis

LEKTION 15: JESUS WURDE GEBOREN, WUCHS HERAN UND LIEß SICH TAUFEN

und seine Antworten staunten. Sie waren sehr überrascht[173] darüber, dass Jesus Gottes Wort so gut kannte. Sie waren erstaunt[174], dass er so viel wusste, obwohl er erst zwölf Jahre alt war. Jesus verstand die Schriften der Propheten, weil es die Worte seines Vaters sind und weil er der Sohn Gottes ist.

Maria fragte Jesus, warum er nicht mit ihnen zurückgegangen war. Jesus fragte sie, warum sie nach ihm gesucht hatten. Er sagte, dass sie hätten wissen müssen, dass er im Hause seines Vaters sein würde. Jesus wollte sie daran erinnern, wer er wirklich ist – der Sohn Gottes. Der Tempel war unter den Juden das Haus Gottes. Jesus sagte, er sei in dem Haus seines Vaters. Er sagte ihnen, dass Gott sein Vater ist.

Nun erzählt uns Gottes Geschichte noch Weiteres über Johannes, den Sohn von Zacharias und Elisabet, dem Gott ja den Auftrag gegeben hatte, die Israeliten auf den Messias vorzubereiten. Matthäus schrieb auf, was Johannes zu den Menschen sagte.

MATTHÄUS 3:1-6

¹ Damals trat Johannes der Täufer in der Wüste von Judäa auf und predigte: ² „Ändert eure Einstellung, denn die Himmelsherrschaft bricht bald an!" ³ Johannes war es, von dem der Prophet Jesaja sagt: „Hört, in der Wüste ruft eine Stimme: Bereitet dem Herrn den Weg! Ebnet die Pfade für ihn!" ⁴ Johannes trug ein Gewand aus gewebtem Kamelhaar und einen Lederriemen um die Hüften. Seine Nahrung bestand aus Heuschrecken und Honig von wild lebenden Bienen. ⁵ Die Bevölkerung von Jerusalem, Judäa und der ganzen Jordangegend kam zu Johannes hinaus. ⁶ Sie ließen sich im Jordan von ihm taufen und bekannten dabei ihre Sünden.

Johannes lebte in der Wüste, die östlich und nördlich von Jerusalem war, in der Nähe des Flusses Jordan. Er kleidete sich mit einem Gewand, welches aus Haaren von Kamelen[175] gemacht war. Er aß wilden Honig und Heuschrecken. Er sprach das Wort Gottes zu den Menschen. Das hatte sich in weiten Teilen des Landes herumgesprochen, sodass viele von weit her kamen, um Johannes zu hören. Johannes sagte ihnen, dass sie zu ihrem Gott umkehren und ihr Herz

---

173. **Überrascht sein** – etwas sehen, das man nicht erwartet hat.
174. **Erstaunt sein** – sehr überrascht und verwundert über etwas sein.
175. **Kamele** – große, haarige Tiere mit langem Nacken und langen Beinen, die in sehr trockenen Gegenden leben können.

wieder auf Gott ausrichten sollten. Er forderte sie auf, ihre Denkweise zu ändern und sich selbst so zu sehen, wie Gott sie sah. Johannes sagte den Menschen, dass sie den unmöglichen Versuch, allen Geboten Gottes folgen zu wollen, aufgeben sollten. Gott wollte, dass die Menschen erkannten, dass sie als Sünder vor ihm kapitulieren mussten, und dass sie einsahen, dass sie ihn brauchten, um gerettet zu werden. Sie sollten erkennen, dass sie Gott brauchten, um die Bezahlung für ihre Sünden zu regeln, da ihre Schuld viel zu hoch war, als dass sie sie selbst hätten bezahlen können. Gott hatte Johannes zu seinem Volk gesandt, um den Menschen diese Dinge mitzuteilen.

Schon der Prophet Jesaja hatte über Johannes geschrieben. Matthäus wiederholte diese Worte Gottes, die Jesaja viele Jahre zuvor geschrieben hatte: *„Bereitet dem Herrn den Weg! Ebnet die Pfade für ihn."* Diese Botschaft handelte von Johannes und dessen Aufgabe, das Volk Israel auf den Retter vorzubereiten.

Gottes Geschichte erzählt, dass immer mehr Menschen kamen, um Johannes' Botschaft zu hören. Sie kamen aus Jerusalem und der ganzen Jordanebene. Viele Menschen hörten, was Johannes sagte und glaubten, dass es wahr war. Sie gaben zu, verlorene Sünder zu sein, und wollten Gottes Rettungsangebot annehmen. Diese Menschen ließen sich im Jordan von Johannes *taufen*. Das bedeutet, dass Johannes ihnen half, unterzutauchen und wieder hochzukommen. Sie taten dies als Zeichen dafür, dass sie ihre Abkehr von Gott bereut hatten und wieder zu ihm umgekehrt waren. Sie hatten eingesehen, dass sie vor Gott Sünder waren. Sie wollten nun auf Gott hören und allein auf seine Rettung warten. Sie waren für den kommenden Messias bereit.

MATTHÄUS 3:7-10

⁷ Als Johannes viele von den Pharisäern und Sadduzäern zu seiner Taufe kommen sah, sagte er: „Ihr Schlangenbrut! Wer hat euch eingeredet, dass ihr dem kommenden Zorngericht Gottes entgeht? ⁸ Bringt Früchte hervor, die zeigen, dass ihr eure Einstellung geändert habt! ⁹ Und fangt nicht an zu denken, dass ihr doch die Nachkommen Abrahams seid. Ich sage euch: Gott kann Abraham aus diesen Steinen hier Kinder erwecken! ¹⁰ Die Axt ist schon an die Wurzel der Bäume gelegt. Jeder Baum, der keine guten Früchte bringt, wird umgehauen und ins Feuer geworfen.

Wie man sieht, kamen aber auch Leute zu Johannes, die nicht dem glaubten, was er sagte. Matthäus schreibt, dass viele Pharisäer und Sadduzäer kamen, um Johannes anzuhören. Die Pharisäer waren religiöse Führer der Juden. Sie

LEKTION 15: JESUS WURDE GEBOREN, WUCHS HERAN UND LIEß SICH TAUFEN

lehrten die Menschen, allen Gesetzen Gottes und den Gesetzen, die die Juden selbst gemacht hatten, zu folgen. Die Sadduzäer waren die religiösen Führer des Tempels und der Priester der Juden. Sie lehrten, dass Gott mit ihnen zufrieden wäre, einfach, weil sie Nachkommen von Abraham seien. Die Pharisäer und Sadduzäer hatten einen hohen Einfluss auf das jüdische Volk.

Johannes wusste, dass die Pharisäer und Sadduzäer Gott nicht zustimmten. Deshalb rügte Gott sie durch Johannes, der zu ihnen sagte, dass sie wie Schlangen seien, die vor Gottes Zorn wegkriechen wollten. Gott weiß, was die Menschen wirklich denken. Er wusste, dass diese religiösen Männer weder wirklich glaubten, dass sie Sünder waren, noch dass sie Gott brauchten, um gerettet zu werden. Johannes sprach das Wort Gottes zu ihnen. Er sagte, dass Gott sie umhauen würde wie die Bäume, die keine Frucht bringen.

Während Johannes die Menschen taufte, sprach er von dem Einen, der bald kommen sollte:

MATTHÄUS 3:11,12

> ¹¹ Ich taufe euch zwar mit Wasser aufgrund eurer Umkehr, aber es wird einer kommen, der mächtiger ist als ich. Ich bin nicht einmal gut genug, ihm die Sandalen auszuziehen. Er wird euch mit dem Heiligen Geist und mit Feuer taufen. ¹² Er hat die Worfschaufel in der Hand, um alle Spreu vom Weizen zu trennen. Den Weizen wird er in die Scheune bringen, die Spreu aber wird er mit einem Feuer verbrennen, das nie mehr ausgeht.

Johannes betonte, dass er nur mit Flusswasser taufte und dass seine Taufpraxis lediglich zeigte, dass die Menschen zu Gott umgekehrt waren, weil sie ihre Verlorenheit vor Gott erkannt hatten. Der versprochene Retter dagegen wird viel größer sein als er. Derjenige, der kommen wird, wird die Menschen mit dem Heiligen Geist und mit Feuer taufen. Die Bedeutung davon wird später in Gottes Geschichte erklärt.

Johannes sagte, dass es sich an dem Kommenden zeigen wird, dass es zwei Gruppen von Menschen gibt: die, die wirklich an Gott und sein Wort glauben, und die, die Gott nicht glauben. Er sagte, dass der Messias die Menschen, die nicht an Gott glaubten, mit einem Feuer verbrennen werde, welches niemals ausgeht. Das bedeutet, dass alle, die Gottes Worte nicht als Wahrheit anerkannt haben, für immer bestraft werden.

SEINE GESCHICHTE – UNSERE RETTUNG

MATTHÄUS 3:13-17

¹³ Dann kam Jesus aus Galiläa zu Johannes an den Jordan, um sich von ihm taufen zu lassen. ¹⁴ Aber Johannes versuchte ihn davon abzubringen und sagte: „Ich hätte es nötig, von dir getauft zu werden, und du kommst zu mir?"

¹⁵ Doch Jesus antwortete: „Lass es für diesmal geschehen. Denn nur so können wir alles erfüllen, was Gottes Gerechtigkeit fordert." Da fügte sich Johannes.

¹⁶ Als Jesus nach seiner Taufe aus dem Wasser stieg, öffnete sich der Himmel über ihm und er sah den Geist Gottes wie eine Taube auf sich herabkommen.

¹⁷ Und aus dem Himmel sprach eine Stimme: „Das ist mein lieber Sohn. An ihm habe ich meine Freude!"

Jesus kam zu Johannes, um getauft zu werden. Warum tat er das? Johannes taufte die Menschen, die mit Gott übereinstimmten, dass sie Sünder waren. Aber Jesus hatte nie gesündigt. Er hatte nie etwas getan, das nicht Gottes vollkommenen Gesetzen entsprach. Jesus war in dem, wie er dachte und handelte, wie Gott. Er tat immer das, was Gott von ihm wollte. Warum also wollte er sich taufen lassen? Johannes stellte Jesus die gleiche Frage. Johannes sagte, dass Jesus derjenige sein sollte, der ihn taufte. Aber Jesus antwortete Johannes, dass er getauft werden müsse, weil Gott es wollte. Auch wenn Jesus nichts zu bereuen hatte und nichts an seiner Einstellung Gott gegenüber ändern musste, wollte er sich dennoch taufen lassen, um zu zeigen, dass er Gott in allem gehorchte. Also taufte Johannes ihn.

Nachdem Jesus aus dem Wasser kam, kam Gottes Geist in Form einer Taube[176] vom Himmel geflogen und landete auf Jesus. Das war ein Zeichen dafür, dass Jesus sein Leben immer nahe bei Gott leben würde. Er würde Gott immer vertrauen, dass er ihn führe und auf ihn aufpasse. Gottes Geist würde ihm Weisheit und Kraft geben, das Werk zu tun, was Gott ihm aufgetragen hatte.

Gott, der Vater, sah, dass Jesus ihm in allem gehorchte. Er wollte die Menschen wissen lassen, dass er immer an Jesus dachte. Er sagte: *„Das ist mein lieber*

---

176. **Taube** – ein Vogel, der für Frieden steht.

LEKTION 15: JESUS WURDE GEBOREN, WUCHS HERAN UND LIEß SICH TAUFEN

Sohn. An ihm habe ich meine Freude!" Gott war vollkommen glücklich über alles, was Jesus tat, und er liebte ihn sehr.

Neben Matthäus war auch Johannes ein weiterer Mann, der über Jesus' Leben vieles niederschrieb. Seine Aufzeichnungen gehören zu Gottes Geschichte, also zu dem, was Gott über sich uns Menschen offenbart. Dieser Johannes ist allerdings nicht der Johannes, der die Menschen im Jordan taufte. Er hatte nur den gleichen Namen. Johannes schrieb auf, was einen Tag nach der Taufe von Jesus geschah.

JOHANNES 1:29

²⁹ Am nächsten Tag sah Johannes Jesus auf sich zukommen und sagte: „Seht, das ist das Opferlamm Gottes, das die Sünde der ganzen Welt wegnimmt."

Johannes nannte Jesus das *Opferlamm Gottes, das die Sünde der ganzen Welt wegnimmt*. Über Tausend Jahre lang hatte das Volk Israel Lämmer in der Stiftshütte und im Tempel geopfert. Einmal im Jahr wurde das Blut eines Lammes auf den Deckel der Bundeslade im Allerheiligsten im Tempel gesprenkelt. Gott hatte den Menschen befohlen, dies zu tun, um zu zeigen, dass sie ihm zustimmten, dass eigentlich sie für ihre Sünden sterben müssten. Aber die Tiere starben an ihrer Stelle, damit sie selbst nicht sterben mussten. Nur, warum nannte Johannes Jesus das „Opferlamm Gottes"?

Johannes sagte damit deutlich, dass Jesus geopfert werden würde, um die Sünde zu bezahlen. Sein Opfer würde nicht nur für die Sünden des Volkes Israel sein, sondern es würde auch die Sünden der ganzen Welt wegnehmen.

1. Gottes Geschichte sagt, dass ein Engel kam, um mit Josef zu sprechen. Was sind Engel?
2. Was sagen die Namen *Jesus* und *Immanuel* über Jesus und dessen Werk aus?
3. Was bedeutet es, wenn jemand zu Gott umkehrt bzw. Buße tut?
4. Warum wollte Jesus von Johannes getauft werden?
5. Was meinte Johannes, als er Jesus das Opferlamm Gottes nannte?
6. Denkst du, dass die Juden verstanden haben, was Johannes meinte, als er Jesus das Opferlamm Gottes nannte? Warum oder warum nicht?

LEKTION 16

JESUS BEGANN SEINEN DIENST

Matthäus schrieb auf, wie Gottes Geschichte mit Jesus weiterging.

MATTHÄUS 4:1-11

¹ Dann wurde Jesus vom Geist Gottes ins Bergland der Wüste hinaufgeführt, weil er dort vom Teufel versucht werden sollte. ² Vierzig Tage und Nächte lang aß er nichts. Als der Hunger ihn quälte, ³ trat der Versucher an ihn heran und sagte: „Wenn du Gottes Sohn bist, dann befiehl, dass diese Steine hier zu Brot werden." ⁴ Aber Jesus antwortete: „Nein, in der Schrift steht: ‚Der Mensch lebt nicht nur von Brot, sondern von jedem Wort, das aus Gottes Mund kommt.'" ⁵ Daraufhin ging der Teufel mit ihm in die Heilige Stadt, stellte ihn auf den höchsten Vorsprung im Tempel ⁶ und sagte: „Wenn du Gottes Sohn bist, dann stürz dich hier hinunter! Es steht ja geschrieben: ‚Er schickt seine Engel für dich aus, um dich zu beschützen. Auf den Händen werden sie dich tragen, damit dein Fuß nicht an einen Stein stößt.'" ⁷ Jesus gab ihm zur Antwort: „Es heißt aber auch: ‚Du sollst den Herrn, deinen Gott, nicht herausfordern!'" ⁸ Schließlich ging der Teufel mit ihm auf einen sehr hohen Berg, zeigte ihm alle Königreiche der Welt ⁹ und sagte: „Das alles will ich dir geben, wenn du dich vor mir

niederwirfst und mich anbetest." ¹⁰ Da sagte Jesus: „Weg mit dir, Satan! Es steht geschrieben: ‚Du sollst den Herrn, deinen Gott, anbeten und ihm allein dienen!'" ¹¹ Da ließ der Teufel von Jesus ab, und Engel kamen und versorgten Jesus.

Gottes Geist leitete Jesus. Nachdem Jesus getauft war, führte Gottes Geist ihn in die Wüste. Jesus blieb dort vierzig Tage lang ohne Essen. Jesus hatte einen Körper, genau wie du, also war er extrem hungrig. Satan kam, um mit Jesus zu reden. Im Matthäusevangelium steht für Satan *Teufel*. Das ist nur ein anderer Name für Satan.

Jesus hatte ungefähr sechs Wochen lang nichts gegessen. Er war sehr schwach und hungrig und zudem allein in der Wüste. Wir wissen nicht, wie Satan aussah oder in welcher Gestalt er sich Jesus zeigte. Aber Gottes Geschichte erzählt, dass Satan Jesus ansprach. Satan sagte: *„Wenn du Gottes Sohn bist, dann befiehl, dass diese Steine hier zu Brot werden."* Satan wusste, dass Jesus sehr hungrig war. Er wollte Jesus verführen, an sich zu denken und sich durch ein Wunder zu nehmen, was er brauchte. Er wollte, dass Jesus etwas tat, das Gott ihm nicht gesagt hatte. Satan wollte, dass Jesus auf ihn hörte und nicht auf Gott. Er wollte Jesus hereinlegen. Er versuchte es auf die gleiche Tour, mit der er bei Adam und Eva Erfolg hatte. Aber Jesus wusste, was Satan gerade probierte. Also sprach Jesus Gottes Worte aus, die in 5. Mose im Alten Testament in Gottes Geschichte niedergeschrieben sind

5 MOSE 8:3

³ Er demütigte dich und ließ dich hungern. Er gab dir das Manna zu essen, das du und deine Vorfahren nicht kannten, um dir zu zeigen, dass der Mensch nicht vom Brot allein lebt, sondern von allem, was aus dem Mund Jahwes kommt.

Jesus gebrauchte nicht seine große Macht, um sich selbst zu helfen. Der Dienst, zu dem Gott ihn berufen hatte, war für andere Menschen, nicht für ihn selbst. Jesus würde sich niemals von Gottes Feind leiten lassen. Die Worte, die er aus 5. Mose zitierte, waren viele Jahre zuvor von Mose gesagt worden. Mose hatte sich damals daran erinnert, wie Gott sein Volk für vierzig Jahre in die Wildnis schickte. Zu diesem Zeitpunkt zeigte Gott den Israeliten, dass sie ihm vertrauen sollten, weil er auf sie aufpasste. Er wollte sie wissen lassen, dass Essen nicht das Wichtigste im Leben war. Gott wollte, dass sie ihm in allem vertrauten und ihn als den besten Versorger kennenlernten. Gott ist derjenige, der Leben gibt und der sein Volk beschützt und erhält.

LEKTION 16: JESUS BEGANN SEINEN DIENST

Als Nächstes stellte Satan Jesus auf die höchste Stelle des Tempeldachs in Jerusalem. Wir wissen nicht, wie er es tat, aber wir wissen, dass es wahr ist. Satan ist sehr mächtig und er kann solche Dinge geschehen lassen. Dann sprach Satan wieder zu Jesus. Er sagte zu Jesus, dass der vom Tempel hinunterspringen solle, um zu sehen, ob Gottes Engel ihn retten würden. Satan gebrauchte für seinen Angriff Gottes Worte über Jesus, die in den Psalmen geschrieben stehen.

PSALM 91:11,12

¹¹ Denn er schickt seine Engel für dich aus, um dich zu behüten, wo immer du gehst. ¹² Sie werden dich auf Händen tragen, damit dein Fuß an keinen Stein stößt.

Satan wollte, dass Jesus hinuntersprang, um zu sehen, ob Gott ihn retten würde. Wenn Jesus vom Tempel hinuntergesprungen wäre, hätte es gezeigt, dass er nicht wirklich Gott vertraute. Wenn er gesprungen wäre, hätte er getestet, ob Gott ihn wirklich liebt oder nicht. Satan gebrauchte Gottes Worte, aber nur, weil er Jesus damit austricksen wollte.

Jesus hörte aber nicht auf Satan. Er wusste, dass Gott ihn liebte und dass Gott immer auf ihn aufpasste. Jesus musste Gott nicht zeigen lassen, dass er auf ihn aufpasste. Er antwortete auf Satans Versuchung wieder mit Worten von Mose, die im Alten Testament stehen: *„Es heißt aber auch: ‚Du sollst den Herrn, deinen Gott, nicht herausfordern!'"* Mose hatte diese Worte ausgesprochen, als die Israeliten Gott dazu bringen wollten, ihnen in der Wüste Wasser zu geben. Mose und Jesus sagten, dass es falsch ist, Gott so zu testen. Es ist falsch, Gott dahingehend manipulieren zu wollen, dass er etwas tut, das wir von ihm wollen. Gott ist Gott, und seine Entscheidungen sind immer die richtigen. Deswegen können die Menschen einfach abwarten und ihm vertrauen, dass er das Richtige tut. Und genau das tat Jesus immer, sogar auch in dieser angefochtenen Lage.

Nun wird gesagt, dass Satan Jesus auf einen hohen Berg brachte. Sie konnten *alle Königreiche der Welt* sehen. Satan zeigte Jesus all die Macht und den Reichtum, den die Menschen geschaffen hatten. Seit Adam und Eva Gott im Garten ungehorsam gewesen waren, ist Satan der Fürst dieser Welt, doch seine Herrschaft ist wie sein Wesen verlogen und trügerisch. Satan bot Jesus seine Macht und seinen Reichtum an. Dafür sollte Jesus sich vor Satan niederwerfen und ihn anbeten. Jesus hörte keinesfalls auf Satan. Er wusste, dass Gott ganz andere Pläne für ihn hatte. Von der Macht über die Erde und dem betrügerischen Reichtum wollte Jesus nichts haben. Er wollte einfach das tun, was Gott von ihm wollte. Er befahl Satan, wegzugehen, und zitierte auch dabei wieder Worte

SEINE GESCHICHTE – UNSERE RETTUNG

aus 5. Mose: *„Weg mit dir, Satan! Es steht geschrieben: ‚Du sollst den Herrn, deinen Gott, anbeten und ihm allein dienen!'"*

Schon im Garten Eden hatte Satan deutlich gemacht, dass er wollte, dass die Menschen ihn anbeteten, und nicht Gott. Satan hatte Adam und Eva reingelegt. Sie hatten auf ihn gehört und sind Gott ungehorsam gewesen. Aber Jesus hörte nicht auf Satan. Er dachte nur an seinen Dienst, den Gott ihm gegeben hatte. Jesus wusste, dass dieser Dienst von Gott für ihn sehr schwierig werden würde. Trotzdem wählte er Gottes Dienst. Jesus zeigte, dass er Gott nicht ungehorsam sein würde.

Jesus war von Gott gesandt worden, um Gottes Lamm zu werden, damit er die Menschen von ihren Sünden befreite. Er stand gerade am Anfang seines Auftrags, der Retter für alle Menschen zu werden. Er konnte dieses Werk nur dann tun, wenn er nie sündigte, wenn er nie Gott ungehorsam war. Nur ein vollkommener Mensch konnte Gottes besonderer, ausgewählter Prophet, Priester und König werden. Nur ein vollkommener Mensch konnte die Menschen von Satan, der Sünde und dem Tod befreien. Darum versuchte Satan, Jesus dazu zu bringen, Gott ungehorsam zu sein. Satan wollte nicht, dass Jesus in der Lage war, Gottes Werk zu tun.

Aber Gottes Geschichte und Gottes Rettungsplan stehen fest. Gott tut immer, was er sagt. Jesus ist Gott, der Sohn, und so tut auch er immer das, was er sagt.

Nachdem Jesus Satan befohlen hatte, wegzugehen, ging der weg. Dann erzählt Gottes Geschichte, dass Gottes Engel kamen, um sich um Jesus zu kümmern. In dem Kampf gegen Satan hatte Jesus gesiegt. Er benutze die wahren Worte Gottes und ließ sich von seinem Glauben an Gott, den Vater, leiten, um Satan zu besiegen.

Nun werden wir Gottes Geschichte im Buch Markus weiterlesen. Markus war ein weiterer Mann, der zur gleichen Zeit lebte wie Jesus. Gott wählte vier Männer aus, um all die Ereignisse, die in Jesus' Leben stattfanden, aufzuschreiben. Ihre Worte sind in den ersten vier Büchern des Neuen Testamentes aufgeschrieben – Matthäus, Markus, Lukas und Johannes. Diese Männer wurden von Gottes Geist geleitet und schrieben genau die Ereignisse auf, die Gott in der Bibel haben wollte. Diese vier Bücher in Gottes Geschichte geben ein sehr klares Bild vom Leben und Dienst des Messias Jesus.

LEKTION 16: JESUS BEGANN SEINEN DIENST

MARKUS 1:14,15

¹⁴ Nachdem Johannes dann verhaftet worden war, ging Jesus nach Galiläa und verkündigte dort die gute Botschaft von Gott. ¹⁵ Er sagte dabei: „Es ist jetzt so weit, die Herrschaft Gottes ist nah. Ändert eure Einstellung und glaubt diese gute Botschaft!"

Markus schrieb, dass Johannes verhaftet[177] worden war, und zwar der Johannes, den Gott gesandt hatte, um die Menschen auf Jesus vorzubereiten, und der Jesus getauft hatte. Gottes Geschichte offenbart uns, dass Johannes verhaftet worden war, weil er etwas gegen den König Herodes gesagt hatte. Herodes behielt Johannes für eine Weile im Gefängnis, doch später ließ er ihn durch Enthauptung töten. Johannes hatte die Aufgabe erfüllt, die Gott ihm gegeben hatte: die Menschen zur Umkehr aufzurufen und auf den Retter vorzubereiten. Wenn sie Gottes Botschaft angenommen hatten und von Gott gerettet werden wollten, taufte Johannes sie.

Zu diesem Zeitpunkt war Jesus ungefähr dreißig Jahre alt. In Markus steht, dass Jesus nach Galiläa ging und dort die gute Botschaft von Gott predigte[178]. Gottes gute Botschaft war, dass Jesus der Messias war, auf den die Juden gewartet hatten. Jesus ging in die Städte und Dörfer der Gegend Galiläa, die im Norden Israels lag. Wie Johannes rief Jesus die Menschen zur Umkehr auf. Jesus wollte sie wissen lassen, dass sie nichts tun konnten, um dem Tod für ihre Schuld zu entfliehen[179]. Nur Gott konnte die Schuld bezahlen, die sie ihm schuldeten, weil sie ungehorsam gewesen waren. Nur Gott konnte einen Weg zurück zu ihm schaffen, damit die Menschen wieder eine echte und wahre Beziehung zu ihm haben können, wie Adam sie ursprünglich hatte.

Jesus sagte: „*Es ist jetzt so weit, die Herrschaft Gottes ist nah.*" Er meinte, dass der Weg der Erlösung gekommen war. Satan hatte die Erde beherrscht, seit die Menschen sich von Gott abgewandt hatten. Doch durch Jesus sollte nun Satans Herrschaft gebrochen werden. Gott hatte viele Versprechen gegeben, dass ein Retter kommen werde. Nun sagte Jesus, dass das Reich Gottes nahe war. Gott wollte eine enge und echte Beziehung zu den Menschen haben. Er wollte sie als liebender König leiten. Er wollte, dass sie ihn kannten und ihm gerne und freiwillig folgten. Er hatte einen Plan, die Menschen zu retten. Und dies geschah nur, weil Jesus gekommen war. Jesus sagte zu den Menschen, dass sie diese gute Botschaft von Gott glauben sollten.

---

177. **Verhaftet** – Grundform: verhaftet werden; ins Gefängnis kommen.
178. **Predigte** – Grundform: predigen; Gottes Wort lehren, verkünden.
179. **Entfliehen** – entkommen; von etwas wegkommen.

SEINE GESCHICHTE – UNSERE RETTUNG

MARKUS 1:16-20

¹⁶ Als Jesus am See von Galiläa entlangging, sah er Fischer, die ihre runden Wurfnetze auswarfen. Es waren Simon und sein Bruder Andreas. ¹⁷ Jesus sagte zu ihnen: „Kommt, folgt mir! Ich werde euch zu Menschenfischern machen." ¹⁸ Sofort ließen sie die Netze liegen und folgten ihm. ¹⁹ Als er ein Stück weitergegangen war, sah er Jakobus und Johannes, die Söhne des Zebedäus, in einem Boot die Netze in Ordnung bringen. ²⁰ Auch sie forderte er gleich auf, mit ihm zu kommen. Da ließen sie ihren.

Markus beschrieb, wie Jesus einige Männer fragte, ihm zu folgen. Er ging zu Simon und Andreas. Diese Männer waren Brüder, die Fische in einem großen See in Galiläa fingen, im See Gennesaret. Jesus sagte zu Simon und Andreas, dass er sie lehren würde, wie man Menschen fischt. Jesus meinte damit, dass er sie lehren würde, wie sie die Menschen zu Gott und zu ihm, dem Retter, bringen konnten. Sie ließen ihre Arbeit auf dem Boot liegen und folgten ihm.

Ein Stück weiter am Ufer waren zwei weitere Brüder, Jakobus und Johannes. Sie reparierten ihre Fischernetze. Jesus rief sie und auch sie folgten ihm. Für die nächsten drei Jahre war es Teil seiner Arbeit, diese Männer zu lehren. Es sollte noch weitere geben, die ihm genauso folgen würden. Er wollte einige Männer um sich haben, die über ihn und seinen Auftrag von Gott Bescheid wussten.

Markus schrieb darüber, wie Jesus anfangs viel unterwegs war, um den Menschen deutlich zu machen, wer er wirklich war: der Sohn Gottes, der verheißene Messias.

MARKUS 1:21-39

²¹ Sie kamen nach Kafarnaum. Gleich am folgenden Sabbat ging er in die Synagoge und sprach zu den Menschen dort. ²² Die waren sehr überrascht von seiner Lehre, denn er lehrte nicht, wie sie es von den Gesetzeslehrern kannten, sondern sprach mit Vollmacht. ²³ Nun war da gerade in ihrer Synagoge ein Mann, der von einem bösen Geist besessen war. Der schrie plötzlich auf: ²⁴ „Was willst du von uns, Jesus von Nazaret? Bist du gekommen, uns zu vernichten? Ich weiß, wer du bist: Der Heilige Gottes." ²⁵ „Schweig!", befahl ihm Jesus da. „Verlass den Mann!" ²⁶ Darauf zerrte der böse Geist den Mann hin und her und verließ ihn mit einem lauten Schrei. ²⁷ Die Leute waren so überrascht und erschrocken, dass sie sich gegenseitig fragten: „Was ist das? Eine neue Lehre

LEKTION 16: JESUS BEGANN SEINEN DIENST

mit göttlicher Vollmacht? Sogar den bösen Geistern gibt er Befehle, und sie gehorchen ihm." ²⁸ Sein Ruf verbreitete sich mit Windeseile im ganzen galiläischen Umland. ²⁹ Nachdem sie die Synagoge verlassen hatten, gingen sie zusammen mit Jakobus und Johannes in das Haus von Simon und Andreas. ³⁰ Simons Schwiegermutter lag mit Fieber im Bett, und gleich erzählten sie es ihm. ³¹ Da ging er zu ihr hin, fasste sie bei der Hand und richtete sie auf. Im selben Augenblick verschwand das Fieber und sie konnte ihre Gäste bewirten. ³² Am Abend, es war nach Sonnenuntergang, brachte man alle Kranken und Besessenen zu Jesus. ³³ Die ganze Stadt war vor der Haustür versammelt. ³⁴ Und Jesus heilte viele Menschen, die an den verschiedensten Krankheiten litten. Er trieb auch viele Dämonen aus, die er aber nicht zu Wort kommen ließ, weil sie wussten, wer er war. ³⁵ Früh am Morgen, als es noch völlig dunkel war, stand er auf und ging aus dem Haus fort an eine einsame Stelle, um dort zu beten. ³⁶ Simon und die, die bei ihm waren, eilten ihm nach. ³⁷ Als sie ihn gefunden hatten, sagten sie zu ihm: „Alle suchen dich!" ³⁸ Doch er erwiderte: „Lasst uns anderswohin gehen, in die umliegenden Ortschaften, damit ich auch dort predige; denn dazu bin ich gekommen." ³⁹ So zog er durch ganz Galiläa, predigte in den Synagogen und trieb die Dämonen aus.

Jesus war in Kafarnaum, einem Fischerdorf, das am nördlichen Ufer des Sees von Galiläa lag. In dieser Gegend lebten Simon, Andreas, Jakobus und Johannes. Jesus ging dort zur Synagoge, um am Sabbat zu lehren. Die Synagoge war ein Haus, in dem die Juden sich versammelten. Der Sabbat ist bei den Israeliten der Tag der Ruhe. Die Menschen dort waren erstaunt, wie Jesus erklärte[180], was Mose und die anderen Propheten geschrieben hatten.

Die Menschen in der Synagoge waren zuvor von den Gesetzeslehrern belehrt worden. Die Gesetzeslehrer waren Männer, die Abschriften von Gottes Wort anfertigten. Sie waren Experten in den Gesetzen der jüdischen Religion. Sie versuchten immer, die Menschen dazu zu bringen, allen Geboten Gottes und allen Geboten, die sie selbst gemacht hatten, zu folgen. Als nun die Menschen in der Synagoge Jesus lehren hörten, konnten sie einen großen Unterschied zum Lehren der Gesetzeslehrer feststellen. Jesus sprach *mit Vollmacht*, also sehr deutlich und sehr mächtig. *Vollmacht* bedeutet auch, dass man das Recht hat,

---

180. **Erklärte** – Grundform: erklären; über etwas berichten und genau sagen, was es bedeutet.

SEINE GESCHICHTE – UNSERE RETTUNG

etwas zu sagen. Jesus hatte das Recht, die Worte Gottes zu sprechen, weil er der Sohn Gottes war.

Ein Mann, der dort in der Synagoge war, hatte einen bösen Geist in sich leben. Erinnerst du dich daran, wie am Anfang viele Engel Satan gefolgt waren? Einige dieser Engel, die Satan in seiner Rebellion gegen Gott gefolgt waren, sind in der Lage, in Menschen zu leben und sie tun zu lassen, was Satan will. Der böse Geist, der in diesem Mann lebte, schrie Jesus an. Der böse Geist hatte große Angst vor Jesus. Er wusste, wer Jesus wirklich war: *„Ich weiß, wer du bist: Der Heilige Gottes."* Er fragte Jesus, ob der gekommen sei, sie, die Dämonen, zu zerstören.

Jesus wollte nicht, dass der böse Geist den Menschen von ihm erzählte. Er wollte selbst den Menschen zeigen, wer er wirklich war. Also befahl Jesus dem Geist, still zu sein und den Mann zu verlassen. Als der Geist den Mann verließ, bekam der einen Krampf[181] und schrie laut auf. Die Menschen waren noch erstaunter. Sie sahen, dass sogar der böse Geist dem gehorchen musste, was Gott sagte. Gott ist so viel mächtiger als die bösen Geister. Sie mussten tun, was Gott, der Sohn, sagte.

Jesus ging in viele Städte und Dörfer. Er sprach zu Volksgruppen und einzelnen Personen. Jesus wollte die Menschen sehen lassen, dass er wirklich Gottes Sohn war. Markus schrieb über noch mehr Ereignisse.

MARKUS 1:40-42

⁴⁰ Einmal kam ein Aussätziger. Er kniete sich vor ihm hin und bat ihn flehentlich: „Wenn du willst, kannst du mich reinmachen." ⁴¹ Jesus hatte Mitleid mit ihm, berührte ihn mit seiner Hand und sagte: „Ich will es, sei rein!" ⁴² Sofort verschwand der Aussatz und der Mann war geheilt.

Ein Mann mit einer sehr schlimmen Hautkrankheit kam zu Jesus. Er bat Jesus, ihm zu helfen. Dieser Mann hatte vermutlich Lepra. Lepra war eine sehr schlimme Krankheit, die leicht an andere Menschen weitergegeben werden konnte. Deswegen mussten Menschen mit Lepra außerhalb der Stadt wohnen und nicht bei den gesunden Menschen. Gottes Geschichte sagt, dass Jesus *Mitleid mit ihm hatte*. Das bedeutet, dass Jesus sich sehr um den Mann sorgte und ihm helfen wollte. Jesus ging auf ihn zu und berührte ihn. Da war der Mann geheilt. Seine Krankheit war vollständig weg.

---

181. **Krampf** – auf den Boden fallen und am ganzen Körper zittern, ohne dass man es stoppen kann.

LEKTION 16: JESUS BEGANN SEINEN DIENST

Wo auch immer Jesus hinging, heilte er Menschen, die krank waren oder böse Geister in sich hatten. Matthäus, Markus, Lukas und Johannes schrieben viele der Begebenheiten auf, bei denen Jesus Menschen heilte und ihnen half. Aber der eigentliche Dienst, zu dem Gott Jesus gesandt hatte, war nicht das Heilen von körperlichen Krankheiten, sondern die Heilung der Menschen von der Schuld ihrer Sünde. Der Mann mit Lepra konnte sich nicht selbst helfen. Nur Gott konnte ihn retten. Nur Jesus konnte ihn heilen. Er war ein echtes Beispiel dafür, dass nur Gott uns Menschen retten kann.

1. Was versuchte Satan, bei Jesus zu erreichen? Warum?
2. Wie besiegte Jesus Satan, als Satan versuchte, Jesus zum Ungehorsam gegen Gott, den Vater, zu verführen?
3. Jesus heilte viele kranke Menschen. Was wollte er den Menschen damit über sich selbst zeigen?
4. Warum gehorchten die bösen Geister dem, was Jesus ihnen sagte?

LEKTION 17

JESUS SAGTE, DASS DIE MENSCHEN VON NEUEM GEBOREN WERDEN MÜSSEN

Das Johannesevangelium wurde von dem ehemaligen Fischer Johannes aufgeschrieben, der ein Bruder von Jakobus war. Sie beide wurden von Jesus aufgerufen, ihm zu folgen. Hier beschrieb Johannes eine Begegnung, die Jesus hatte.

JOHANNES 3:1-19

¹ Einer der führenden Juden, ein Pharisäer namens Nikodemus, ² kam eines Nachts zu Jesus. „Rabbi", sagte er, „wir alle wissen, dass du ein Lehrer bist, den Gott uns geschickt hat, denn deine Wunderzeichen beweisen, dass Gott mit dir ist." ³ „Ich versichere dir", erwiderte Jesus, „wenn jemand nicht von neuem geboren wird, kann er das Reich Gottes nicht einmal sehen." ⁴ „Wie kann ein Mensch denn geboren werden, wenn er schon alt ist?", wandte Nikodemus ein. „Er kann doch nicht in den Bauch seiner Mutter zurückkehren und ein zweites Mal geboren werden!"
⁵ „Ja, ich versichere dir", erwiderte Jesus, „und bestätige es noch einmal: Wenn jemand nicht aus Wasser und Geist geboren wird, kann er nicht in das Reich Gottes kommen.
⁶ Menschliches Leben wird von Menschen geboren, doch geistliches Leben von Gottes Geist. ⁷ Wundere dich also nicht,

dass ich dir sagte: Ihr müsst von neuem geboren werden. [8] Der Wind weht, wo er will. Du hörst ihn zwar, aber du kannst nicht sagen, woher er kommt und wohin er geht. So ist es bei jedem, der aus dem Geist geboren ist." [9] „Wie ist so etwas möglich?", fragte Nikodemus.
[10] Jesus erwiderte: „Du als Lehrer Israels weißt das nicht?
[11] Ja, ich versichere dir: Wir reden nur von dem, was wir kennen. Und was wir bezeugen, haben wir gesehen. Doch ihr nehmt unsere Worte nicht ernst. [12] Ihr glaubt ja nicht einmal, wenn ich über Dinge rede, die hier auf der Erde geschehen. Wie wollt ihr mir dann glauben, wenn ich euch sage, was im Himmel geschieht? [13] Es ist noch nie jemand in den Himmel hinaufgestiegen. Der einzige, der dort war, ist der, der aus dem Himmel herabgekommen ist, der Menschensohn. [14] Und wie Mose damals in der Wüste die Schlange für alle sichtbar aufgerichtet hat, so muss auch der Menschensohn sichtbar aufgerichtet werden, [15] damit jeder, der ihm vertraut, ewiges Leben hat. [16] Denn so hat Gott der Welt seine Liebe gezeigt: Er gab seinen einzigen Sohn dafür, dass jeder, der an ihn glaubt, nicht ins Verderben geht, sondern ewiges Leben hat.
[17] Gott hat seinen Sohn ja nicht in die Welt geschickt, um sie zu verurteilen, sondern um sie durch ihn zu retten. [18] Wer ihm vertraut, wird nicht verurteilt, wer aber nicht glaubt, ist schon verurteilt. Denn der, an dessen Namen er nicht geglaubt hat, ist der einzigartige Sohn Gottes. [19] Und so vollzieht sich das Gericht: Das Licht ist in die Welt gekommen, aber die Menschen liebten die Finsternis mehr als das Licht, denn ihre Taten waren schlecht."

Jesus hatte ein wichtiges Gespräch mit einem Mann namens Nikodemus. Nikodemus war ein Pharisäer – ein religiöser Führer der Juden. Nikodemus kam eines Nachts zu Jesus, um mit ihm zu sprechen. Wahrscheinlich kam er in der Nacht, damit die anderen religiösen Führer nicht sehen konnten, wie er mit Jesus sprach.

Den meisten jüdischen Führern missfiel, was Jesus die Menschen lehrte. Große Volksgruppen kamen, um Jesus sprechen zu hören. Jesus sagte den Menschen, dass Gott ihm den Auftrag gegeben habe, sie zurück zu Gott zu führen. Die jüdischen Führer sagten aber, dass man allen jüdischen Gesetzen folgen müsse. Sie erzählten den Menschen, dass Gott mit ihnen zufrieden wäre, wenn sie den Gesetzen folgten. Weil die jüdischen Führer ihnen Gesetze auferlegten, hatten sie Macht über die Leute. Sie kannten alle Gesetze und erklärten sie den Leuten.

LEKTION 17: JESUS SAGTE, DASS DIE MENSCHEN VON NEUEM GEBOREN WERDEN MÜSSEN

Sie galten als die Experten für Gottes Gesetze und wollten auch, dass das so bliebe, um die Macht über die Menschen zu behalten.

Jesus sagte den Menschen, dass jeder ein Sünder sei. Er sagte ihnen, dass sie Gott brauchten, um gerettet zu werden. Die jüdischen Führer waren neidisch auf Jesus' Beliebtheit und wollten, dass die Menschen weiterhin auf sie, und nicht auf Jesus, hörten. Sie dachten, dass Jesus ihnen die Macht über die Menschen wegnahm.

Also erzählten sie Lügen über Jesus. Sie behaupteten, dass Satan ihm helfen würde, damit die bösen Geister ihm gehorchten. Sie gingen zu ihm und fragten ihn über Gottes Gebote aus. Sie wollten ihn dazu bringen, einen Fehler zu machen und etwas Falsches zu sagen. Aber Jesus kannte alle Worte Gottes und konnte alle ihre Fragen beantworten. Immer mehr Menschen hörten auf Jesus, und nicht mehr auf die jüdischen Führer.

Deswegen kam Nikodemus vermutlich in der Nacht zu Jesus. Er wollte nicht, dass die anderen jüdischen Führer mitbekamen, dass er zu Jesus ging, um mit ihm zu sprechen. Nikodemus nannte ihn *Rabbi*. Ein Rabbi ist ein jüdischer Mann, der die Menschen über Gott belehrt. Nikodemus sagte, dass Jesus von Gott gekommen und dass Gott wegen der erstaunlichen Dinge, die Jesus getan hatte, mit ihm sein musste.

Jesus sagte zu Nikodemus, dass der von *neuem geboren* werden müsse, wenn er zu Gottes Volk gehören und unter Gottes Herrschaft leben wolle. Aber was bedeutete das? Nikodemus verstand es nicht. Er fragte Jesus, wie jemand neu geboren werden könne.

Jesus erklärte ihm, dass der einzige Weg, um der Herrschaft Satans, der Sünde und dem Tod zu entkommen und um ein Mensch Gottes zu werden, der sei, wiedergeboren zu werden. Er sagte, dass es nicht darum ginge, körperlich neu geboren zu werden, sondern geistlich. Er sagte, dass die Neugeburt etwas sei, das Gottes Geist tun würde. Jesus verglich den Geist Gottes mit einem starken Wind. Er sagte, dass der Wind wehe, wo er wolle. Jesus meinte damit, dass die Wiedergeburt nur durch Gottes Geist bewirkt werden könne. Es kommt nicht darauf an, ob man ein religiöser Experte ist oder nicht. Es zählt nur, was man wirklich denkt. Gott weiß, was die Menschen wirklich glauben. Er weiß, ob ein Mensch wirklich glaubt, dass nur Gott ihn retten kann.

Jeder Mensch wird außerhalb des Gartens geboren, wie Kain und Abel, mit der Sündhaftigkeit in und an sich. Dem kann keiner entkommen. Jeder, der nur

SEINE GESCHICHTE – UNSERE RETTUNG

einmal geboren worden ist, steht unter der Herrschaft des Feindes Gottes. Und das gilt auch für die Nachkommen Abrahams, wie Nikodemus.

Nikodemus verstand es immer noch nicht. Jesus fragte ihn, wie ein jüdischer Lehrer, wie Nikodemus, die Dinge Gottes nicht verstehen könne, um ihm zu zeigen, dass auch diese Ausbildung nicht reichte. Nur Jesus kannte Gott tatsächlich und konnte alles über Gott erklären. Jesus kam von Gott und so war alles, was er sagte, wahr.

Jesus nannte sich selbst *Menschensohn*. Er nannte sich selbst so, weil er der Sohn Gottes ist, der Mensch geworden war. Er war auf die Erde gekommen, um das Werk Gottes zu tun, aber er war auch ein echter Mensch. Und er sagte zu Nikodemus, dass er aufgerichtet werden würde, wie die Schlange, die Mose aufgerichtet hatte. Weißt du noch, als die Israeliten in der Wüste waren? Da gab es giftige Schlangen, deren Bisse für die Israeliten tödlich waren. Gott befahl Mose, eine eherne Schlange zu machen und sie auf einen Stab zu stecken. Die Israeliten, die auf Gottes Wort hin auf die eherne Schlange geschaut hatten, starben trotz Schlangengift in ihrem Körper nicht, sondern bekamen das Leben noch einmal geschenkt. Jesus sagte, dass er auch so aufgerichtet werden würde wie diese eherne Schlange. Nikodemus kannte Gottes Geschichte sehr gut, also wird er auch diese Geschichte sehr gut gekannt haben. Aber was Jesus ihm nun sagte, war neu. Jesus sagte, dass die eherne Schlange ein Bild von ihm und seinem Werk war.

Nachdem er aufgerichtet worden sei, sagte Jesus, wird jeder, der an ihn glaubt, ewiges[182] Leben bekommen. Die Israeliten, die von den Schlangen gebissen worden waren, hatten keine Möglichkeit, sich selbst vor dem Tod zu retten. Genauso wenig haben alle Menschen dieser Welt die Möglichkeit, sich selbst zu retten. Sie alle sind in eine Welt voller Sünde und Tod geboren worden, sie sind Sünder und werden altern und sterben. Wegen ihrer Sündhaftigkeit werden sie nach dem Tod nicht bei Gott sein, sondern unüberbrückbar weit weg von ihm, und zwar für immer. Aber Jesus sagte, dass die, die an ihn glauben, ein neues Leben geschenkt bekommen und in Gottes Familie hineingeboren werden. Dieses neue, geschenkte Leben wird ewig anhalten.

Jesus sagte Nikodemus dann, dass Gott die Menschen der ganzen Welt liebt. Und dass Gott seinen Sohn Jesus aus Liebe für alle als den Messias, den Retter gesandt hat. Gott tat dies, damit niemand, der an ihn glaubt, für seine oder ihre Sünden bezahlen müsse. Die Gläubigen müssen nicht sterben und nicht mehr

---

182. **Ewig** – für immer; ohne Ende.

LEKTION 17: JESUS SAGTE, DASS DIE MENSCHEN VON NEUEM GEBOREN WERDEN MÜSSEN

von Gott getrennt sein. Jesus sagte, dass Gott sie bewahren und retten wird und ihnen ewiges Leben mit ihm geben wird.

Nun folgt noch ein weiteres Geschehen aus Jesus' Leben, das Markus aufschreiben sollte. Nachdem Jesus viele Städte im Land Judäa besucht hatte, ging er zurück in die Stadt Kafarnaum. Er blieb für die nächsten Jahre mit einigen anderen Männern, die er zu sich gerufen hatte, in dieser Gegend.

MARKUS 2:1-12

¹ Einige Tage später kehrte Jesus nach Kafarnaum zurück. Schnell sprach sich herum, dass er wieder zu Hause sei. ² Da kamen so viele Menschen bei ihm zusammen, dass sie keinen Platz mehr hatten, nicht einmal vor der Tür. Während er ihnen die Botschaft Gottes verkündigte, ³ trugen vier Männer einen Gelähmten heran. ⁴ Doch es herrschte ein solches Gedränge, dass sie nicht zu ihm durchkamen. Da brachen sie die Lehmdecke über der Stelle auf, wo Jesus sich befand. Durch das Loch ließen sie den Gelähmten auf seiner Matte hinunter. ⁵ Als Jesus ihren Glauben sah, sagte er zu dem Gelähmten: „Mein Sohn, deine Sünden sind dir vergeben." ⁶ Es saßen jedoch einige Gesetzeslehrer dabei, die im Stillen dachten: ⁷ „Was bildet der sich ein? Das ist ja Gotteslästerung! Niemand kann Sünden vergeben außer Gott!" ⁸ Jesus hatte sofort erkannt, was in ihnen vorging, und sprach sie an: „Warum gebt ihr solchen Gedanken Raum in euch? ⁹ Ist es leichter, zu einem Gelähmten zu sagen: ‚Deine Sünden sind dir vergeben', oder: ‚Steh auf, nimm deine Matte und geh umher'? ¹⁰ Doch ihr sollt wissen, dass der Menschensohn die Vollmacht hat, hier auf der Erde Sünden zu vergeben." Damit wandte er sich dem Gelähmten zu: ¹¹ „Ich befehle dir: Steh auf, nimm deine Matte und geh nach Hause!" ¹² Der Mann stand sofort auf, nahm seine Matte und ging vor den Augen der ganzen Menge hinaus. Da gerieten alle außer sich; sie priesen Gott und sagten: „So etwas haben wir noch nie gesehen!"

In Kafarnaum hatte sich herumgesprochen, dass Jesus wieder da war. Viele Menschen kamen zu ihm. Er saß in einem Haus und erklärte den Leuten die Schriften der Propheten. Er sprach wie immer mit Vollmacht. Einige jüdische Führer waren auch dort. Ihnen gefiel nicht, was Jesus sagte. Und auch nicht, dass so viele Menschen Jesus hören wollten. Das Haus war voller Leute. Niemand konnte mehr durch die Tür kommen, weil bereits so viele Menschen in dem Haus waren.

SEINE GESCHICHTE – UNSERE RETTUNG

Einige Männer trugen einen Mann zu dem Haus, in dem Jesus war. Der Mann war gelähmt. Das bedeutet, dass er nicht gehen oder sich bewegen konnte. Aber weil das Haus schon so voll war, konnten die Männer ihren gelähmten Freund nicht ins Haus bringen. Da kam ihnen die Idee, ihn auf das Hausdach zu bringen, dieses so weit abzudecken, dass er durch ein Loch hindurchpasste, und ihn so vor Jesus abzulegen. Sie glaubten, dass Jesus den Mann heilen konnte, also ließen sie ihn durch das Dach hinab. Jesus wusste, dass die Männer glaubten, dass er den Mann heilen konnte. Sie wussten, dass Jesus der Sohn Gottes war. Jesus sagte zu dem Mann: *„Mein Sohn, deine Sünden sind dir vergeben."*

Das regte die anwesenden Lehrer des religiösen Gesetzes sehr auf. Sie hörten, was Jesus gesagt hatte. Sie wussten, dass nur Gott Sünden vergeben konnte. Nun sagte Jesus, dass die Sünden des Mannes vergeben seien. Diese religiösen Führer glaubten aber nicht, dass Jesus der Sohn Gottes war. Also fanden sie ganz und gar nicht, dass Jesus sagen konnte, dass die Sünden des Mannes vergeben seien.

Jesus sagte ihnen, dass er die Autorität habe, Sünden zu vergeben. Warum? Weil er Gottes Sohn ist. Dann befahl Jesus dem Mann, aufzustehen. Jesus sagte es und der Mann stand auf. Er stand auf und ging umher. Jeder, der dort war, war zutiefst erstaunt. Viele Menschen dort dankten Gott für das, was er getan hatte.

Später an diesem Tag begegnete Jesus einem Zöllner[183], der an der Straße saß. Sein Name war Levi. Er sammelte Geld von den Menschen ein, um es der römischen Regierung zu geben. Die Zöllner waren unbeliebt, da sie für die Römer arbeiteten und oft ungerechterweise zu viel Geld von den Menschen verlangten. Jesus bat Levi, ihm zu folgen.

MARKUS 2:13-17

[13] Danach ging Jesus wieder einmal an den See hinaus. Die ganze Menschenmenge kam zu ihm, und er belehrte sie. [14] Als er weiterging und an der Zollstelle vorbeikam, sah er Levi, den Sohn von Alphäus, dort sitzen und sagte zu ihm: „Komm, folge mir!" Der stand auf und folgte ihm. [15] Später war Jesus in seinem Haus zu Gast. Mit ihm und seinen Jüngern waren auch viele Zolleinnehmer eingeladen und andere, die einen ebenso schlechten Ruf hatten. Viele von ihnen gehörten schon zu denen, die ihm nachfolgten. [16] Als die Gesetzeslehrer von der Partei der Pharisäer sahen, dass Jesus mit solchen Leuten aß, sagten sie: „Wie kann er sich nur mit Zöllnern und Sündern an einen Tisch setzen?" [17] Jesus hörte das und entgegnete: „Nicht die Gesunden brauchen den Arzt, sondern die Kranken.

---

183. **Zöllner** – Zolleinnehmer; jemand, der für den Staat Geld von den Menschen einsammelt.

LEKTION 17: JESUS SAGTE, DASS DIE MENSCHEN VON NEUEM GEBOREN WERDEN MÜSSEN

Ich bin nicht gekommen, um Gerechte zu rufen, sondern Sünder."

Levi ließ seine Arbeit als Zöllner liegen und folgte Jesus. Später wurde Levi Matthäus genannt. Er war der Mann, der das Matthäusevangelium der Bibel niederschrieb.

Jesus und seine engsten Nachfolger[184] kehrten in Levis Zuhause ein, um dort zu essen. Es waren noch viele weitere Personen da. Sie wurden „Zöllner und Sünder" genannt. Dies waren Menschen, von denen die jüdischen Führer dachten, dass sie schlechte Menschen seien. Einige von ihnen arbeiteten für die Römer und folgten nicht dem jüdischen Gesetz. Die jüdischen, religiösen Führer, die Pharisäer, sahen, dass Jesus sich mit solchen Menschen zum Essen zusammensetzte. Die Pharisäer würden niemals mit solchen Menschen essen. Es war gegen ihr jüdisches Gesetz. Sie fragten, warum Jesus mit solchen schlechten Menschen essen konnte.

Jesus sagte zu ihnen: *„Nicht die Gesunden brauchen den Arzt, sondern die Kranken. Ich bin nicht gekommen, um Gerechte*[185] *zu rufen, sondern Sünder."* Weil nur der zum Arzt geht, der weiß, dass er krank ist, machte Jesus mit dieser Aussage deutlich, dass nur die Menschen zu ihm kämen, die wüssten, dass sie Sünder sind. Menschen, die meinen, allen Gesetzen Gottes folgen zu können, meinen auch, dass sie Gott nicht bräuchten, um gerettet zu werden.

Die jüdischen, religiösen Führer hofften, dass Jesus eines ihrer Gesetze brechen würde. Dann hätten sie sagen könnten, dass er ein schlechter Mann wäre, weil er das Gesetz Gottes gebrochen habe.

MARKUS 3:1-6

¹ Als Jesus ein anderes Mal in eine Synagoge ging, saß dort ein Mann mit einer gelähmten Hand. ² Seine Gegner passten genau auf, ob er ihn am Sabbat heilen würde, denn sie wollten einen Grund finden, ihn anzuklagen. ³ Jesus sagte zu dem Mann mit der gelähmten Hand: „Steh auf und stell dich in die Mitte!" ⁴ Dann fragte er die Anwesenden: „Soll man am Sabbat Gutes tun oder Böses? Soll man ein Leben retten oder es zugrunde gehen lassen?" Sie schwiegen. ⁵ Da sah er sie zornig der Reihe nach an und war zugleich traurig über ihre verstockten Herzen. Dann befahl er dem Mann: „Streck

---

184. **Nachfolger** – Jünger; Menschen, die jemandem folgen, dem sie glauben und vertrauen, bei dem sie bleiben, auf den sie hören und von dem sie lernen.
185. **Gerechte** – Menschen, die mit Gott im Reinen sind, weil sie alle seine Gebote befolgt haben.

SEINE GESCHICHTE – UNSERE RETTUNG

die Hand aus!" Der gehorchte, und seine Hand war geheilt.
⁶ Die Pharisäer gingen sofort hinaus und berieten mit den Anhängern von Herodes Antipas, wie sie ihn umbringen könnten.

Markus schrieb hier über eine Situation in einer Synagoge am Sabbat. Dort war ein Mann mit einer gelähmten Hand. Die religiösen Führer beobachteten Jesus kritisch. Sie warteten darauf, dass Jesus etwas tat, das das jüdische Gesetz brach. Die Juden hatten viele Gesetze für den Sabbat. Ihre Gesetze besagten, dass die Menschen keine Arbeit am Sabbat tun durften. Sie wollten, dass Jesus den Mann heilte, damit sie sagen konnten, dass Jesus am Sabbat gearbeitet habe. Sie wollten ihn beschuldigen, das Gesetz Gottes gebrochen zu haben.

Jesus wusste, was die religiösen Führer dachten. Er wusste, dass sie hofften, dass er das jüdische Gesetz übertreten würde. Also stellte er ihnen einige Fragen. Er fragte sie, ob man nach Gottes Gesetz am Sabbat Gutes oder Schlechtes tun solle. Sie gaben ihm keine Antwort. Gott offenbart uns hier, dass Jesus sehr zornig und traurig darüber war, was die jüdischen Führer dachten. Sie verstanden nicht die wahre Bedeutung der Gesetze, die Gott ihnen gegeben hatte. Und sie hatten viele Gesetze hinzugefügt, die sie sich selbst gemacht hatten. Sie wussten nicht, wie Gott wirklich ist. Sie dachten, dass sie allen Gesetzen Gottes folgen könnten. Aber das war unmöglich.

Jesus bat den Mann, seine Hand auszustrecken. Jesus heilte die Hand des Mannes. Die religiösen Führer sahen, dass Jesus den Mann heilte. Aber sie glaubten immer noch nicht, dass er Gottes Sohn war. Dann gingen die Pharisäer hinaus, um mit den Anhängern des Königs Herodes Antipas zu besprechen, wie sie Jesus umbringen könnten.

Markus schrieb, dass immer mehr Menschen, auch von sehr weit her, zu Jesus kamen, um ihn zu sehen. Die Menschen kamen aus ganz Israel, auch aus Gegenden, die heute zu Jordanien, dem Libanon und Syrien gehören. Sie hatten von den erstaunlichen Wundern gehört, die Jesus getan hatte. Sie wollten von ihren Krankheiten geheilt werden. Sie wollten hören, was Jesus über Gott sagte.

MARKUS 3:7-12

⁷ Jesus zog sich mit seinen Jüngern an den See zurück. Eine Menschenmenge aus Galiläa folgte ihm. Auch aus Judäa, ⁸ Jerusalem und Idumäa, aus dem Ostjordanland und der Gegend von Tyrus und Sidon kamen sie in Scharen zu ihm, weil sie von seinen Taten gehört hatten. ⁹ Da befahl er seinen

LEKTION 17: JESUS SAGTE, DASS DIE MENSCHEN VON NEUEM GEBOREN WERDEN MÜSSEN

> Jüngern, ihm ein Boot bereitzuhalten, damit die Menge ihn nicht so bedrängte, ¹⁰ denn er heilte viele. Und alle, die ein Leiden hatten, drängten sich an ihn heran, um ihn zu berühren. ¹¹ Und wenn von bösen Geistern besessene Menschen ihn sahen, warfen sie sich vor ihm nieder und schrien: „Du bist der Sohn Gottes!" ¹² Doch Jesus verbot ihnen streng, ihn bekannt zu machen.

Die bösen Geister wussten, wer Jesus wirklich war. Sie sagten, dass Jesus der Sohn Gottes sei. Jesus wollte aber nicht, dass sie den Menschen sagten, wer er wirklich war.

Jesus hatte viele Nachfolger. Aber er wählte zwölf Männer aus, um seine engsten Weggefährten zu sein.

MARKUS 3:13-19

> ¹³ Dann stieg Jesus auf einen Berg und rief die zu sich, die er bei sich haben wollte. Sie traten zu ihm, ¹⁴ und er wählte zwölf von ihnen aus, die er ständig um sich haben und später aussenden wollte, damit sie predigten ¹⁵ und in seiner Vollmacht Dämonen austrieben. ¹⁶ Die Zwölf, die er dazu bestimmte, waren: Simon, den er Petrus nannte, ¹⁷ Jakobus Ben-Zebedäus und Johannes, sein Bruder – die er übrigens Boanerges nannte, das heißt ‚Donnersöhne' –, ¹⁸ Andreas, Philippus und Bartholomäus, Matthäus, Thomas und Jakobus Ben-Alphäus, Thaddäus, Simon, der zu den Zeloten gehört hatte, ¹⁹ und Judas, der ein Sikarier gewesen war und ihn später verraten hat.

Jesus nannte diese zwölf Männer Apostel. Ein Apostel ist jemand, der von Gott auserwählt wurde, einen besonderen Auftrag auszuführen bzw. der von Gott zu einem bestimmten Dienst gesandt wurde. Jesus sagte diesen zwölf Aposteln, dass sie ihn überallhin begleiten sollten und später ausgesandt werden würden, um Gottes Botschaft zu verbreiten. Und dass sie die Autorität haben würden, die Komplizen Satans, die bösen Geister, auszutreiben.

Jesus war in die Welt gekommen, um Gottes Feind zu besiegen. Er hatte bereits begonnen, diesen Auftrag auszuführen. Gott möchte aber auch immer seine Menschen in seine Pläne miteinbeziehen. Er möchte mit den Menschen zusammenarbeiten, wenn es darum geht, seinen Rettungsplan voranzubringen

SEINE GESCHICHTE – UNSERE RETTUNG

und gegen Satans negativen Einfluss anzukämpfen. Also wählte Jesus zwölf Apostel aus, die er anleiten und einsetzen wollte.

Einer der zwölf Apostel war Judas, der Sikarier (auch Judas Ischariot genannt). Jesus ist Gott, also weiß er alles, was die Menschen denken. Er weiß alles, was geschehen wird. Er wusste auch, dass Judas Ischariot ihn später verraten[186] würde. Aber Gott hatte einen Rettungsplan und Judas war ein Teil von Gottes Plan. Obwohl Jesus also wusste, dass Judas ihn verraten würde, wählte er ihn als einen seiner Apostel aus. Jesus wusste, dass dies Teil des Planes Gottes war.

Markus und die anderen Apostel gingen mit Jesus überall hin. Markus schrieb über einen Abend[187], an dem sie in einem Boot über den See von Galiläa fuhren.

MARKUS 4:35-41

³⁵ Am Abend jenes Tages sagte Jesus zu seinen Jüngern: „Wir wollen ans andere Ufer fahren!" ³⁶ Sie schickten die Leute nach Hause und nahmen ihn, so wie er war, im Boot mit. Einige andere Boote fuhren Jesus nach. ³⁷ Plötzlich brach ein schwerer Sturm los, sodass die Wellen ins Boot schlugen und es mit Wasser volllief. ³⁸ Jesus aber schlief im Heck auf einem Kissen. Die Jünger weckten ihn und schrien: „Rabbi, macht es dir nichts aus, dass wir umkommen?" ³⁹ Jesus stand auf, bedrohte den Sturm und sagte zum See: „Schweig! Sei still!" Da legte sich der Wind, und es trat völlige Stille ein. ⁴⁰ „Warum habt ihr solche Angst?", fragte Jesus. „Habt ihr immer noch keinen Glauben?" ⁴¹ Da wurden sie erst recht von Furcht gepackt und flüsterten einander zu: „Wer ist das nur, dass ihm sogar Wind und Wellen gehorchen?"

Es war ein langer Tag gewesen, an dem Jesus am Ufer des Sees eine große Anzahl von Menschen gelehrt hatte. Am Spätnachmittag oder frühen Abend sagte Jesus zu seinen Aposteln, dass er mit ihnen auf die andere Seite des Sees fahren wolle. Also stiegen Jesus und die Apostel in ein Boot, um den See zu überqueren. Es waren noch weitere Boote mit ihnen unterwegs. Jesus legte sich hinten im Boot zum Schlafen hin.

Weil der See von Galiläa sehr groß ist, kann es dort schnell stürmisch werden. An diesem Abend, als Jesus im Boot schlief, braute sich ein starker Sturm[188]

---

186. **Verraten** – zu den Feinden überlaufen oder den Feinden helfen, einen Verbündeten zu fangen oder zu verletzen.
187. **Abend** – die Tageszeit zwischen 18 und 22 Uhr.
188. **Sturm** – heftiger, starker Wind; Unwetter.

LEKTION 17: JESUS SAGTE, DASS DIE MENSCHEN VON NEUEM GEBOREN WERDEN MÜSSEN

zusammen. Der Wind war sehr stark. Große Wellen schlugen in das Boot. Die Apostel hatten Angst, dass das Boot sinken[189] könnte. Einige dieser Männer waren professionelle Fischer und schon sehr oft auf diesem See gewesen. Sie hatten Angst vor dem Sturm, also muss es ein wirklich starkes Unwetter gewesen sein. Sie weckten Jesus auf und warfen ihm vor: *„Rabbi, macht es dir nichts aus, dass wir umkommen?"*

Jesus stand auf und gab dem Wind und dem See Befehle. Er gebot dem Wind und dem See, ruhig[190] und still zu sein. Als Jesus das gesagt hatte, flaute der Wind ab und der See beruhigte sich. Dann fragte Jesus die Männer im Boot, warum sie solche Angst gehabt hatten. Er sagte: *„Habt ihr immer noch keinen Glauben?"* Jesus wollte, dass sie glaubten, dass er wirklich derjenige war, von dem er sagte, dass er es sei – der Sohn Gottes.

1. Was dachten die Pharisäer über Gottes Gesetze?
2. Was meinte Jesus damit, als er zu Nikodemus sagte, dass man von neuem geboren werden müsse?
3. Warum verglich Jesus sich mit der ehernen Schlange, die Mose aufgerichtet hatte?
4. Was ist ein Apostel?
5. Warum wählte Jesus Judas aus, obwohl er wusste, dass Judas ihn verraten würde?

---

189. **Sinken** – im Wasser untergehen.
190. **Ruhig** – still; friedlich; leise.

LEKTION 18

JESUS ZEIGTE SEINE GROSSE MACHT

Die Apostel konnten sehen, was Jesus alles tat. Sie sahen seine große Macht, die er sogar über den Wind und den See hatte. Nur der Schöpfer des Wetters und der Welt konnte solch eine Macht über das Universum haben. Als die Männer sahen, wie groß Jesus' Macht tatsächlich war, bekamen sie großen Respekt und Ehrfurcht vor ihm.

Markus schrieb dann weiter auf, was geschah, als das Boot das andere Ufer erreicht hatte. Jesus traf dort einen Mann, der unsagbar viele böse Geister in sich leben hatte. Du kannst später in deiner Bibel nachlesen, was genau passierte. Es steht in Markus 5,1-20. Die bösen Geister wussten, wer Jesus wirklich war. Sie nannten ihn: *„Jesus, Sohn Gottes, du Sohn des Allerhöchsten."* Jesus zeigte, dass er weitaus mächtiger war als Satan und dessen Nachfolger. Jesus befahl den bösen Geistern, aus dem Mann herauszukommen, und heilte ihn. Er schickte die Dämonen in eine Herde von 2000 Schweinen. Dann stürzten sich die Schweine in den See und starben. Die Menschen, die dort lebten, bekamen Angst vor Jesus, als sie sahen, was er tat. Sie wollten, dass er wegginge. Der Mann, den Jesus von den bösen Geistern befreit hatte, wollte aber bei Jesus bleiben. Aber Jesus sagte ihm, er solle zu seiner Familie gehen und erzählen, was Gott für ihn getan hatte.

SEINE GESCHICHTE – UNSERE RETTUNG

Jesus fuhr wieder über den See. Johannes schrieb auf, was als Nächstes geschah.

JOHANNES 6:1-15

¹ Einige Zeit später fuhr Jesus an das Ostufer des Sees von Galiläa, den man auch See von Tiberias nennt. ² Eine große Menge Menschen folgte ihm, weil sie die Wunder Gottes an den geheilten Kranken sahen. ³ Jesus stieg auf einen Berg und setzte sich dort mit seinen Jüngern. ⁴ Es war kurz vor dem Passafest, das die Juden jährlich feiern. ⁵ Als Jesus aufblickte und die Menschenmenge auf sich zukommen sah, fragte er Philippus: „Wo können wir Brot kaufen, dass all diese Leute zu essen bekommen?" ⁶ Er sagte das aber nur, um ihn auf die Probe zu stellen, denn er wusste schon, was er tun wollte. ⁷ Philippus entgegnete: „Es würde mehr als zweihundert Denare kosten, um jedem auch nur ein kleines Stück Brot zu geben." ⁸ Ein anderer Jünger namens Andreas, es war der Bruder von Simon Petrus, sagte zu Jesus: ⁹ „Hier ist ein Junge, der fünf Gerstenbrote und zwei Fische hat. Aber was ist das schon für so viele." ¹⁰ „Sorgt dafür, dass die Leute sich setzen!", sagte Jesus. Es waren allein an Männern ungefähr fünftausend. Dort, wo sie sich niederließen, gab es viel Gras. ¹¹ Jesus nahm nun die Fladenbrote, sprach das Dankgebet darüber und verteilte sie an die Menge. Ebenso machte er es mit den Fischen. Alle durften so viel essen, wie sie wollten. ¹² Als sie satt waren, sagte er zu seinen Jüngern: „Sammelt auf, was übriggeblieben ist, damit nichts umkommt!" ¹³ Die Jünger füllten zwölf Handkörbe mit den Brotstücken. So viel war von den fünf Gerstenbroten übriggeblieben. ¹⁴ Als die Leute begriffen, was für ein Wunder Gottes Jesus getan hatte, sagten sie: „Das ist wirklich der Prophet, auf den wir schon so lange warten!" ¹⁵ Jesus merkte, dass sie als Nächstes kommen und ihn mit Gewalt zu ihrem König machen wollten. Da zog er sich wieder auf den Berg zurück, er ganz allein.

Jesus sah eine große Menge[191] an Menschen zu ihm kommen. Gottes Geschichte sagt, dass er mit seinen *Jüngern*[192] auf einen Berg ging. Manchmal sind in der Bibel damit die zwölf Apostel gemeint, die Jesus auserwählt hatte. Manchmal aber auch andere Menschen, die ihm folgten. Es war kurz vor dem jüdischen Passafest. Wir hatten dieses jährliche Fest schon erwähnt, an dem die Juden sich

---

191. **Menge** – eine sehr große Gruppe von Menschen.
192. **Jünger** – Männer, die enge Nachfolger von Jesus waren.

LEKTION 18: JESUS ZEIGTE SEINE GROSSE MACHT

daran erinnerten, was Gott für sie in Ägypten getan hatte. Sie gedachten der Zeit, in der Gott sie vor dem Tod gerettet hatte, als sie das Blut eines Lammes an ihre Haustürpfosten strichen. Gott war an den Häusern, die mit dem Blut gekennzeichnet waren, vorübergegangen. Deswegen hatten die Juden jedes Jahr eine Feier[193], um sich an dieses Vorübergehen zu erinnern.

Jesus und seine Jünger saßen nun also oben auf dem Berg. Jesus sah eine große Menschenmenge kommen. Da fragte Jesus seinen Jünger Philippus, wo sie Essen für all die Menschen kaufen könnten, die da kamen.

In dem Text, den Johannes aufschreiben sollte, offenbart Gott uns, dass Jesus bereits wusste, was geschehen würde. Er fragte Philippus nach dem Essen, um ihn *auf die Probe zu stellen*. Jesus wollte, dass die Jünger mehr darüber lernten, wer er wirklich war. Er wollte sie wissen lassen, dass sie ihn um Hilfe bitten konnten. Er wollte ihnen zeigen, dass er auf alles Acht hat. Aber Philippus dachte in dem Moment nicht daran. Er sagte, dass selbst eine riesige Summe Geld nicht genug wäre, um für so viele Menschen Essen zu kaufen. Dann erwähnte Andreas einen Jungen mit fünf kleinen Brotlaiben[194] und zwei Fischen, allerdings auch die Tatsache, dass dieses bisschen Essen nicht genug wäre, um allen anwesenden Menschen etwas davon abzugeben.

Jesus ordnete an, dass alle Menschen sich auf dem Gras niedersetzen sollten. Es waren um die 5000 Männer dort, Frauen und Kinder müssen noch dazugezählt werden. Es handelte sich also um eine riesengroße Menschenmenge.

Jesus dankte Gott, seinem Vater, für das Essen, das sie gleich essen wollten. Dann nahm er die Brotlaibe und *verteilte sie an die Menge*. Verteilen bedeutet, dass die Brote in Stücke gebrochen und an alle Menschen weitergegeben wurden. Dann tat er das Gleiche mit den Fischen. Er gab den Menschen so viel sie wollten. Nachdem jeder gegessen hatte, was er konnte, war immer noch etwas übrig. Jesus wurde nur wenig Essen gegeben, aber er konnte viel daraus machen und reichlich Essen an alle verteilen, bis alle Menschen gegessen hatten. Jesus konnte das tun, weil er Gott ist – er konnte mehr Essen machen, wo es nicht genug Essen gab.

Die Menge war erstaunt über das, was Jesus getan hatte, und überzeugt davon, dass Jesus Gottes Prophet sein müsse. Sie wollten Jesus als ihren König haben. Jesus wusste, warum die Menschen ihn als ihren König haben wollten. Er

---

193. **Feier** – Fest; das Zusammenkommen von Menschen, die sich an etwas Gutes erinnern und darüber freuen.
194. **Brotlaibe** – ganze, fertig gebackene Brote.

SEINE GESCHICHTE – UNSERE RETTUNG

wusste, dass die meisten Menschen ihn nur wollten, damit er sie versorgte und bei Bedarf gesundmachte. Aber an einer echten Beziehung zu Gott waren wohl die wenigsten interessiert. Und höchstwahrscheinlich glaubten sie auch nicht, dass Jesus gekommen war, um sie von der Schuld ihrer Sünden vor Gott zu befreien. Jesus wusste, dass Gott einen anderen Auftrag und einen anderen Plan für ihn vorgesehen hatte, als König auf dieser Erde zu sein. Also ging er weg und stieg allein auf einen Berg.

Johannes schrieb im Auftrag Gottes auf, was in dieser Nacht geschah.

JOHANNES 6:16-21

¹⁶ Am Abend gingen seine Jünger zum See hinunter. ¹⁷ Sie stiegen ins Boot und fuhren Richtung Kafarnaum los, denn es war inzwischen finster geworden, und Jesus war immer noch nicht zu ihnen gekommen. ¹⁸ Der See wurde durch einen starken Wind aufgewühlt. ¹⁹ Als sie dann eine Strecke von etwa fünf Kilometern gerudert waren, sahen sie auf einmal Jesus, wie er über das Wasser ging und auf ihr Boot zukam. Sie erschraken fürchterlich, ²⁰ doch er rief ihnen zu: „Ich bin's, habt keine Angst!" ²¹ Sie nahmen ihn zu sich ins Boot, und da waren sie auch schon an dem Ufer, das sie erreichen wollten.

Nachdem alle Menschen gegessen hatten, warteten die Jünger am Ufer auf Jesus. Aber es wurde dunkel und er war immer noch nicht gekommen. Also stiegen die Jünger in das Boot und fuhren über den See zurück nach Kafarnaum. Ein großer Sturm kam auf und der See wurde sehr aufgewühlt[195]. Sie ruderten[196] das Boot für eine lange Zeit, in der Hoffnung, über den See zu kommen.

---

195. **Aufgewühlt** – Grundform: aufwühlen; etwas aus der Ordnung bringen; in diesem Fall: der See schlug wegen des starken Windes Wellen auf.
196. **Ruderten** – Grundform: rudern; ein Boot mit Paddeln oder Rudern voranbringen.

LEKTION 18: JESUS ZEIGTE SEINE GROßE MACHT

Dann sahen sie Jesus auf dem See gehen. Er kam ihrem Boot immer näher. Sie hatten Angst. Menschen können nicht auf dem Wasser gehen, aber Jesus ging auf dem Wasser. Sie konnten sehen, wie mächtig er war, und fürchteten sich. Aber Jesus rief ihnen zu, dass sie keine Angst zu haben bräuchten. Jesus stieg dann zu ihnen ins Boot und schließlich kamen sie sicher ans Ufer.

Am nächsten Morgen folgte die Menge vom Tag zuvor Jesus und seinen Jüngern nach Kafarnaum. Sie hatten Jesus gesucht und fragten ihn, wie er dorthin gekommen war. Sie wussten, dass er nicht mit in das Boot der Jünger gestiegen war.

JOHANNES 6:22-35

²² Am nächsten Tag warteten die Menschen auf der anderen Seite des Sees wieder auf Jesus, denn sie hatten gesehen, dass die Jünger allein losfuhren, ohne dass Jesus zu ihnen in das Boot gestiegen war, das als einziges am Ufer gelegen hatte. ²³ Inzwischen legten mehrere Boote aus Tiberias an der Stelle an, wo die Menge das Brot nach dem Dankgebet des Herrn gegessen hatte. ²⁴ Als die Leute nun merkten, dass Jesus und seine Jünger nicht mehr da waren, stiegen sie in diese Boote, setzten nach Kafarnaum über und suchten dort nach ihm. ²⁵ Als sie ihn endlich gefunden hatten, fragten sie ihn: „Rabbi, wann bist du denn hierhergekommen?" ²⁶ Jesus erwiderte: „Ich kann euch mit Sicherheit sagen, warum ihr mich sucht. Ihr sucht mich nur, weil ihr von den Broten gegessen habt und satt geworden seid. Was Gott euch mit diesem Zeichen sagen wollte, interessiert euch nicht. ²⁷ Ihr solltet euch nicht so viel Mühe um die vergängliche Speise machen, sondern euch um die bemühen, die für das ewige Leben vorhält. Diese Nahrung wird der Menschensohn euch geben, denn ihm gab Gott, der Vater, die Beglaubigung dafür." ²⁸ Da fragten sie ihn: „Was sollen wir denn nach Gottes Willen tun?" ²⁹ Jesus antwortete ihnen: „Gott will von euch, dass ihr dem vertraut, den er gesandt hat." ³⁰ Doch da sagten sie zu ihm: „Wenn wir dir glauben sollen, dann musst du uns ein Wunder sehen lassen. Was wirst du tun? ³¹ Unsere Vorfahren haben immerhin das Manna in der Wüste gegessen, wie es ja auch in der Schrift heißt: ‚Brot vom Himmel gab er ihnen zu essen.'" ³² Jesus erwiderte: „Ich versichere euch nachdrücklich, es war nicht Mose, der euch das Brot aus dem Himmel gegeben hat, sondern es ist mein Vater, der euch das wahre Brot aus dem Himmel gibt. ³³ Denn das Brot, das

> Gott schenkt, ist der, der vom Himmel herabkommt und der Welt das Leben gibt." ³⁴ „Herr", sagten sie da zu ihm, „gib uns immer von diesem Brot!" ³⁵ Jesus entgegnete: „Ich bin das Brot des Lebens. Wer zu mir kommt, wird nie mehr hungrig sein, und wer an mich glaubt, wird nie wieder Durst haben."

Jesus wusste, warum die Menschen nach ihm suchten. Sie wollten, dass er noch mehr Essen für sie machte. Er sollte noch mehr von seiner Macht beweisen. Sie wollten von ihm wissen, wie auch sie so etwas tun konnten. Aber Jesus schickte sie weg. Ihm war wichtig, den Menschen die Wahrheit nahe zu bringen. Jesus sagte den Leuten, dass sie an den einen glauben sollten, den Gott gesandt hatte. Er sprach von sich selbst. Er wollte sie wissen lassen, dass er der Sohn Gottes war und dass Gott ihn gesandt hatte.

Die Menschen behaupteten, dass sie an ihn glauben würden, wenn er noch etwas zu essen für sie machte. Sie erinnerten Jesus an Mose, der ihren Vorfahren Brot vom Himmel gegeben hatte, und meinten damit das Manna, das Gott den Israeliten in der Wüste gegeben hatte. Jesus stellte klar, dass das Manna nicht von Mose, sondern von Gott gekommen war. Außerdem erklärte er ihnen, dass Gott nun auch ihnen etwas ganz Besonderes schenken wolle, nämlich *das wahre Brot aus dem Himmel*. Er sagte, dass das wahre Brot aus dem Himmel der ist, *der vom Himmel herabkommt und der Welt das Leben gibt*. Jesus sprach von sich selbst. Er sagte: *„Ich bin das Brot des Lebens"*. Jeder, der an ihn glaubt, solle nie wieder hungrig oder durstig sein.

Die ersten Menschen hatten vor dem Sündenfall eine echte und vertraute Beziehung zu ihrem Schöpfer. Doch seit alle Menschen von Gott getrennt sind, fühlen sie ein Bedürfnis, Gott nahe zu sein. Selbst wenn sie es nicht verstehen, so brauchen sie Gott. Er ist der Einzige, der wirklich geben kann, was die Menschen brauchen, und der die Menschen wirklich liebt. Er ist ihr Vater und ihr Schöpfer. Wenn die Menschen von Gott getrennt sind, ist es so, als wären sie hungrig und durstig nach Gott. Wenn man nichts isst und trinkt, bleibt man hungrig und durstig und stirbt schließlich. Wenn die Menschen Gott nicht aufnehmen und somit von Gott getrennt bleiben, werden sie sterben. Das meinte Jesus mit dem Vergleich, dass er das Brot des Lebens sei. Wenn die Menschen an ihn glaubten, wäre ihr Hunger und Durst nach Gott gestillt. Denn er war der Eine, den Gott gesandt hatte, um Leben in die Welt zu bringen.

LEKTION 18: JESUS ZEIGTE SEINE GROSSE MACHT

Die Pharisäer und Lehrer des jüdischen Gesetzes beobachteten Jesus sehr kritisch. Markus hatte folgende Begebenheit aufgeschrieben, als einige von ihnen aus Jerusalem kamen, um Jesus zu sehen.

MARKUS 7:1-7

¹ Einige Pharisäer und Gesetzeslehrer aus Jerusalem kamen gemeinsam zu Jesus. ² Sie hatten gesehen, dass seine Jünger mit unreinen, das heißt mit ungewaschenen, Händen aßen. ³ Denn die Pharisäer und alle Juden essen nichts, wenn sie sich nicht vorher in der vorgeschriebenen Weise die Hände gewaschen haben. So halten sie sich an die Überlieferungen der Alten. ⁴ Auch wenn sie vom Markt kommen, essen sie nichts, ohne sich vorher einer Reinigung zu unterziehen. So befolgen sie noch eine Reihe anderer überlieferter Vorschriften über das Reinigen von Bechern, Krügen, Kupfergefäßen und Sitzpolstern.
⁵ Die Pharisäer und die Gesetzeslehrer fragten ihn also: „Warum richten deine Jünger sich nicht nach den Vorschriften, die uns von den Vorfahren überliefert sind, und essen mit ungewaschenen Händen?" ⁶ „Ihr Heuchler! Auf euch trifft genau zu, was Jesaja geweissagt hat", gab Jesus zur Antwort. „So steht es nämlich geschrieben: ‚Dieses Volk ehrt mich mit den Lippen, aber sein Herz ist weit von mir fort. ⁷ Ihr Dienst an mir ist ohne Wert, denn sie lehren, was sich Menschen erdachten.'"

Die Pharisäer und Gesetzeslehrer sahen, dass einige seiner Jünger ihre Hände nicht wuschen, bevor sie ihr Brot aßen. Die Pharisäer und die religiösen Juden hatten viele Lehren über das Waschen. Sie hatten sehr strenge[197] Gesetze über das Waschen der Hände vor dem Essen. Markus erklärte diese Gesetze des Waschens im Text.

Die Pharisäer und die religiösen Experten aus Jerusalem sahen, dass die Männer, die Jesus nachfolgten, einem ihrer jüdischen Gesetze nicht gehorchten. Sie fragten Jesus, warum er es durchgehen ließ, dass seine Jünger *den überlieferten Vorschriften* nicht folgten. Überlieferte Vorschriften sind Traditionen, die Menschen jahrein, jahraus ausüben. Die Vorschriften, von denen die Pharisäer hier sprachen, waren Gesetze, die sie selbst gemacht hatten und denen sie folgten. Sie dachten, dass sie mit der Erfüllung dieser Gebote bei Gott gut ankämen.

---

197. **Streng** – strikt; unbedingt; ohne Ausnahme oder Einschränkung.

SEINE GESCHICHTE – UNSERE RETTUNG

Aber Jesus nannte die Schriftgelehrten *Heuchler*. Heuchler sind Menschen, die zwar sagen, dass sie etwas Bestimmtes tun, es dann aber doch nicht machen. Die religiösen Juden versuchten, Gott durch das Befolgen ihrer Gesetze zu manipulieren. Aber an einer wahrhaftigen Gemeinschaft mit Gott waren sie nicht interessiert. Sie verstanden nicht, wer Gott wirklich ist. Sie glaubten dem, was Gott über sich sagte, nicht. Sie behandelten Gott wie einen Götzen. Daher nannte Jesus sie Heuchler. Er wiederholte Gottes Worte, die er dem Propheten Jesaja einst eingegeben hatte. Jesaja hatte diese Worte aufgeschrieben, die uns offenbaren, was Gott denkt über Menschen, die sagen, dass sie Gott lieben, aber es nicht wirklich so meinen (siehe Jesaja 29,13).

Dann sprach Jesus zu der Menschenmenge, die da war.

MARKUS 7:14-23

¹⁴ Dann rief Jesus die Menge wieder zu sich und sagte: „Hört mir alle zu und versteht, was ich euch sage! ¹⁵ Nichts, was von außen in den Menschen hineinkommt, kann ihn vor Gott unrein machen. Unrein macht ihn nur, was aus ihm selber kommt." ¹⁷ Als er sich von der Menge zurückgezogen hatte und ins Haus gegangen war, fragten ihn seine Jünger, wie er das gemeint habe. ¹⁸ „Habt ihr das auch nicht begriffen?", erwiderte Jesus. „Versteht ihr nicht, dass alles, was von außen in den Menschen hineinkommt, ihn nicht unrein machen kann? ¹⁹ Denn es kommt ja nicht in sein Herz, sondern geht in den Magen und wird im Abort wieder ausgeschieden." Damit erklärte Jesus alle Speisen für rein. ²⁰ Dann fuhr er fort: „Was aus dem Menschen herauskommt, das macht ihn unrein. ²¹ Denn von innen, aus dem Herzen des Menschen, kommen die bösen Gedanken und mit ihnen alle Arten von sexueller Unmoral, Diebstahl, Mord, ²² Ehebruch, Habgier und Bosheit. Dazu Betrug, Ausschweifung, Neid, Verleumdung, Überheblichkeit und Unvernunft. ²³ All dieses Böse kommt von innen heraus und macht den Menschen vor Gott unrein."

Jesus fuhr also fort, den Menschen anhand von Essen und Trinken Weiteres über sich zu erklären. Er nutzte diesen Vergleich, weil die Juden so viele Gesetze über Essen und Trinken hatten, was sie essen durften und was nicht, wie sie kochen sollten, wer kochen sollte und wie sie essen sollten. Jesus sagte, dass das Essen und Trinken keinerlei Einfluss darauf habe, ob jemand gut oder schlecht sei. Was von außen in eine Person hineinkommt, kann sie nicht verunreinigen[198], was dagegen *aus dem Menschen herauskommt, das macht ihn unrein*.

---

198. **Verunreinigen** – etwas schmutzig machen; etwas verderben.

LEKTION 18: JESUS ZEIGTE SEINE GROßE MACHT

Er verdeutlichte, dass die Menschen wegen dem, was aus ihren Herzen kommt, Sünder sind. Jesus sagte den religiösen Juden, dass sie nicht vor ihrer Sünde fliehen konnten. Sie waren bemüht, den sehr strengen Gesetzen über das Waschen, Essen und Trinken zu folgen. Aber solchen Gesetzen zu folgen, konnte nicht verändern, wer sie wirklich im Inneren waren. Sie waren in eine Welt voller Sünde und Tod hineingeboren worden, in der alle Menschen Böses denken und tun. Alle handeln verkehrt, weil alle im Inneren mit der Sünde behaftet sind. Jesus versuchte den religiösen Juden klar vor Augen zu führen, wer sie wirklich waren. Sie versuchten, Gottes Geboten und all den anderen Gesetzen zu folgen. Aber Jesus zeigte ihnen auf, dass sie das kein bisschen näher zu Gott brächte. Sie waren im Inneren böse. Er wollte sie wissen lassen, dass sie Sünder waren und dass sie Gott brauchten, damit sie gerettet würden.

Im Lukasevangelium können wir eine Geschichte lesen, die Jesus einmal erzählte. Diese Geschichte ist ein Gleichnis. Solche Gleichnisse erzählte Jesus öfters, wenn er die Menschen lehrte, um ihnen an einem Beispiel etwas deutlich zu machen. Das folgende Gleichnis hatte Jesus Leuten erzählt, die von sich selbst meinten, gerecht zu sein, und von Gott, dass er wegen ihrer guten Taten mit ihnen zufrieden wäre. Sich selbst schätzten sie gut ein, alle anderen schlecht.

LUKAS 18:9-14

⁹ Dann wandte sich Jesus einigen Leuten zu, die voller Selbstvertrauen meinten, in Gottes Augen gerecht zu sein, und deshalb für die anderen nur Verachtung übrighatten. Er erzählte ihnen folgendes Gleichnis: ¹⁰ „Zwei Männer, ein Pharisäer und ein Zolleinnehmer, gingen zum Gebet in den Tempel. ¹¹ Der Pharisäer stellte sich hin und betete für sich: „Ich danke dir, Gott, dass ich nicht so bin wie die anderen Menschen, all diese Räuber, Betrüger, Ehebrecher oder wie dieser Zolleinnehmer dort. ¹² Ich faste zweimal in der Woche und spende den zehnten Teil von all meinen Einkünften." ¹³ Der Zolleinnehmer jedoch blieb weit entfernt stehen und wagte nicht einmal, zum Himmel aufzublicken. Er schlug sich an die Brust und sagte: „Gott, sei mir gnädig. Ich bin ein Sünder." ¹⁴ Ich sage euch: Dieser Mann wurde von Gott für unschuldig erklärt, der andere nicht. Denn jeder, der sich selbst erhöht, wird von Gott erniedrigt werden; und wer sich selbst erniedrigt, wird von Gott erhöht werden."

SEINE GESCHICHTE – UNSERE RETTUNG

Jesus erzählte dieses Gleichnis von zwei Männern, die in den Tempel gingen, um zu beten. Einer war ein Pharisäer und der andere ein Zöllner. Der Pharisäer blieb selbstbewusst stehen und betete zu Gott. Er dankte Gott, dass er nicht wie die anderen Menschen war, und erklärte ihm, dass die anderen Menschen Sünder seien, er aber nicht. Als er den Zöllner erblickte, fügte er seinem Gebet noch hinzu, dass er nicht wie der Zöllner sei, der ein Sünder war. Der Zöllner stand weiter hinten. Er war zu beschämt, um beim Beten aufzuschauen. Er war sehr traurig über sich selbst, weil er wusste, dass er ein Sünder war. Er wusste, dass er wegen seiner Sünde von Gott getrennt war. Er wusste, dass nur Gott ihn retten konnte. Also bat er Gott, ihn zu retten.

Am Ende seines Gleichnisses sagte Jesus, dass der Zöllner von Gott für unschuldig erklärt wurde, und nicht der Pharisäer. Jesus erklärte den Menschen, was Gott über diese zwei unterschiedlichen Menschen dachte. Beide Männer in der Geschichte waren Sünder. Denn alle Menschen wurden in eine Welt voller Sünde und Tod hineingeboren. Kein einziger Mensch gehorchte Gottes vollkommenen Gesetzen. Was war also der Unterschied zwischen den beiden Männern in dem Gleichnis?

Jesus sagte, dass der Zöllner gerechtfertigt[199] worden ist, aber der Pharisäer nicht. Der Zöllner verstand die Wahrheit über Gott. Er wusste, dass er den Gesetzen Gottes nie folgen konnte, selbst wenn er es wirklich versucht hätte. Er war sehr traurig über seine Sünde. Er wusste, dass er deswegen von Gott getrennt war. Also bat er Gott um Hilfe. Der Zöllner hatte eine wahrhaftige und lebendige Beziehung zu Gott. Er wusste, wer Gott wirklich ist und was Gott wirklich denkt. Er glaubte, dass alles, was Gott gesagt hatte, wahr war. Jesus sagte, dass der Zöllner deswegen für unschuldig erklärt worden war, das heißt, dass er also für seine Sünden nicht mehr mit dem Tod bestraft werden müsste und dass seine Beziehung zu Gott in Ordnung gebracht worden war.

Der Pharisäer war ein Mann, der sich sehr bemühte, allen jüdischen Gesetzen zu folgen. Er meinte, dass er aus seiner eigenen Kraft seine Sündhaftigkeit überwinden könne. Er glaubte nicht, dass er durch seine Sünden von Gott getrennt war. Er kam nicht auf die Weise zu Gott, die Gott den Menschen gesagt hatte. Er hatte keine persönliche Beziehung zu Gott. Er dachte, dass er Gottes vollkommene Gesetze befolgen könne. Aber das ist unmöglich. Jesus sagte, dass der Pharisäer nicht gerechtfertigt worden ist. Der Pharisäer glaubte nicht

---

199. **Gerechtfertigt werden** – von Gott in die richtige Beziehung zu ihm versetzt werden, indem Gott selbst für die Sünde des Betreffenden bezahlt.

LEKTION 18: JESUS ZEIGTE SEINE GROSSE MACHT

an die Wahrheit über Gott, und auch nicht an Gottes Worte über die Menschen, ihn selbst eingeschlossen. Er hatte keine Beziehung zu Gott. Er würde für seine Sünden bezahlen müssen.

1. Warum konnte Jesus den starken Sturm auf dem See von Galiläa stoppen?
2. Was meinte Jesus damit, als er die Männer im Boot fragte: „Habt ihr immer noch keinen Glauben?"?
3. Was versuchte Jesus Philippus zu zeigen, als er ihn fragte, wo sie genug Essen für die große Menschenmenge kaufen könnten?
4. Warum sagte Jesus: „Ich bin das Brot des Lebens"?
5. In dem Gleichnis, das Jesus erzählte, sagte er, dass der Pharisäer nicht gerechtfertigt worden ist. Was bedeutet das?
6. Warum ist der Zöllner gerechtfertigt worden?

LEKTION 19

JESUS IST DIE EINZIGE TÜR ZUM EWIGEN LEBEN

Markus schrieb auf, dass Jesus und die Jünger Galiläa verließen. Sie gingen Richtung Norden ins Umland der Stadt Cäsarea Philippi. Die lag am Fuß des Berges Hermon. Unterwegs stellte Jesus seinen Jüngern eine Frage.

MARKUS 8:27-30

²⁷ Jesus zog mit seinen Jüngern weiter in die Dörfer von Cäsarea Philippi. Unterwegs fragte er sie: „Für wen halten mich die Leute?" ²⁸ „Einige halten dich für Johannes den Täufer", antworteten sie, „andere für Elija und wieder andere für einen der alten Propheten." ²⁹ „Und ihr", fragte er weiter, „für wen haltet ihr mich?" – „Du bist der Messias", erwiderte Petrus. ³⁰ Aber Jesus schärfte ihnen ein, mit niemandem darüber zu reden.

Jesus wusste die Antwort auf seine Frage schon. Er stellte sie, damit seine Jünger darüber nachdachten, wer er wirklich war.

Die Jünger sagten Jesus, dass manche ihn für *Johannes den* Täufer hielten, der die Menschen im Jordan getauft und den der König Herodes getötet hatte. Diese Leute dachten, dass Johannes zum Leben zurückgekommen wäre, nachdem

SEINE GESCHICHTE – UNSERE RETTUNG

Herodes ihn getötet hatte. Andere meinten, dass Jesus Elija sei. Elija war ein Prophet im Alten Testament. Und dann gab es noch verschiedene andere Leute, die Jesus für noch weitere Propheten des Alten Testaments hielten. Jesus hatte deutlich gesagt, dass er Gottes Sohn war. Er hatte den Menschen seine große Macht gezeigt, indem er erstaunliche Dinge getan hatte. Aber viele Menschen glaubten immer noch nicht, dass Jesus Gottes Sohn war.

Dann fragte Jesus seine Jünger, für wen sie ihn hielten. Er wollte wissen, ob sie dem glaubten, was er über sich selbst sagte. Jesus hatte ihnen erzählt, dass er der war, den Gott gesandt hatte. Und sie hatten auch all die erstaunlichen Wunder gesehen, die er getan hatte.

Also fragte Jesus, was sie dachten, wer er sei. Petrus sagte: *„Du bist der Messias!"* Petrus' Name war eigentlich Simon gewesen, aber er ist uns auch als Simon Petrus bekannt. Er war einer von den Fischern, die Jesus gebeten hatte, ihm zu folgen. Simon Petrus sagte, dass Jesus der Messias sei. Erinnerst du dich, dass Messias „der von Gott Auserwählte" bedeutet, derjenige, den Gott lange zuvor versprochen hatte? Der versprochene Messias sollte der höchste Prophet sein, der große Hohepriester und der ewige König aus der Familie Davids. Petrus war nur ein Fischer aus Kafarnaum. Aber er war nun für eine gewisse Zeit mit Jesus zusammen gewesen. Er hatte jeden Tag gesehen, wie Jesus lebte. Er hatte gehört, wie Jesus Wahrheiten über Gott erklärte. Er hatte die erstaunlichen Taten gesehen, die Jesus getan hatte. Also wussten Petrus und die anderen Jünger, wer Jesus wirklich war. Sie wussten, dass er der Messias war. Aber die meisten Juden hatten sich das Auftreten des Messias wie das eines großen Königs auf Erden vorgestellt. Sie verstanden nicht das echte Werk, welches Gott Jesus, dem Messias, gegeben hatte.

Jesus befahl seinen Jüngern, niemandem von ihm zu erzählen. Er wollte nicht, dass die Menschen ihm nur deswegen folgten, weil sie einen neuen König auf der Erde wollten. Er war nicht gekommen, um die Arbeit eines Königs auf der Erde zu tun. Er wollte die Menschen wissen lassen, wer er wirklich war – das Lamm Gottes.

Dann begann Jesus, seinen Jüngern zu erzählen, was als Nächstes mit ihm geschehen würde.

MARKUS 8:31-33

³¹ Dann begann er ihnen klarzumachen, dass der Menschensohn vieles erleiden und von den Ratsältesten, den Hohen Priestern und Gesetzeslehrern verworfen werden müsse, er müsse getötet werden und nach drei Tagen

LEKTION 19: JESUS IST DIE EINZIGE TÜR ZUM EWIGEN LEBEN

auferstehen. ³² Als er ihnen das so offen sagte, nahm Petrus ihn beiseite und machte ihm Vorwürfe. ³³ Doch Jesus drehte sich um, sah die anderen Jünger an und wies Petrus scharf zurecht: „Geh mir aus den Augen, du Satan! Was du denkst, kommt nicht von Gott, sondern von Menschen."

Jesus nannte sich selbst Menschensohn. Erinnerst du dich, wie er diesen Namen schon einmal für sich benutzte, weil er der Sohn Gottes ist, der als wahrer Mensch kam? Jesus erklärte ihnen deutlich, dass er vieles erleiden müsse, dass die jüdischen, religiösen Führer ihn verwerfen[200] und dann töten werden. Und am dritten Tag danach, sagte er, werde er aus dem Tod wiederauferstehen und wieder leben.

Petrus nahm Jesus beiseite und fing an, ihn zu rügen[201] und ihm zu sagen, dass er so etwas nicht sagen solle. Er wusste zwar, dass Jesus der Messias war, aber er wusste nicht, was das bedeutete. Jesus sagte ihnen, was es wirklich bedeutete. Sie dachten, dass der Messias ein großer König auf der Erde sein würde, aber Jesus sagte ihnen, dass er leiden und sterben werde.

Als Petrus Jesus widersprach, musste Jesus Petrus zurechtweisen: *„Geh mir aus den Augen, du Satan! Was du denkst, kommt nicht von Gott, sondern von Menschen."* Jesus sprach sehr hart mit Petrus, weil Petrus das sagte, was Satan die Menschen glauben machen wollte. Satan wollte den Menschen einreden, dass sie nicht von Gott getrennt wären. Satan möchte, dass sie denken, dass alles schon irgendwie in Ordnung käme. Satan möchte nicht, dass die Menschen wissen, dass sie von Geburt an Sünder und von Gott getrennt sind.

Nur wenn durch einen Tod für die Sünde bezahlt ist, kann ein Mensch eine persönliche Beziehung zu Gott bekommen. Das ist der einzige und wahrhaftige Weg, wie die Menschen zu Gott kommen können. Daher müssen die Menschen wissen, dass sie durch ihre Sünde von Gott getrennt sind. Und sie müssen glauben, dass nur Gott ihnen helfen kann. Das ist die Wahrheit über die Wirklichkeit. Aber Satan möchte, dass die Menschen denken, dass sie zu Gott kommen könnten ohne eine Bezahlung für die Sünde. So sieht es aber in Gottes wahrer Rettungsgeschichte nicht aus. Die Menschen müssen nach Gottes Vorgaben zu ihm kommen und verstehen, dass alles so ist, wie ihr Schöpfer es beschlossen hat. Gott liebt die Menschen und möchte sie vor dem Tod retten.

---

200. **Verwerfen** – ablehnen; verstoßen; nicht haben wollen; jemanden nicht lieben oder mögen; jemandem nicht zustimmen.
201. **Rügen** – widersprechen; tadeln; beschimpfen; zurechtweisen; Vorwürfe machen.

SEINE GESCHICHTE – UNSERE RETTUNG

Aber sie müssen auf dem Weg zu ihm kommen, den er für sie geschaffen hat. Es gibt keinen anderen Weg.

Und weil es nur diese eine Möglichkeit zur Rettung gibt, deswegen sprach Jesus so hart mit Petrus. Jesus war auf die Erde gekommen, um das Werk Gottes zu tun. Das bedeutete, dass er leiden und sterben musste. Also hörte Jesus nicht auf andere Vorschläge. Er wollte kein großer König mit vielen Nachfolgern auf der Erde sein. Er wollte einfach das Werk tun, welches Gott ihm gegeben hatte.

MARKUS 8:34-9:1

³⁴ Dann rief Jesus seine Jünger und die Menge zu sich und sagte: „Wenn jemand mein Jünger sein will, dann muss er sich selbst verleugnen, er muss sein Kreuz aufnehmen und mir folgen. ³⁵ Denn wer sein Leben unbedingt bewahren will, wird es verlieren. Wer aber sein Leben meinetwegen und wegen der guten Botschaft verliert, der wird es retten. ³⁶ Denn was hat ein Mensch davon, wenn er die ganze Welt gewinnt, dabei aber seine Seele verliert? ³⁷ Was könnte er denn als Gegenwert für sein Leben geben? ³⁸ Denn wer in dieser von Gott abgefallenen sündigen Welt nicht zu mir und meiner Botschaft steht, zu dem wird auch der Menschensohn nicht stehen, wenn er in der Herrlichkeit seines Vaters mit den heiligen Engeln kommt."
¹ Und er fuhr fort: „Ich versichere euch: Einige von denen, die hier stehen, werden nicht sterben, bis sie Gottes Herrschaft mit Macht haben kommen sehen."

Jesus rief die Menge zu sich, damit sie ihm beim Sprechen zuhörten. Er wollte ihnen sagen, was es wirklich bedeutet, einer seiner Nachfolger zu sein. Er sagte, dass die Menschen, die ihm folgten, vieles aufgeben müssten. Sie müssten ihre eigenen Vorstellungen vom Leben verleugnen. Sie müssten glauben, was er über sich selbst sagte. Sie müssten sich dazu entscheiden, ihm zu folgen. Jesus sagte: *„Wer aber sein Leben meinetwegen und wegen der guten Botschaft verliert, der wird es retten."* Wenn also ein Mensch glaubt, was Jesus über sich selbst sagt, und ihm nachfolgt, dessen Leben wird gerettet werden.

Im Folgenden beschrieb Markus, was sechs Tage später geschah.

MARKUS 9:2-10

² Sechs Tage später nahm Jesus Petrus, Jakobus und Johannes mit und führte sie auf einen hohen Berg, nur sie allein. Dort, vor ihren Augen, veränderte sich plötzlich sein Aussehen. ³ Seine Kleidung wurde blendend weiß, so weiß,

LEKTION 19: JESUS IST DIE EINZIGE TÜR ZUM EWIGEN LEBEN

wie sie kein Walker der ganzen Erde hätte bleichen können. ⁴ Dann erschienen Elija und Mose vor ihnen und fingen an, mit Jesus zu reden. –
⁵ „Rabbi, wie gut, dass wir hier sind!", rief Petrus da. „Wir wollen drei Hütten bauen: eine für dich, eine für Mose und eine für Elija." ⁶ Er wusste nämlich nicht, was er sagen sollte, denn er und die beiden anderen Jünger waren vor Schreck ganz verstört. ⁷ Da fiel der Schatten einer Wolke auf sie und aus der Wolke sagte eine Stimme: „Das ist mein lieber Sohn. Hört auf ihn!" ⁸ Sie schauten sich um und sahen auf einmal niemand mehr. Nur Jesus war noch bei ihnen. ⁹ Als sie dann den Berg hinabstiegen, schärfte ihnen Jesus ein, mit niemandem über das zu reden, was sie gesehen hatten, bis der Menschensohn von den Toten auferstanden sei. ¹⁰ Diese letzte Bemerkung ließ die Jünger nicht los, und sie überlegten miteinander, was er wohl mit der Auferstehung aus den Toten gemeint habe.

Jesus bat Petrus, Jakobus und Johannes, mit ihm auf einen hohen Berg zu gehen. Gottes Geschichte gibt nicht an, welcher Berg es war. Doch einige Menschen sagen, dass es der Berg Tabor in Galiläa gewesen sein könnte. Während sie auf dem Berg waren, veränderte[202] Jesus sich. Seine Kleider wurden so strahlend weiß, dass sie die Jünger blendeten[203]. Dann sahen Petrus, Jakobus und Johannes, dass Jesus mit Mose und Elija sprach.

Die Jünger waren verstört. Petrus war erstaunt und ängstlich. Er wusste nicht, was er sagen sollte. Also sagte er, dass sie drei Hütten auf dem Berg bauen sollten. Er dachte, dass die Menschen kommen könnten, um Jesus, Mose und Elija an diesem Ort anzutreffen. Genau in dem Moment kam eine Wolke über sie. Eine Stimme kam aus der Wolke und sagte: *„Das ist mein lieber Sohn. Hört auf ihn!"* Als sie noch einmal nach oben schauten, war dort nur Jesus. Auf ihrem Weg vom Berg hinunter befahl Jesus ihnen, niemandem zu erzählen, was dort geschehen war. Er sagte, dass sie damit warten sollten, bis er vom Tod auferstanden war.

Petrus, Jakobus und Johannes hatten gesehen, wer Jesus wirklich war. Bisher hatte er für sie vom äußeren Erscheinungsbild her wie ein normaler Mann ausgesehen. Aber auf dem Berg hatten sie mit eigenen Augen gesehen, dass

---

202. **Veränderte** – Grundform: verändern; sich stark wandeln.
203. **Blendeten** – Grundform: blenden; strahlen; eine so starke Helligkeit, dass es schwierig ist, darauf zu schauen.

SEINE GESCHICHTE – UNSERE RETTUNG

er der Sohn Gottes war, der in einem menschlichen Körper lebte. Und dann hatten sie auch noch mit eigenen Ohren gehört, wie Gott, der himmlische Vater, aus einer Wolke zu ihnen sprach. Gott, der Vater, hatte gesagt, dass Jesus sein Sohn sei und dass sie auf ihn hören sollten. Sie erzählten niemandem, was passiert war, so wie es Jesus ihnen befohlen hatte. Gottes Geschichte in der Bibel offenbart uns, dass sie sich darüber unterhielten, was es bedeutet, aus den Toten aufzuerstehen. Sie verstanden es nicht.

Jesus wollte, dass die Menschen verstehen, wer er wirklich war. Er wollte sie wissen lassen, was für ein Werk Gott ihm gegeben hatte. Dafür gebrauchte er viele Beispiele. Johannes schrieb hier ein solches Beispiel auf, mit dem Jesus den Menschen etwas deutlich machen wollte:

JOHANNES 10:7-11

> [7] Jesus begann noch einmal: „Ja, ich versichere euch: Ich bin das Tor zu den Schafen. [8] Alle, die vor mir gekommen sind, sind Diebe und Räuber. Aber die Schafe haben nicht auf sie gehört. [9] Ich bin das Tor. Wenn jemand durch mich hineinkommt, wird er gerettet. Er wird ein- und ausgehen und gute Weide finden. [10] Ein Dieb kommt nur, um Schafe zu stehlen und zu schlachten und Verderben zu bringen. Ich bin gekommen, um ihnen Leben zu bringen und alles reichlich dazu. [11] Ich bin der gute Hirte. Ein guter Hirte setzt sein Leben für die Schafe ein."

Jesus sagte: *„Ich bin das Tor zu den Schafen."* Die Menschen dort wussten, worüber er sprach. Sie hatten viele Schafe in ihrer Gegend. Also wussten sie, wie Schafe betreut werden. Die Hirten führten ihre Schafe zum Grasen hinaus auf die Weiden. Manchmal weit weg von den Städten und Dörfern. Für die Nacht sammelten die Hirten ihre Schafe in einem Bereich zusammen, der von einem schützenden Steinzaun umgeben war. Ein guter Hirte würde seine Schafe in der Nacht nicht alleinlassen. Er würde dort bei ihnen bleiben. Er würde im Tor des Steinzauns schlafen, damit die Schafe nicht hinaus und Diebe[204] nicht hineinkämen. Innerhalb des Zauns waren die Schafe in der Nacht sicher.

Unter einem guten Hirten konnten sich die Menschen also etwas vorstellen. Sie wussten auch, worüber Jesus sprach, als er sagte, dass er das *Tor zu den Schafen* war. Aber Jesus sprach nicht von echten Schafen. Er sprach von den Menschen. Er sprach darüber, dass die Menschen wie Schafe sind. Sie brauchen einen

---

204. **Diebe** – Räuber; Menschen, die nehmen, was anderen gehört.

LEKTION 19: JESUS IST DIE EINZIGE TÜR ZUM EWIGEN LEBEN

Hirten, der auf sie aufpasst. Und mit dem Vergleich, dass Jesus selbst das Tor zu dem Schutzraum ist, sagte er aus, dass die Menschen sozusagen nur *durch ihn* in die Sicherheit hineinkommen und gerettet werden können. Jesus sagte damit, dass er der Weg ist, um zu Gott zu kommen. Er sagte, dass jeder, der auf diese Weise zu Gott kommt, – durch ihn – gerettet werden wird. Gott wird auf die Geretteten aufpassen und sie vor Gottes Feinden sicher beschützen.

Jesus sagte: *„Ich bin gekommen, um ihnen Leben zu bringen und alles reichlich dazu. Ich bin der gute Hirte. Ein guter Hirte setzt sein Leben für die Schafe ein."* Damit meinte Jesus, dass er sterben werde, um die Menschen zu retten. Jesus sagte damit, dass er die Menschen so sehr liebt, dass er für sie sterben wird.

Hier ist noch eine wichtige Aussage, die Jesus über sich selbst machte:

⁶ „Ich bin der Weg!", antwortete Jesus. „Ich bin die Wahrheit und das Leben! Zum Vater kommt man nur durch mich."

JOHANNES 14:6

Als er dies sagte, sprach Jesus zu seinen Jüngern. Jesus sagte, dass er *der Weg* ist, auf dem die Menschen zu Gott kommen können. Er sagte, dass es keinen anderen Weg zu Gott gibt, als nur durch ihn.

Jesus sagte auch, dass er *die Wahrheit* ist. Jesus ist Gottes Sohn und er kam als Mensch auf die Erde, um das Werk zu tun, welches Gott von ihm wollte. Das ist die Wahrheit. Gott spricht immer die Wahrheit und auch Jesus sprach immer die Wahrheit. Jesus lebte immer auf ehrliche Weise. Er sagte, dass er die Wahrheit war. Die Menschen mussten verstehen, wer Jesus wirklich war, damit sie die Wahrheit über Gott und alles andere verstehen konnten. Wenn sie nicht wissen, wer Jesus ist, dann können sie die Wahrheit nicht verstehen.

Jesus sagte auch, dass er *das Leben* ist. Ohne ihn gibt es kein Leben. Das wahre Leben können wir nur durch ihn bekommen. Die Menschen leben nur für eine kurze Zeit auf der Erde. Dann sterben sie und werden wegen ihrer Sünde ewig von Gott getrennt sein. Aber Gott möchte, dass die Menschen ewig mit ihm zusammenleben. Gott möchte, dass die Menschen echtes Leben haben – ewiges Leben. Jesus sagt, dass er das Leben ist, weil er der einzige Weg für die Menschen ist, auf dem sie zu Gott kommen und echtes, ewiges Leben bei Gott haben können.

1. Warum fragte Jesus seine Jünger: „Für wen haltet ihr mich?"?
2. Warum rügte Jesus Petrus?
3. Was meinte Jesus wirklich damit, als er sagte: „Ich bin das Tor zu den Schafen"?
4. Was meinte Jesus wirklich damit, als er sagte: „Ich bin der Weg, die Wahrheit und das Leben"?

LEKTION 20

JESUS ERWECKTE EINEN TOTEN MANN WIEDER ZUM LEBEN

Von Johannes ließ Gott aufschreiben, welch bedeutendes Ereignis in Betanien stattgefunden hat. Dieser Ort lag am Ölberg in der Nähe von Jerusalem in Judäa. Zwei Schwestern und ihr Bruder lebten dort. Ihre Namen waren Maria, Marta und Lazarus. Sie waren enge Freunde und Nachfolger von Jesus. Im Lukasevangelium können wir auch etwas über Maria und Marta lesen.

Viele Menschen folgten Jesus. Die jüdischen Führer wollten das stoppen. Sie hatten Jesus schon länger im Visier und wollten, dass er aufhörte zu predigen. Sie suchten fieberhaft nach einem Vorwand, um ihn umzubringen.

JOHANNES 11:1-16

¹ Nun wurde ein Mann in Betanien krank. Er hieß Lazarus. Betanien war das Dorf, in dem auch Maria und ihre Schwester Marta wohnten. ² Maria war die Frau, die dem Herrn das kostbare Salböl über die Füße gegossen und sie dann mit ihren Haaren abgetrocknet hatte. Lazarus war ihr Bruder. ³ Da schickten die Schwestern eine Botschaft zu Jesus und ließen ihm sagen: „Herr, der, den du liebhast, ist krank!" ⁴ Als Jesus das hörte, sagte er: „Am Ende dieser Krankheit steht nicht der Tod, sondern die Herrlichkeit Gottes. Der Sohn Gottes soll dadurch geehrt werden." ⁵ Jesus hatte Marta, ihre Schwester

SEINE GESCHICHTE – UNSERE RETTUNG

und Lazarus sehr lieb. ⁶ Als er nun hörte, dass Lazarus krank sei, blieb er noch zwei Tage an dem Ort, wo er war. ⁷ Erst dann sagte er zu seinen Jüngern: „Wir gehen wieder nach Judäa zurück!" ⁸ „Rabbi", wandten die Jünger ein, „eben noch haben die Juden dort versucht, dich zu steinigen. Und jetzt willst du wieder dahin?" ⁹ Jesus entgegnete: „Ist es am Tag nicht zwölf Stunden hell? Solange es hell ist, kann ein Mensch sicher seinen Weg gehen, ohne anzustoßen, weil er das Tageslicht hat. ¹⁰ Wer aber in der Nacht unterwegs ist, stolpert, weil er ja kein Licht in sich selbst hat." ¹¹ Dann sagte er zu seinen Jüngern: „Unser Freund Lazarus ist eingeschlafen. Aber ich gehe jetzt hin, um ihn aufzuwecken." ¹² „Herr, wenn er schläft, wird er gesund werden", sagten die Jünger. ¹³ Sie dachten, er rede vom natürlichen Schlaf. Jesus hatte aber von seinem Tod gesprochen. ¹⁴ Da sagte er es ihnen ganz offen: „Lazarus ist gestorben. ¹⁵ Und wegen euch bin ich froh, dass ich nicht dort war, damit ihr glauben lernt. Aber kommt, lasst uns zu ihm gehen!" ¹⁶ Thomas, den man auch Zwilling nannte, sagte zu den anderen Jüngern: „Ja, lasst uns mitgehen und mit ihm sterben!"

Maria und Marta sandten eine Botschaft zu Jesus. Sie teilten ihm mit, dass ihr Bruder krank sei. Jesus ist Gott, also wusste er, was geschehen würde. Er sagte, dass Gott durch diese Krankheit verherrlicht und der Sohn Gottes dadurch geehrt werden solle. Verherrlicht oder geehrt werden bedeutet, dass man jemanden für etwas Erstaunliches, das der getan hat, lobt oder preist. Jesus sagte, dass er durch diese Krankheit Ehre[205] empfangen sollte.

Jesus war zu dieser Zeit an einem anderen Ort. Er bekam die Botschaft von Maria und Marta, dass Lazarus krank sei. Aber dann blieb er für zwei weitere Tage an dem Ort, an dem er war. Schließlich sagte er zu seinen Jüngern: *„Wir gehen wieder nach Judäa zurück!"* Aber die Jünger wollten nicht nach Judäa zurückkehren. Judäa war eine Provinz in Israel, in der die Stadt Jerusalem lag. Und in Jerusalem lebten viele jüdische Führer, die Jesus verhaften und töten wollten. Die Jünger sagten zu Jesus, dass die Juden vielleicht versuchen würden, ihn zu töten, wenn sie nach Jerusalem zurückkehren würden. Jesus antwortete, dass er dennoch hingehen und Lazarus *aufwecken* wolle. Die Jünger dachten, dass Jesus meinte, dass Lazarus nur schliefe. Also sagten sie, dass es gut für Lazarus sei zu schlafen, damit er wieder gesundwerden könne. Da erklärte

---

205. **Ehre** – Wertschätzung; Anerkennung; besonderer Respekt; ein besonderes Lob.

LEKTION 20: JESUS ERWECKTE EINEN TOTEN MANN WIEDER ZUM LEBEN

Jesus ihnen deutlich, dass Lazarus tot sei. Und er sagte, dass er froh sei, nicht dort gewesen zu sein, denn somit könnten die Jünger nun sehen, was er fähig war zu tun. Diese Erfahrung sollte ihnen nämlich helfen, in ihrem Vertrauen auf Jesus gestärkt zu werden.

Der Jünger Thomas sagte: *„Ja, lasst uns mitgehen und mit ihm sterben!"* Thomas wollte, dass sie Jesus begleiteten. Allerdings dachte er, dass die Juden sie alle umbringen würden.

Jesus und die Jünger gingen also nach Betanien.

JOHANNES 11:17-32

[17] Als Jesus ankam, erfuhr er, dass Lazarus schon vier Tage in der Grabhöhle lag. [18] Betanien war nur drei Kilometer von Jerusalem entfernt, [19] und viele Leute aus der Stadt waren zu Marta und Maria gekommen, um sie wegen ihres Bruders zu trösten. [20] Als Marta hörte, dass Jesus auf dem Weg zu ihnen war, lief sie ihm entgegen. Maria blieb im Haus. [21] „Herr", sagte Marta zu Jesus, „wenn du hier gewesen wärst, dann wäre mein Bruder nicht gestorben. [22] Aber ich weiß, dass Gott dir auch jetzt keine Bitte abschlagen wird." [23] „Dein Bruder wird auferstehen!", sagte Jesus zu ihr. [24] „Ich weiß, dass er auferstehen wird", entgegnete Marta, „bei der Auferstehung an jenem letzten Tag." [25] Da sagte Jesus: „Ich bin die Auferstehung und das Leben. Wer an mich glaubt, wird leben, auch wenn er stirbt. [26] Und wer lebt und an mich glaubt, wird niemals sterben. Glaubst du das?" [27] „Ja, Herr!", antwortete sie, „ich glaube, dass du der Messias bist, der Sohn Gottes, der in die Welt kommen soll." [28] Danach ging sie weg, um ihre Schwester Maria zu holen. „Der Rabbi ist da!", sagte sie unbemerkt zu ihr. „Er will dich sehen!" [29] Da stand Maria sofort auf und lief ihm entgegen. [30] Jesus war noch nicht ins Dorf hineingekommen. Er war immer noch an der Stelle, wo Marta ihn getroffen hatte. [31] Die Juden, die bei Maria im Haus gewesen waren, um sie zu trösten, sahen, wie sie plötzlich aufstand und hinausging. Sie dachten, sie wolle zur Gruft gehen, um dort zu weinen, und folgten ihr. [32] Als Maria nun an die Stelle kam, wo Jesus war, warf sie sich ihm zu Füßen und sagte: „Herr, wenn du hier gewesen wärst, dann wäre mein Bruder nicht gestorben."

SEINE GESCHICHTE – UNSERE RETTUNG

Als Jesus und seine Jünger in Betanien ankamen, lag Lazarus' Leiche schon seit vier Tagen in einer Grabhöhle[206]. Es waren viele Leute zugegen, auch eine Anzahl Juden aus dem nahegelegenen Jerusalem.

Marta ging Jesus entgegen und sagte zu ihm, dass er Lazarus' Tod hätte verhindern können, wenn er dagewesen wäre. Aber dann sagte sie, dass Jesus auch jetzt noch Gott um Hilfe bitten könnte und dass Gott helfen würde. Jesus sagte zu Marta, dass ihr Bruder *auferstehen* werde. Jesus meinte, dass er Lazarus zurück ins Leben bringen würde. Aber Marta dachte, dass Jesus über eine zukünftige Zeit sprach. Deswegen merkte sie an: *„Ich weiß, dass er auferstehen wird bei der Auferstehung an jenem letzten Tag."* Marta wusste aus den Schriften der Geschichte Gottes, dass am Ende der Zeit alle Menschen auferstehen werden.

Jesus sagte zu Marta: *„Ich bin die Auferstehung und das Leben. Wer an mich glaubt, wird leben, auch wenn er stirbt."* Jesus sagte damit, dass er derjenige ist, der den Menschen das Leben zurückgibt, und dass jeder, der an ihn glaubt, nie sterben wird. Marta sagte, dass sie glaube, dass Jesus der Messias ist, der Sohn Gottes, derjenige, der von Gott in diese Welt gesandt worden war.

Marta ging ins Haus zurück, um Maria zu holen. Sie erzählte ihrer Schwester, dass Jesus sie sehen wolle. Maria ging zu Jesus. Die Juden, die dort waren, folgten Maria. Maria weinte und sagte: *„Herr, wenn du hier gewesen wärst, dann wäre mein Bruder nicht gestorben."* Maria dachte, dass es selbst für Jesus zu spät war, ihren Bruder zu retten.

JOHANNES 11:33-37

³³ Als Jesus die weinende Maria sah und die Leute, die mit ihr gekommen waren, wurde er zornig und war sehr erregt. ³⁴ „Wo habt ihr ihn hingelegt?", fragte er sie. „Komm und sieh selbst", antworteten die Leute. ³⁵ Da brach Jesus in Tränen aus. ³⁶ „Seht einmal, wie lieb er ihn gehabt hat", sagten die Juden. ³⁷ Aber einige von ihnen meinten: „Er hat doch den Blinden geheilt. Hätte er nicht auch Lazarus vor dem Tod bewahren können?"

Jesus sah Maria und die anwesenden Juden weinen. Das machte ihn sehr traurig und auch zornig. Jesus war traurig, weil Gott nicht möchte, dass die Menschen sterben. Gott hatte die Menschen am Anfang für eine echte und ewige Gemeinschaft mit ihm geschaffen. Und zornig war Jesus, weil viele Menschen

---

206. **Grabhöhle** – eine Steinhöhle, in der Tote bestattet werden; Felsengrab.

LEKTION 20: JESUS ERWECKTE EINEN TOTEN MANN WIEDER ZUM LEBEN

dort nicht glaubten, dass er Lazarus aus dem Tod retten konnte. Jesus fragte, wo sie Lazarus' Leiche hingebracht hatten.

JOHANNES 11:38-44

³⁸ Da wurde Jesus wieder zornig und ging zur Gruft. Das war eine Höhle, die mit einem Stein verschlossen war. ³⁹ „Hebt den Stein weg!", sagte Jesus. Doch Marta, die Schwester des Verstorbenen, wandte ein: „Herr, der Geruch! Er liegt ja schon vier Tage hier." ⁴⁰ Jesus erwiderte: „Ich habe dir doch gesagt, dass du die Herrlichkeit Gottes sehen wirst, wenn du mir vertraust!" ⁴¹ Da nahmen sie den Stein weg. Jesus blickte zum Himmel auf und sagte: „Vater, ich danke dir, dass du mich erhört hast. ⁴² Ich weiß, dass du mich immer erhörst. Aber wegen der Menschenmenge, die hier steht, habe ich es laut gesagt. Sie sollen glauben, dass du mich gesandt hast." ⁴³ Danach rief er mit lauter Stimme: „Lazarus, komm heraus!" ⁴⁴ Da kam der Tote heraus, Hände und Füße mit Grabbinden umwickelt und das Gesicht mit einem Schweißtuch zugebunden. „Macht ihn frei und lasst ihn gehen!", sagte Jesus.

Jesus kam an der Grabhöhle an. Der Eingang zur Höhle[207] war mit einem Stein verschlossen. Jesus befahl ihnen, den Stein wegzuschieben, woraufhin Marta zu bedenken gab, dass der Leichnam bereits vier Tage dort gelegen habe und schrecklich riechen würde. Jesus erinnerte sie daran, was er ihr zuvor gesagt hatte. Er hatte ihr gesagt, dass sie die Herrlichkeit Gottes sehen würde, wenn sie Glauben hätte. Er meinte damit, dass sie sähe, wie Gott etwas Erstaunliches tun wird. Und wenn sie sah, was Gott tat, dann würde sie Gott anbeten.

Sie nahmen den Stein vor der Höhle weg. Dann sprach Jesus zu Gott, seinem Vater. Er dankte seinem Vater, dass er ihn erhört habe. Er sagte dies so, dass die Menge es hören konnte. Er wollte die Menschen wissen lassen, dass Gott ihn gesandt hatte. Dann rief er mit lauter Stimme: *„Lazarus, komm heraus!"* Nachdem Jesus dies gerufen hatte, kam Lazarus wirklich aus dem Grab heraus. Lazarus war mit einem Tuch[208] umwickelt[209]. Wenn die Juden ihre Toten bestatteten, dann wickelten sie den Leichnam zunächst in ein Leichentuch ein. Jesus befahl ihnen, das Tuch von Lazarus zu entfernen, damit er sich wieder bewegen konnte.

---

207. **Höhle** – eine Felsenöffnung, in die man hineingehen kann.
208. **Tuch** – ein Stück Stoff.
209. **Umwickelt** – Grundform: umwickeln; etwas in eine lange Stoffbahn einpacken.

SEINE GESCHICHTE – UNSERE RETTUNG

Lazarus war tot gewesen und Jesus hatte ihn zum Leben zurückgebracht. Damit zeigte Jesus den Menschen auf deutlichste Art, wer er wirklich war. Zuvor hatte Jesus ihnen gesagt, dass er das *Leben* und auch die *Auferstehung* in Person ist. Er ist derjenige, der das Leben ist und das Leben gibt und der die Menschen vom Tod ins Leben zurückbringt.

Viele Juden wurden Augenzeugen von dem, was Jesus an Lazarus tat. Viele von ihnen glaubten nun, dass Gott Jesus gesandt hatte. Andere gingen zu den jüdischen Führern, um ihnen davon zu erzählen.

JOHANNES 11:45-54

⁴⁵ Als sie das gesehen hatten, glaubten viele der Juden, die zu Maria gekommen waren, an Jesus. ⁴⁶ Doch einige von ihnen gingen zu den Pharisäern und berichteten, was Jesus getan hatte. ⁴⁷ Da riefen die Hohen Priester und Pharisäer den Hohen Rat zusammen. „Was sollen wir tun?", fragten sie. „Dieser Mensch tut viele aufsehenerregende Dinge! ⁴⁸ Wenn wir ihn so weitermachen lassen, werden schließlich noch alle an ihn glauben. Und dann werden die Römer eingreifen. Sie werden unseren Tempel und das ganze Volk vernichten." ⁴⁹ Einer von ihnen, Kajafas, der in jenem Jahr der amtierende Hohe Priester war, sagte: „Ihr begreift aber auch gar nichts! ⁵⁰ Versteht ihr denn nicht, dass es viel besser für uns ist, wenn einer für alle stirbt und nicht das ganze Volk umkommt?" ⁵¹ Er hatte das nicht von sich aus gesagt, sondern in seiner Eigenschaft als Hoher Priester die Weissagung ausgesprochen, dass Jesus für diese Nation sterben sollte. ⁵² Jesus starb allerdings nicht nur für das jüdische Volk, sondern auch, um die in aller Welt verstreuten Kinder Gottes zu einem Volk zusammenzuführen. ⁵³ Von diesem Tag an waren sie fest entschlossen, ihn zu töten. ⁵⁴ Jesus zeigte sich deshalb nicht mehr öffentlich unter den Juden, sondern hielt sich mit seinen Jüngern in einer Gegend am Rand der Wüste auf, in einer Ortschaft namens Ephraim.

LEKTION 20: JESUS ERWECKTE EINEN TOTEN MANN WIEDER ZUM LEBEN

Die Hohen Priester und die Pharisäer versammelten sich. Solch eine Sitzung wurde „Hoher Rat" genannt. Das war das höchste Gericht der Juden, in dem sie wichtige Dinge besprachen. Sie machten sich Sorgen darüber, dass Jesus bei immer mehr Leuten beliebt wurde. Das wollten sie auf jeden Fall verhindern. Sie befürchteten, dass ihr Volk Jesus zum König machen könnte. Die Römer hatten bereits einen König. Wenn nun das jüdische Volk einen eigenen König ausrufen würde, dann würden die Römer sicherlich sehr böse werden und ihnen, den jüdischen Führern, sämtliche Freiheiten wegnehmen, die sie bisher unter der römischen Regierung genossen. So beschlossen sie, dass Jesus sterben sollte. Wenn Jesus tot wäre, dann würden die Römer die jüdische Nation sicherlich nicht beeinträchtigen.

Jesus wusste, was die jüdischen Führer über ihn sagten. Er wusste, dass sie planten, ihn zu töten. Also verließ er die Gegend von Jerusalem. Denn es war für ihn noch nicht an der Zeit, zu sterben.

Stattdessen musste er noch in andere Gegenden reisen, um auch dort die Menschen mit sich bekanntzumachen. In der Bibel können wir einiges nachlesen, was Jesus die Menschen lehrte. Gott ließ einen Teil seiner Geschichte von Markus aufschreiben. Im Folgenden lesen wir, wie Jesus einigen Menschen begegnete, die ihre Kinder zu ihm brachten.

MARKUS 10:13-16

¹³ Eines Tages wollten einige Leute Kinder zu Jesus bringen, damit er sie mit der Hand berührte. Doch die Jünger wiesen sie unfreundlich ab. ¹⁴ Als Jesus das sah, sagte er den Jüngern ärgerlich: „Lasst doch die Kinder zu mir kommen, und hindert sie nicht daran! Gottes Reich ist ja gerade für solche wie sie bestimmt. ¹⁵ Ich versichere euch: Wer sich Gottes Reich nicht wie ein Kind schenken lässt, wird nie hineinkommen." ¹⁶ Dann nahm er die Kinder in die Arme, legte ihnen die Hände auf und segnete sie.

Damals brachten die Menschen ihre Kinder zu den religiösen Lehrern. Sie wollten, dass die ihre Hände auf die Köpfe der Kinder legten und dass sie Gott um Hilfe für ihre Kinder baten. So wurden auch einige Kinder zu Jesus gebracht, den viele für einen Rabbi, einen jüdischen Lehrer, hielten. Jesus sollte für die Kinder beten.

Jesus' Jünger wollten nicht, dass die Menschen ihre Kinder zu Jesus brachten. Sie dachten, dass er wichtigere Dinge zu tun habe. Die Jünger wollten die

SEINE GESCHICHTE – UNSERE RETTUNG

Kinder und Eltern abweisen. Aber Jesus rügte seine Jünger. Er sagte, dass sie die kleinen Kinder zu ihm kommen lassen sollten. Er gebrauchte die Kinder als ein Beispiel. Er sagte, dass die Menschen zu Gott kommen sollten wie die kleinen Kinder. Wenn sie nicht wie Kinder zu Gott kämen, dann würden sie gar nicht zu Gott kommen können. Aber was bedeutet das?

Jesus meinte damit, dass die Menschen Gott lieben und vertrauen sollten, weil er ihr Vater ist. Sie sollten Glauben an Gott haben, wie kleine Kinder Glauben an ihre Eltern haben. Sie sollten auf das hören, was Gott sagt, und ihm vertrauen, dass er auf sie aufpasst. Ein kleines Kind weiß, dass es jemanden braucht, der auf es aufpasst. Genau so sollen die Menschen Gott lieben und ihm vertrauen, sagte Jesus. Gott ist derjenige, der die Menschen gemacht hat. Deswegen hat Gott die Autorität über das Leben der Menschen. Gott liebt die Menschen und sie können ihm vertrauen, dass er auf sie aufpasst. Gott möchte eine Vater-Kind-Beziehung zu den Menschen.

Markus schrieb, dass Jesus jedes Kind in den Arm nahm und jedem Kind die Hände auf den Kopf legte. Er segnete[210] sie alle.

Bald darauf machte Jesus sich auf nach Jerusalem. Ein Mann rannte zu ihm, um mit ihm zu sprechen. Er kniete vor Jesus nieder und sagte: *„Guter Rabbi, was muss ich tun, um das ewige Leben zu bekommen?"*

MARKUS 10:17-25

[17] Als Jesus sich gerade wieder auf den Weg machte, kam ein Mann angelaufen, warf sich vor ihm auf die Knie und fragte: „Guter Rabbi, was muss ich tun, um das ewige Leben zu bekommen?" [18] „Was nennst du mich gut?", entgegnete Jesus. „Gut ist nur Gott, sonst niemand! [19] Du kennst doch die Gebote: ‚Du sollst nicht morden, nicht die Ehe brechen, nicht stehlen, du sollst keine Falschaussagen machen und niemand um das Seine bringen; ehre deinen Vater und deine Mutter!'" [20] „Rabbi", erwiderte der Mann, „das alles habe ich von Jugend an befolgt." [21] Jesus sah ihn voller Liebe an. „Eins fehlt dir", sagte er, „geh und verkaufe alles, was du hast, und gib den Erlös den Armen – du wirst dann einen Schatz im Himmel haben –, und komm, folge mir nach!" [22] Der Mann war entsetzt, als er das hörte, und ging traurig weg, denn er hatte ein großes Vermögen. [23] Da blickte Jesus seine Jünger der Reihe nach an und sagte: „Wie schwer ist es doch für Menschen, in Gottes Reich hineinzukommen, wenn

---

210. **Segnete** – Grundform: segnen; Gott um dessen Schutz und Fürsorge bitten.

LEKTION 20: JESUS ERWECKTE EINEN TOTEN MANN WIEDER ZUM LEBEN

sie viel besitzen!" ²⁴ Die Jünger waren bestürzt. Aber Jesus wiederholte: „Kinder, wie schwer ist es, in das Reich Gottes zu kommen! ²⁵ Eher kommt ein Kamel durch ein Nadelöhr, als ein Reicher in Gottes Reich."

Jesus fragte den Mann: *„Was nennst du mich gut? Gut ist nur Gott, sonst niemand!"*

Jesus wusste, was der Mann dachte. Gott weiß immer, was die Menschen denken. Dieser Mann war ein reicher Mann. Er war auch ein Mann, der versuchte, allen Geboten Gottes zu folgen. Jesus wollte den Mann wissen lassen, dass die Menschen nicht allen Geboten Gottes folgen können. Er wollte, dass dieser Mann die Wahrheit über sich selbst und Gott verstand.

Der Mann dachte, dass Jesus ein religiöser Lehrer wäre. Er wusste nicht, dass Jesus der Sohn Gottes war. Als also der Mann Jesus „guter Lehrer" nannte, sagte er damit, dass er dachte, dass die Menschen gut sein könnten. Aber Jesus sagte ihm, dass nur Gott gut ist. Er meinte damit, dass nur Gott vollkommen ist und dass die Menschen niemals vollkommen sein werden. Jesus sprach über einige Gebote Gottes – niemanden zu töten, nicht die Ehe zu brechen, nicht zu stehlen, nicht zu lügen und seinen Vater und seine Mutter zu ehren. Gott gab diese Gebote, um den Menschen zu zeigen, dass sie nicht vollkommen sind. Es ist unmöglich, Gottes vollkommenen Geboten zu folgen. Jesus wollte, dass dieser Mann das verstand.

Aber der Mann sagte zu Jesus, dass er immer allen Geboten Gottes gehorcht habe. Jesus hatte diesen Mann lieb. Er wollte, dass er verstand, dass es für einen Menschen unmöglich ist, vollkommen zu sein. Nur Gott ist vollkommen. Also sagte Jesus dem Mann, dass er all sein Geld und sein Eigentum den armen[211] Menschen geben und ihm nachfolgen solle. Der Mann war reich und wollte sein Eigentum nicht mit Ärmeren teilen. Der Mann ging sehr traurig weg.

Jesus hatte den reichen Mann gebeten, sein Eigentum wegzugeben, damit der erkannte, dass er doch nicht allen Geboten Gottes folgte, wie er meinte. Er hatte sich nicht so sehr um andere Menschen gekümmert, wie er es für sich selbst getan hatte. Somit hatte er eines von Gottes Geboten missachtet.

Etwas später schrieb Markus auf, was Jesus noch über Gottes Gebote gesagt hat. Jesus beantwortete die Frage eines Gesetzeslehrers, welches das wichtigste Gebot sei.

---

211. **arm sein** – nicht viel Geld zum Leben haben.

SEINE GESCHICHTE – UNSERE RETTUNG

MARKUS 12:30,31

³⁰ ... Liebe den Herrn, deinen Gott, von ganzem Herzen, mit ganzer Seele, mit ganzem Verstand und mit all deiner Kraft!' ³¹ An zweiter Stelle steht: ‚Liebe deinen Nächsten wie dich selbst!' Kein anderes Gebot ist wichtiger als diese beiden."

Der Gesetzeslehrer dachte, dass er sich retten könne, indem er allen Geboten Gottes folgte. Jesus wollte auch ihm zeigen, dass dies unmöglich war. Also bat er ihn, etwas zu tun, von dem er wusste, dass es sehr schwer für den Mann sein würde. Er wollte den Mann wissen lassen, dass Gottes Gebote vollkommen sind und dass die Menschen sie nicht einhalten können. Der Mann konnte nichts tun, um sich selbst zu retten. Nur Gott ist vollkommen. Der Mann sollte verstehen, dass er Gott brauchte, um gerettet zu werden.

Nachdem der Mann gegangen war, sagte Jesus etwas zu seinen Jüngern. Er sagte, dass es sehr schwer für reiche Menschen sei, in das Reich Gottes einzugehen. Jesus meinte damit, dass viele Reiche mit sich selbst zufrieden sind. Sie haben Geld und sie haben Macht. Sie können entscheiden, was sie tun möchten. Sie sagen anderen Menschen, was zu tun ist. Es ist sehr schwer für solche Menschen, wie kleine Kinder zu Gott zu kommen. *In das Reich Gottes zu kommen*, bedeutet zu verstehen, dass Gott derjenige ist, der auf dich aufpasst. Er ist derjenige, der Autorität über dich hat. Er ist der Einzige, der dich retten kann. Jesus sagte, dass es schwer für reiche Menschen sei, zu verstehen, dass sie Gott brauchten, um sie zu retten und auf sie aufzupassen.

1. Warum wollten die religiösen Führer der Juden Jesus töten?
2. Verstanden Maria und Marta, wer Jesus wirklich war?
3. Welche Lektion erteilte Jesus, als er mit den Kindern zusammen war?
4. Warum sagte Jesus, dass es für reiche Leute schwer sei, in das Reich Gottes zu kommen?

LEKTION 21

JESUS WURDE VON SEINEN FEINDEN GEFANGENGENOMMEN

Nun erzählt uns Gottes Geschichte im Markusevangelium, was weiter mit Jesus geschah. Jesus und seine Jünger waren auf ihrem Weg nach Jerusalem. Jesus tat das Werk Gottes. Weil Jesus Gott war, wusste er alles, was geschehen würde. Alles, was Jesus geschehen würde, war Teil von Gottes Rettungsplan.

MARKUS 11:1-10

¹ Als sie in die Nähe von Jerusalem kamen, kurz vor Betfage und Betanien am Ölberg, schickte Jesus zwei Jünger voraus. ² „Geht in das Dorf", sagte er, „das ihr dort vor euch seht! Gleich, wenn ihr hineingeht, werdet ihr ein Fohlen angebunden finden, auf dem noch nie jemand geritten ist. Bindet es los und bringt es her. ³ Wenn jemand fragt, was ihr da tut, sagt einfach: ‚Der Herr braucht das Tier und wird es nachher sofort wieder zurückbringen lassen.'" ⁴ Die beiden machten sich auf den Weg und fanden das Fohlen in der Gasse. Es war an ein Tor angebunden. Als sie es losmachten, ⁵ fragten einige, die dort herumstanden: „Was macht ihr da? Warum bindet ihr das Tier los?" ⁶ Sie sagten, was Jesus ihnen aufgetragen hatte, und man ließ sie gehen. ⁷ Dann brachten sie das Jungtier zu Jesus und warfen ihre Umhänge darüber. Jesus setzte sich darauf. ⁸ Viele Menschen breiteten jetzt ihre

SEINE GESCHICHTE – UNSERE RETTUNG

> Umhänge auf dem Weg aus, andere schnitten Laubbüschel auf den Feldern ab und legten sie auf den Weg. ⁹ Die Leute, die vorausliefen, und auch die, die Jesus folgten, riefen: „Hosianna, gepriesen sei Gott! Gesegnet sei er, der kommt im Namen des Herrn! ¹⁰ Gepriesen sei das Reich unseres Vaters David, das nun kommt! Hosianna, Gott in der Höhe!"

Jesus und seine Jünger kamen in die Nähe von Jerusalem. Als sie nahe beim Ölberg waren, schickte Jesus zwei seiner Jünger los, um ein Eselfohlen[212] zu holen. Das sollten sie im nächsten Dorf angebunden vorfinden. Die zwei Jünger gingen voraus und fanden den jungen Esel so vor, wie Jesus es gesagt hatte. Sie brachten das Jungtier zu ihm zurück und er setzte sich darauf. Dann ritt Jesus auf dem Fohlen in die Stadt Jerusalem hinein.

Viele Menschen hatten die erstaunlichen Handlungen gesehen, die Jesus getan hatte. Also kamen sie, um ihn zu sehen. Sie dachten, dass er der verheißene Messias war. Sie erwarteten, dass er nun bald als König der Juden regieren würde. Sie *breiteten jetzt ihre Umhänge*[213] *auf dem Weg aus* und auch einige Laubbüschel von den Feldern. Das taten sie, um zu zeigen, dass sie dachten, dass Jesus ein König war. Sie riefen ihm zu und dankten Gott, dass er ihnen ihren König gesandt hatte.

Viele Jahre zuvor hatte Gottes Prophet Sacharja aufgeschrieben, dass dies geschehen wird. Gott hatte Sacharja gesagt, dass einst der König auf einem Eselfohlen nach Jerusalem einziehen werde.

> ⁹ Freue dich, du Zionsstadt! Jubelt laut, ihr Leute von Jerusalem! Seht, euer König kommt zu euch! Er ist gerecht vor Gott, und er bringt die Rettung. Er ist demütig und reitet auf einem Fohlen, dem männlichen Jungtier einer Eselin.

SACHARJA 9:9

Aber die religiösen Führer waren ganz und gar nicht begeistert. Sie wollten nicht, dass die Menschen Jesus folgten. Sie wollten ihn verhaften und töten, während er in Jerusalem war. Aber es war das Passafest. Es waren Menschenmengen in Jerusalem. Die religiösen Führer dachten, dass die Menschenmasse ärgerlich werden könnte, wenn sie Jesus verhafteten. Also entschlossen sie sich, bis nach dem Passafest zu warten.

---

212. **Eselfohlen** – ein junges Tier, das zum Reiten, aber vor allem zum Transportieren von Dingen genutzt wird.
213. **Umhänge** – Mäntel und Gewänder, die über anderer Kleidung getragen wurden.

LEKTION 21: JESUS WURDE VON SEINEN FEINDEN GEFANGENGENOMMEN

MARKUS 14:1,2

¹ Es waren nur noch zwei Tage bis zum Passafest und der darauffolgenden Festwoche der ‚Ungesäuerten Brote'. Die Hohen Priester und die Gesetzeslehrer suchten immer noch nach einer Gelegenheit, Jesus heimlich festnehmen und dann töten zu können. ² „Auf keinen Fall darf es während des Festes geschehen", sagten sie, „sonst gibt es einen Aufruhr."

Judas Ischariot war auch in Jerusalem. Er war der Jünger, von dem Jesus sagte, dass er ihn verraten werde.

MARKUS 14:10

¹⁰ Danach ging einer der Zwölf, es war Judas, der Sikarier, zu den Hohen Priestern und bot ihnen an, Jesus an sie auszuliefern.

Judas ging zu den Hohepriestern. Er sagte, dass er Jesus an sie ausliefern könnte. Er könnte ihnen sagen, wann und wo es leicht sein würde, Jesus gefangen zu nehmen. Sie waren sehr glücklich, dass Judas ihnen helfen wollte. Sie stimmten zu, Judas mit Silbergeld zu bezahlen. Matthäus schrieb den genauen Betrag auf: dreißig Silberstücke. Viele Jahre zuvor hatte König David durch Gottes Geist inspiriert einiges über den Messias aufgeschrieben, unter anderem, dass ein enger Freund den Messias verraten wird.

PSALM 41:10

¹⁰ Selbst mein Freund, dem ich vertraute, der mit mir zusammen aß, gab mir einen Tritt.

Jesus und die Jünger waren also zu der Zeit des Passafestes in Jerusalem. Sie brauchten einen Ort, wo sie das Passamahl gemeinsam zu sich nehmen konnten. Und vorher mussten sie ein Lamm schlachten. Die Jünger fragten Jesus, wo sie zusammen essen konnten.

MARKUS 14:12-26

¹² Am ersten Tag der Festwoche der ‚Ungesäuerten Brote', an dem die Passalämmer geschlachtet wurden, fragten die Jünger Jesus: „Wo sollen wir das Passamahl für dich vorbereiten?" ¹³ Jesus schickte zwei von ihnen los und sagte: „Geht in die Stadt! Dort werdet ihr einen Mann sehen, der einen Wasserkrug trägt. Folgt ihm, ¹⁴ bis er in ein Haus hineingeht. Sagt dort zu dem Hausherrn: ‚Unser Rabbi lässt fragen, wo der Raum ist, in dem er mit seinen Jüngern das Passamahl feiern kann.' ¹⁵ Er wird euch einen großen Raum im

SEINE GESCHICHTE – UNSERE RETTUNG

Obergeschoss zeigen, der für das Festmahl ausgestattet und hergerichtet ist. Dort bereitet alles für uns vor."
[16] Die Jünger machten sich auf den Weg in die Stadt und fanden alles genauso, wie Jesus es ihnen gesagt hatte, und bereiteten das Passa vor.
[17] Am Abend kam Jesus mit den Zwölf. [18] Während der Mahlzeit sagte er: „Ich versichere euch: Einer von euch wird mich verraten, einer, der hier mit mir isst." [19] Sie waren bestürzt, und einer nach dem anderen fragte ihn: „Das bin doch nicht ich, oder?" [20] „Es ist einer von euch zwölf", sagte Jesus, „einer, der das Brot mit mir in die Schüssel taucht. [21] Der Menschensohn geht zwar den Weg, der ihm in der Schrift vorausgesagt ist; doch für seinen Verräter wird es furchtbar sein. Für diesen Menschen wäre es besser, er wäre nie geboren worden." [22] Noch während sie aßen, nahm Jesus ein Fladenbrot, dankte Gott dafür, brach es in Stücke und gab es seinen Jüngern mit den Worten: „Nehmt, das ist mein Leib."
[23] Dann nahm er einen Kelch, sprach das Dankgebet und reichte ihnen auch den; und alle tranken daraus. [24] Er sagte: „Das ist mein Blut, das Blut, das für viele vergossen wird und den Bund zwischen Gott und Menschen besiegelt. [25] Und ich versichere euch, dass ich bis zu dem Tag, an dem Gott seine Herrschaft aufrichtet, keinen Wein mehr trinken werde. Dann allerdings werde ich es neu tun."
[26] Als sie noch ein Loblied gesungen hatten, gingen sie zum Ölberg hinaus.

Jesus befahl seinen Jüngern, in die Stadt zu gehen. Dort sollten sie einen Mann finden, der einen Wasserkrug[214] trug. Diesem Mann sollten sie folgen. So gingen sie in die Stadt, fanden den besagten Mann mit dem Wasserkrug und folgten ihm. Der Mann zeigte ihnen einen Raum, der schon vorbereitet war. Alles war exakt so, wie Jesus es gesagt hatte. Also gingen die Jünger in den Raum und bereiteten alles für das Essen zu.

Am Abend waren Jesus und seine Jünger in diesem Raum. Sie fingen gemeinsam an, das Passamahl zu essen. Während sie aßen, sagte Jesus ihnen etwas Wichtiges. Er sagte, dass einer von ihnen, der mit ihnen dort aß, ihn verraten würde. Die Jünger hörten, was Jesus sagte, und waren sehr bestürzt[215]. Sie fingen an, Jesus zu fragen, ob sie derjenige seien, der ihn verraten würde.

---

214. **Wasserkrug** – ein großes Tongefäß für Wasser.
215. **Bestürzt sein** – sehr traurig, besorgt, erschrocken oder verzweifelt sein.

LEKTION 21: JESUS WURDE VON SEINEN FEINDEN GEFANGENGENOMMEN

Jesus sagte zu seinen Jüngern, dass einer von ihnen ihn verraten würde, nannte aber keinen Namen. Er sagte: *„Der Menschensohn geht zwar den Weg, der ihm in der Schrift vorausgesagt ist."* Jesus wusste, dass die Zeit gekommen war, dass er sterben musste. Gott tut immer, was er sagt. Es wurde wiederholt in Gottes Geschichte darüber berichtet und Jesus wusste, dass es geschehen wird. Aber er sagte etwas über den Mann, der ihn verraten würde. Er sagte, dass es besser für den Mann gewesen wäre, wenn er nicht geboren worden wäre. Jesus wusste, dass es Judas war, der im Begriff war, ihn zu verraten.

Jesus nahm etwas Brot, welches Teil des Passamahls war, und segnete es. Das bedeutet, dass er Gott, seinem Vater, dafür dankte. Dann brach er das Brot in Stücke. Er gab die Stücke seinen Jüngern. Dann sagte er zu ihnen: *„Nehmt, das ist mein Leib."* Jesus sagte damit, dass sein Körper so gebrochen werden wird, wie dieses Brot gebrochen worden war.

Dann nahm Jesus einen Kelch mit Wein vom Tisch. Auch dafür dankte er seinem Vater. Den Kelch gab er an seine Jünger weiter. Jeder sollte daraus trinken. Jesus sagte, dass der Wein sein Blut sei, das *den Bund*[216] *zwischen Gott und den Menschen besiegelt*. Jesus sagte, dass sein Blut für viele Menschen ausgegossen werden würde. Jesus sprach über den Rettungsauftrag, den Gott ihm gegeben hatte. Sein Körper würde gebrochen werden und sein Blut würde vergossen werden. Das würde geschehen, um den Bund herzustellen. Der Bund war eine Vereinbarung, die Gott mit den Israeliten getroffen hatte, als sie sagten, dass sie allen Geboten Gottes folgen wollten. Jesus sagte, dass er sterben müsse, damit die Vereinbarung zwischen Gott und den Menschen richtiggestellt werden würde.

Jesus und seine Jünger sangen ein Loblied, um Gott zu preisen. Dann gingen sie hinaus zum Ölberg, welcher sehr nahe bei Jerusalem war.

Markus schrieb darüber, was als Nächstes geschah. Jesus und seine Jünger gingen in einen Olivenhain namens Getsemani. Dort war es schön ruhig, da dieses Olivenbaumwäldchen außerhalb der Stadt lag.

MARKUS 14:32-52

[32] Sie kamen in einen Olivenhain namens Getsemani. Dort sagte Jesus zu seinen Jüngern: „Setzt euch hier her, bis ich

---

216. **Bund** – eine Vereinbarung zwischen zwei Menschen oder einer Gruppe von Menschen.

gebetet habe." ³³ Petrus, Jakobus und Johannes jedoch nahm er mit. Auf einmal wurde er von schrecklicher Angst und von Grauen gepackt ³⁴ und sagte zu ihnen: „Die Qualen meiner Seele bringen mich fast um. Bleibt hier und haltet euch wach!" ³⁵ Er selbst ging noch ein paar Schritte weiter, warf sich auf die Erde und bat Gott, ihm diese Leidensstunde zu ersparen, wenn es möglich wäre. ³⁶ „Abba, Vater", sagte er, „dir ist alles möglich. Lass diesen bitteren Kelch an mir vorübergehen! Aber nicht, wie ich will, sondern wie du willst." ³⁷ Als er zurückging, fand er die Jünger schlafend. „Simon", sagte er zu Petrus, „du schläfst? Konntest du nicht eine einzige Stunde mit mir wachen? ³⁸ Seid wachsam und betet, damit ihr nicht in Versuchung kommt! Der Geist ist willig, aber der Körper ist schwach." ³⁹ Danach ging er wieder weg und betete noch einmal dasselbe. ⁴⁰ Als er zurückkam, fand er sie wieder eingeschlafen. Sie konnten ihre Augen vor Müdigkeit nicht offen halten und wussten nicht, was sie ihm antworten sollten. ⁴¹ Als er das dritte Mal zurückkam, sagte er zu ihnen: „Schlaft ihr denn immer noch? Ruht ihr euch immer noch aus? Genug damit, es ist so weit! Die Stunde ist gekommen. Jetzt wird der Menschensohn den Sündern in die Hände gegeben. ⁴² Steht auf, lasst uns gehen! Der Verräter ist schon da." ⁴³ Kaum hatte er das gesagt, kam Judas, einer von den zwölf Jüngern, mit einer großen Schar von Bewaffneten. Sie trugen Schwerter und Knüppel und waren von den Hohen Priestern, den Gesetzeslehrern und Ältesten geschickt. ⁴⁴ Der Verräter hatte ein Zeichen mit ihnen verabredet: „Der, den ich zur Begrüßung küssen werde, der ist es. Den müsst ihr festnehmen und gut bewacht abführen." ⁴⁵ Sobald sie angekommen waren, ging Judas auf Jesus zu. „Rabbi!", rief er und küsste ihn. ⁴⁶ Da packten sie ihn und nahmen ihn fest. ⁴⁷ Doch einer von den Männern, die bei Jesus waren, zog ein Schwert. Er schlug auf den Sklaven des Hohen Priesters ein und hieb ihm ein Ohr ab. ⁴⁸ Jesus sagte zu den Männern: „Bin ich denn ein Verbrecher, dass ihr mit Schwertern und Knüppeln auszieht, um mich zu verhaften? ⁴⁹ Ich war doch täglich bei euch im Tempel und lehrte dort. Da habt ihr mich nicht festgenommen. Aber es muss sich natürlich erfüllen, was die Schrift über mich vorausgesagt hat." ⁵⁰ Da ließen ihn alle seine Jünger im Stich und flohen. ⁵¹ Ein junger Mann allerdings folgte Jesus. Er hatte nur einen Leinenkittel über den bloßen Leib geworfen, und als man ihn packte, ⁵² ließ er den Kittel fahren und rannte nackt davon.

LEKTION 21: JESUS WURDE VON SEINEN FEINDEN GEFANGENGENOMMEN

Jesus wusste, dass nun der Zeitpunkt seines Sterbens nahe war. Er ging an einen ruhigen Ort, um mit Gott zu sprechen. Er nahm seine Jünger mit. Sie sollten sich hinsetzen, während er betete. Petrus, Jakobus und Johannes wollte er während seines Gebets nahe bei sich haben. Ihnen vertraute Jesus an: *„Die Qualen meiner Seele bringen mich fast um."* Sein bevorstehender Tod machte Jesus Angst. Er wusste genau, was alles auf ihn zukam. Er wusste, dass er das Lamm Gottes war, welches für die Sünden der ganzen Welt bezahlen würde. Gott, der Vater, würde ihn für die Schuld aller Menschen bestrafen. Das zu wissen und allein daran zu denken, war äußerst schwer für Jesus. Er bat Petrus, Jakobus und Johannes bei ihm zu bleiben und mit ihm wach zu bleiben[217]. Dann ging er ein wenig von ihnen weg. Er warf sich mit dem Gesicht auf den Boden und flehte zu Gott.

Jesus sprach mit seinem Vater: *„Abba, Vater, dir ist alles möglich. Lass diesen bitteren Kelch an mir vorübergehen! Aber nicht, wie ich will, sondern wie du willst."* Jesus ist der Sohn Gottes. Er wusste, dass Gott ihn vor dem Tod retten konnte. Er hätte sich auch selbst davor retten können, aber er nahm seine göttliche Macht nicht in Anspruch. Zuerst bat er Gott, die Leiden wegzunehmen, durch die er gehen müsste. Er benutzte das Beispiel von einem Kelch, aus dem man trinkt. Und dann bat er Gott, diesen Kelch an ihm vorübergehen zu lassen. Aber Jesus kannte Gottes Rettungsplan für die Menschen ganz genau. Und er wollte ihn ausführen, also sagte er zu seinem Vater, dass er tun werde, was Gott wollte. Er wusste, dass es schrecklich für ihn werden würde. Aber er wollte das Werk tun, das Gott für ihn bereitet hatte: als unschuldiger Menschensohn für die Schuld der Menschen bezahlen. Er wusste, dass Gott verstand, wie schwer es für ihn war.

Obwohl Jesus seine Jünger gebeten hatte, mit ihm wach zu bleiben, waren sie eingeschlafen. Drei Mal kam Jesus zu ihnen zurück, um mit ihnen zu sprechen, und jedes Mal waren sie erneut eingeschlafen. Beim dritten Mal befahl er ihnen, aufzustehen, denn der Mann, der ihn verraten würde, war schon in der Nähe.

Da kam eine große Gruppe von Männern auf Jesus und die Jünger zu, allen voran Judas, der Sikarier. Diese Männer arbeiteten für die jüdischen, religiösen Führer. Sie waren mit Schwertern und Knüppeln[218] bewaffnet. Judas hatte diesen Männern erzählt, dass er ihnen zeigen würde, welcher Mann Jesus war: der, den er mit einem Kuss grüßen würde. Jemanden auf die Wange zu küssen,

---

217. **Wach zu bleiben** – Grundform: wach bleiben; nicht einschlafen.
218. **Knüppel** – ein schweres Stück Holz, das zum Einsatz mit Gewalt gebraucht wird.

SEINE GESCHICHTE – UNSERE RETTUNG

war eine gebräuchliche Begrüßung[219] in der Kultur der damaligen Zeit. Also ging Judas auf Jesus zu und sagte: *„Rabbi!"* Dann küsste er Jesus.

Aufgrund dieses vorher abgemachten Zeichens wussten die Männer nun, wer Jesus war, und hielten ihn sofort fest, um ihn zu verhaften. Petrus zog sein Schwert, weil er Jesus verteidigen wollte. Er schlug dem Sklaven des Hohepriesters das Ohr ab. Im Bericht, den Lukas aufgeschrieben hat, können wir lesen, dass Jesus das Ohr des Sklaven umgehend heilte. Dann fragte Jesus seine Ankläger, warum sie mit Waffen zu ihm kamen und warum sie ihn nicht schon im Tempel verhaftet hatten, wo er doch stets mit ihnen zusammen war. So zeigte er ihnen, dass er sie durchschaute, dass sie die Menschenmenge scheuten und ihn lieber feige an einem einsamen Ort gefangen nehmen wollten. Und dann wies Jesus sogar noch auf die Prophezeiungen auf ihn hin: *„Aber es muss sich natürlich erfüllen, was die Schrift über mich vorausgesagt hat."* Trotzdem ließen die jüdischen Führer nicht von ihrem bösen Vorhaben ab. So, wie Gott in seiner Geschichte längst berichtet hat, was geschehen wird, so würde es auch geschehen.

Alle Jünger rannten in der Dunkelheit davon. Jesus wurde mit den Menschen allein gelassen, die ihn töten wollten.

Petrus rannte auch mit den anderen Jüngern weg und versteckte sich. Aber er verfolgte die Männer, die Jesus mitnahmen. Sie brachten Jesus zum Haus des Hohepriesters in Jerusalem. Petrus blieb draußen im Innenhof[220] des Hauses.

MARKUS 14:53-65

⁵³ Jesus wurde zum Palast des Hohen Priesters gebracht, wo sich alle Hohen Priester, die Ratsältesten und die Gesetzeslehrer versammelten. ⁵⁴ Petrus folgte ihnen in weitem Abstand bis in den Innenhof des Palastes. Dort setzte er sich zu den Dienern und wärmte sich am Feuer. ⁵⁵ Währenddessen suchten die Hohen Priester und der ganze Hohe Rat nach einer Zeugenaussage gegen Jesus, die es rechtfertigen würde, ihn zum Tod zu verurteilen. Doch ihre Bemühungen waren vergeblich. ⁵⁶ Es sagten zwar viele falsche Zeugen gegen Jesus aus, aber ihre Aussagen stimmten nicht überein. ⁵⁷ Schließlich standen einige falsche Zeugen auf und sagten: ⁵⁸ „Wir haben ihn sagen hören: ‚Ich werde diesen Tempel, der von Menschenhand errichtet wurde, niederreißen und in drei Tagen einen anderen aufrichten, der nicht von Menschenhand erbaut ist.'" ⁵⁹ Doch auch ihre Aussagen stimmten nicht

---

219. **Begrüßung** – Worte, die man wechselt, und Gesten, die man formell verwendet, wenn man sich trifft.
220. **Innenhof** – ein Hof, der von Gebäuden umschlossen ist.

LEKTION 21: JESUS WURDE VON SEINEN FEINDEN GEFANGENGENOMMEN

> überein.
> ⁶⁰ Da erhob sich der Hohe Priester, trat in die Mitte und fragte Jesus: „Hast du nichts zu diesen Anklagen zu sagen? Wie stellst du dich dazu?" ⁶¹ Aber Jesus schwieg und sagte kein Wort. Darauf fragte ihn der Hohe Priester noch einmal: „Bist du der Messias, der Sohn des Hochgelobten?" ⁶² „Ich bin es!", erwiderte Jesus. „Und ihr werdet den Menschensohn sehen, wie er an der rechten Seite des Allmächtigen sitzt und mit den Wolken des Himmels kommt." ⁶³ Da riss der Hohe Priester sein Gewand am Halssaum ein und rief: „Was brauchen wir noch Zeugen? ⁶⁴ Ihr habt die Gotteslästerung gehört. Was ist eure Meinung?" Alle erklärten, er sei schuldig und müsse sterben. ⁶⁵ Einige begannen, Jesus anzuspucken; sie verbanden ihm die Augen, schlugen ihn mit Fäusten und sagten: „Na, wer war es, du Prophet?" Auch die Wachen schlugen ihm ins Gesicht.

Im Haus des Hohepriesters waren die religiösen Führer der Juden versammelt. Sie wollten jemanden finden, der eine Zeugenaussage[221] gegen Jesus machen konnte. Das bedeutet, dass sie jemanden brauchten, der einen Beweis[222] vorlegen konnte für eine Tat, mit der Jesus irgendetwas gegen das Gesetz getan haben sollte. So suchten sie nach einem Grund, um Jesus zum Tod zu verurteilen.

Sie konnten aber keinen Beweis für eine Anklage gegen Jesus finden. Einige haben etwas gegen Jesus ausgesagt, aber was eine Person sagte, stimmte nicht mit dem überein, was eine andere Person sagte. Also fragte der Hohepriester Jesus, ob er eine Antwort auf die Anklagen habe, die die Menschen über ihn vorbrachten. Aber Jesus blieb still[223] und antwortete nicht.

Viele Jahre zuvor hatte schon David prophetisch über den Messias geschrieben, dass falsche Zeugen[224] gegen den Messias vorsprechen würden.

> ¹² Gib mich nicht ihrem Mutwillen preis, denn falsche Zeugen verklagen mich. Sie wüten und drohen mit Gewalt.

PSALM 27:12

Dann fragte der Hohepriester Jesus: *„Bist du der Messias, der Sohn des Hochgelobten?"* Er fragte Jesus, ob er der Messias, der Sohn Gottes, sei. Jesus

---

221. **Zeugenaussage** – vor Gericht wahrheitsgetreu über etwas berichten, das man gesehen, gehört oder erlebt hat.
222. **Beweis** – eine Aussage kann nachgewiesen werden.
223. **Still** – ruhig, leise, nicht sprechen.
224. **Falsche Zeugen** – Menschen, die absichtlich etwas behaupten, das nicht der Wahrheit entspricht.

SEINE GESCHICHTE – UNSERE RETTUNG

antwortete: *„Ich bin es!"*, und fügte noch hinzu, dass sie ihn eines Tages an einem Ort voller Macht und Autorität neben Gott sitzen sehen werden. Der Hohepriester sagte, dass dies *Gotteslästerung* sei. Gotteslästerung ist, wenn eine Person etwas Unwahres über Gott sagt. Sie dachten, dass das, was Jesus sagte, nicht wahr wäre. Gottes Gesetz sagt, dass Menschen nicht gegen Gott lästern sollen. Also meinte der Hohepriester, nun endlich etwas gegen Jesus gefunden zu haben, und fragte die anderen religiösen Führer der Juden, was mit Jesus passieren sollte. Sie sagten alle, dass Jesus wegen dieser Gotteslästerung sterben solle.

Dann bespuckten einige von ihnen Jesus. Sie banden ihm die Augen zu, schlugen ihn und spotteten, dass er prophezeien könne, wer ihn geschlagen habe. Prophezeien bedeutet, Gottes Worte zu sprechen. Sie machten sich über Jesus lustig, weil sie nicht glaubten, dass er der Sohn Gottes war, und somit auch nicht, dass er wirklich prophezeien könne.

Gottes Prophet Jesaja hat viele Jahre zuvor schon prophezeit, dass dem Messias dies geschehen werde.

JESAJA 50:6

⁶ Ich hielt meinen Rücken den Schlägern hin, meine Wangen denen, die mich am Bart gezerrt. Mein Gesicht habe ich nicht vor Schimpf und Speichel versteckt.

Die Römer hatten zur damaligen Zeit die Regierung²²⁵ inne. Also waren sie die Einzigen, die Kriminelle²²⁶ töten lassen konnten. Die jüdischen Führer mussten also die regierenden Römer irgendwie davon überzeugen, dass Jesus das Todesurteil verdient hätte. Am nächsten Morgen brachten sie Jesus vor Pilatus. Pilatus war ein römischer Statthalter.

MARKUS 15:1-20

¹ Früh am nächsten Morgen traten die Hohen Priester mit den Ratsältesten und den Gesetzeslehrern – also der ganze Hohe Rat – zusammen und fassten den offiziellen Beschluss gegen Jesus. Dann ließen sie ihn fesseln, führten ihn ab und übergaben ihn Pilatus. ² Pilatus fragte ihn: „Bist du der König der Juden?" – „Es ist so, wie du sagst", erwiderte Jesus. ³ Daraufhin brachten die Hohen Priester schwere Beschuldigungen gegen ihn vor. ⁴ Doch Pilatus fragte ihn noch einmal: „Hast du nichts dazu zu sagen? Hörst du

---

225. **Regierung** – die Menschengruppe mit der Autorität, ein Land oder einen Staat zu führen.
226. **Kriminelle** – Menschen, die das Gesetz gebrochen haben.

LEKTION 21: JESUS WURDE VON SEINEN FEINDEN GEFANGENGENOMMEN

nicht, was sie alles gegen dich vorbringen?" ⁵ Aber zu seinem Erstaunen sagte Jesus kein Wort mehr. ⁶ Nun war es üblich, dass der Statthalter jedes Jahr zum Passafest einen Gefangenen freiließ, den das Volk selbst bestimmen durfte. ⁷ Damals saß gerade ein Mann namens Barabbas im Gefängnis, der bei einem Aufstand zusammen mit anderen einen Mord begangen hatte. ⁸ Eine große Menschenmenge bedrängte nun Pilatus und bat ihn, wie üblich einen Gefangenen zu begnadigen. ⁹ „Soll ich euch den König der Juden losgeben?", fragte Pilatus die Menge. ¹⁰ Er wusste, dass die Hohen Priester Jesus nur aus Neid ihm ausgeliefert hatten. ¹¹ Doch die Hohen Priester hetzten die Menge auf, lieber die Freilassung von Barabbas zu fordern. ¹² „Wenn ich den freilasse", sagte Pilatus, „was soll ich dann mit dem tun, den ihr König der Juden nennt?" ¹³ „Kreuzigen!", schrien sie. ¹⁴ „Aber warum?", fragte Pilatus. „Was hat er denn verbrochen?" Doch sie schrien nur noch lauter: „Kreuzige ihn!" ¹⁵ Pilatus wollte die Menge zufriedenstellen und gab ihnen Barabbas frei. Jesus aber ließ er mit der schweren Lederpeitsche geißeln und übergab ihn dann den Soldaten zur Kreuzigung. ¹⁶ Die führten ihn in den Palast, das sogenannte Prätorium, und riefen die ganze Mannschaft zusammen. ¹⁷ Sie hängten ihm einen purpurroten Umhang um, flochten eine Krone aus Dornenzweigen und setzten sie ihm auf. ¹⁸ Dann salutierten sie und riefen: „Sei gegrüßt, König der Juden!" ¹⁹ Mit einem Stock schlugen sie Jesus auf den Kopf und spuckten ihn an. Dann knieten sie sich wieder vor ihm hin und huldigten ihm wie einem König. ²⁰ Als sie genug davon hatten, ihn zu verspotten, nahmen sie ihm den Umhang wieder ab, zogen ihm seine eigenen Gewänder an und führten ihn ab, um ihn zu kreuzigen.

Pilatus fragte Jesus: *„Bist du der König der Juden?"* Jesus antwortete: *„Es ist so, wie du sagst."* Jesus sagte damit, dass er der König der Juden war. Er sagte dies, weil er der wahre König von Gottes Volk ist. Jesus wusste, dass viele Menschen nicht wussten, wer er wirklich war, und auch, dass sie falsche Vorstellungen von dem versprochenen Messias hatten. Sie dachten, dass der Messias ein großer König für die jüdische Nation sein würde, aber Jesus wusste, dass seine Aufgabe als Messias anders aussähe: nicht zu regieren, sondern zu erlösen.

Die Hohepriester beschuldigten[227] ihn vieler Dinge. Pilatus war erstaunt, dass Jesus sich nicht verteidigte und seinen Anklägern nicht antwortete. Gottes

---

227. **Beschuldigten** – Grundform: beschuldigen; jemandem etwas Negatives vorwerfen; jemanden anklagen.

SEINE GESCHICHTE – UNSERE RETTUNG

Prophet Jesaja hatte diese Tatsache schon viele Jahre zuvor vorausgesehen und aufgeschrieben.

JESAJA 53:7

⁷ Er wurde misshandelt, doch er, er beugte sich und machte seinen Mund nicht auf. Wie ein Lamm, das zum Schlachten geführt wird, wie ein Schaf, das vor den Scherern verstummt, so ertrug er alles ohne Widerspruch.

Jesaja hatte vorhergesagt, dass der Messias *misshandelt* werden würde. Das bedeutet, dass er leiden würde, weil andere Menschen ihn verletzten und schlecht behandelten. Außerdem prophezeite Jesaja, dass der Messias dennoch stumm bleiben werde. Jesaja gebrauchte das Beispiel eines Lammes, das geschlachtet werden solle, und das eines Schafes, das geschoren werden solle. Lämmer und Schafe sind keine wilden, sondern ruhige Tiere, die in solchen Momenten alles mit sich machen lassen.

Gottes biblische Geschichte sagt uns, dass Pilatus wusste, dass Jesus nichts Falsches getan hatte. Pilatus durchschaute die jüdischen Führer und hatte es durchblickt, dass sie Jesus töten wollten. Er wusste, dass es aus *Neid* geschah. Neid ist, einem anderen etwas nicht zu gönnen und es selbst haben zu wollen. Viele Menschen hatten Jesus zugejubelt und wollten ihn als ihren Führer. Deswegen waren die jüdischen Führer auf Jesus neidisch und hatten Angst, dass Jesus ihnen die Macht wegnehmen könne, die sie über die Menschen hatten.

Jedes Jahr zum Passafest ließ der römische Statthalter einen Gefangenen[228] der Juden frei[229]. Also kam die Menge hinzu und bat Pilatus, jemanden freizulassen. Pilatus fragte sie, ob sie wollten, dass er den König der Juden freilasse. Pilatus glaubte nicht, dass Jesus wirklich der König war. Er sagte das, weil Jesus das gesagt hatte.

Einige Tage zuvor hatten die Menschen gesehen, wie Jesus nach Jerusalem hineingeritten war. Da dachten sie noch, dass er der Messias sei. Sie erwarteten von ihm, ein großer Herrscher und sehr mächtig zu sein und dass er nach Jerusalem käme, um als König zu regieren. Aber jetzt war er gefangengenommen worden. Deshalb dachten sie nun, dass er doch nicht der König sein konnte. Außerdem hatten sie sich von der Hetzerei der Pharisäer gegen Jesus anstecken lassen. So bat die Menschenmenge, allen voran die Hohepriester, Pilatus nicht

---

228. **Gefangener** – eine Person, die im Gefängnis sitzt.
229. **Freilassen** – aus dem Gefängnis entlassen; gerichtlich freisprechen.

LEKTION 21: JESUS WURDE VON SEINEN FEINDEN GEFANGENGENOMMEN

den von ihm vorgeschlagenen Jesus, sondern einen anderen Gefangenen freizulassen. Sie wollten lieber den Mörder Barabbas frei haben.

Dann fragte Pilatus die Menge: *„Was soll ich dann mit dem tun, den ihr König der Juden nennt?"* Die Menge schrie, dass Jesus gekreuzigt werden solle. Die Kreuzigung war damals eine übliche Hinrichtungsart der Römer. Sie bauten aus zwei Holzpfählen ein Kreuz. Sie legten den Verurteilten darauf und schlugen Nägel durch dessen Hände und Füße. Dann stellten sie das Kreuz auf und ließen ihn dort hängen, bis er starb. Das konnte Stunden, aber auch Tage dauern. Auf diese Weise töteten sie gewalttätige Kriminelle und Feinde. Diese Hinrichtungen wurden bevorzugt an Orten ausgeführt, wo viele Menschen vorbeigingen und sie sie sehen konnten.

Ungefähr 700 Jahre zuvor hatte Gottes Prophet Jesaja noch weitere Details über den Messias aufgeschrieben: dass die Menschen ihn verachten und ablehnen werden. Das bedeutet, dass sie ihn hassten und sich von ihm abwendeten.

JESAJA 53:3

³ Er wurde verachtet, und alle mieden ihn. Er war voller Schmerzen, mit Leiden vertraut, wie einer, dessen Anblick man nicht mehr erträgt. Er wurde verabscheut, und auch wir verachteten ihn.

Pilatus wollte die jüdische Menschenmenge – vor allem ihre religiösen Führer – zufriedenstellen. Also ließ er Barabbas frei. Dann ordnete er an, dass Jesus ausgepeitscht[230] werden solle. Danach übergab er Jesus den römischen Soldaten[231], die ihn kreuzigen sollten.

Die römischen Soldaten nahmen Jesus mit zum Prätorium. Das war ihr Treffpunkt. Sie riefen alle Soldaten zusammen. Sie verspotteten Jesus, machten also gemeine Scherze auf seine Kosten. Sie lachten ihn als „König der Juden" aus, legten ihm einen purpurroten Umhang als „Königsmantel" um und banden ihm einen Kranz aus Dornen[232], den sie ihm als „Königskrone" auf seinen Kopf drückten. Sie verbeugten sich vor ihm und spotteten: „Sei gegrüßt, König der Juden!" Sie schlugen Jesus und spuckten ihn an. Dann zerrten sie ihn mit sich, um zu dem Platz zu gehen, wo der Sohn Gottes gekreuzigt werden sollte.

---

230. **Ausgepeitscht** – Grundform: auspeitschen; jemanden mit einer Peitsche oder Geißel heftig schlagen.
231. **Soldaten** – Männer, die in der Armee sind.
232. **Dornen** – harte, spitze Stacheln an Pfanzenstielen.

1. Was dachten die vielen Menschen in Jerusalem, wer Jesus sei, als er nach Jerusalem hineinritt?
2. Was erwarteten die meisten von ihnen vom kommenden Messias?
3. Was sagte Jesus zu seinem Vater, als er in Getsemani mit ihm sprach? Warum sagte er das?
4. Hätte Jesus sich selbst retten können, wenn er es gewollt hätte?

LEKTION 22

JESUS WURDE GEKREUZIGT UND BEGRABEN, ABER STAND AUS DEM TOD WIEDER AUF

Die römischen Soldaten zogen und schubsten Jesus durch Jerusalem. Sie ließen Jesus selbst das schwere Kreuz tragen, an dem sie ihn festnageln wollten. Sie hatten sich dorthin auf den Weg gemacht, wo die Kreuzigung stattfinden sollte. Jesus war sehr heftig geschlagen worden, also muss er sehr schwach gewesen sein und starke Schmerzen erlitten haben. Es muss sehr schwer für ihn gewesen sein, das Kreuz zu tragen.

MARKUS 15:21

²¹ Unterwegs begegnete ihnen ein Mann, der gerade vom Feld kam. Es war Simon aus Zyrene, der Vater von Alexander und Rufus. Die Soldaten zwangen ihn, das Kreuz für Jesus zu tragen.

Die Soldaten sahen einen Mann vorbeigehen. Sein Name war Simon. Er war aus Zyrene, welches im heutigen Libyen liegt. Die Soldaten befahlen Simon, das Kreuz für Jesus zu tragen, und so trug Simon das Kreuz. Mittlerweile folgte ihnen eine große Menge. Auch Angehörige und Freunde von Jesus waren dabei. Sie mussten nicht weit gehen, um den Hinrichtungsort zu erreichen. Der befand sich gleich außerhalb der Stadtmauern.

SEINE GESCHICHTE – UNSERE RETTUNG

MARKUS 15:22,23

²² So brachten sie ihn bis zu der Stelle, die Golgota heißt, das bedeutet „Schädelstätte". ²³ Dann wollten sie ihm Wein zu trinken geben, der mit Myrrhe vermischt war, doch er nahm ihn nicht.

Der Ort wurde Golgota bzw. Golgatha genannt. Das kommt aus der aramäischen Sprache und bedeutet Schädelstätte. Einige Menschen sagen, dass dieser Hügel von der Form her einem Schädel[233] glich. Die Römer kreuzigten die Menschen an diesem Ort, weil er nahe bei der Stadt lag. Viele Menschen gingen dort vorbei. Die Römer wollten, dass viele Menschen sahen, was demjenigen geschah, der ihre Gesetze brach.

Als sie ankamen, wollte jemand Jesus etwas zu trinken geben. Es war Wein vermischt mit Myrrhe. Myrrhe wird aus einem Baum gewonnen und als Arzneimittel verwendet. Die Frauen in Jerusalem stellten es her, um die Schmerzen der Menschen zu lindern, die gekreuzigt werden sollten. Aber Jesus wollte dieses Schmerzmittel nicht trinken.

MARKUS 15:24,25

²⁴ So nagelten sie ihn ans Kreuz und verteilten dann seine Kleidung unter sich. Sie losten aus, was jeder bekommen sollte. ²⁵ Es war mitten am Vormittag, als sie ihn kreuzigten.

Um 9 Uhr morgens kreuzigten die römischen Soldaten Jesus. Zuerst nahmen sie ihm seine Kleidung weg. Gottes Geschichte sagt, dass sie darum würfelten, wer welches Kleidungsstück bekam. Dann kreuzigten sie Jesus, indem sie lange Metallnägel durch seine Hände und Füße hämmerten[234]. Sie stellten das hölzerne Kreuz auf und ließen Jesus dort hängen.

David hatte viele Jahre zuvor in einem seiner Psalmen über den Messias geweissagt. David war ein König über Israel, aber auch ein Prophet, der die Worte Gottes niederschrieb. Gott ließ David aufschreiben, was er längst wusste, dass es seinem Sohn einst geschehen würde.

PSALM 22:17-19

¹⁷ Denn mich umlauert die Meute der Hunde. Übles Gesindel hat mich umringt und hat mir Hände und Füße durchbohrt. ¹⁸ All meine Knochen könnte ich zählen. Sie stehen dabei und gaffen mich an. ¹⁹ Meine Kleider teilen sie unter sich auf, und mein Gewand verfällt ihrem Los.

---

233. **Schädel** – der große Knochen des Kopfes, der das Gehirn schützt.
234. **Hämmerten** – Grundform: hämmern; etwas mit dem Hammer schlagen; einen Nagel mit dem Hammer in die Wand schlagen.

LEKTION 22: JESUS WURDE GEKREUZIGT UND BEGRABEN, ABER STAND AUS DEM TOD WIEDER AUF

Wenn die Römer Kriminelle kreuzigten, dann hängten sie ein Schild auf. Auf dem Schild stand, welches Gesetz der Kriminelle gebrochen hatte. Dann konnte jeder sehen, warum derjenige gekreuzigt worden war. Aber Jesus war kein Krimineller. Er hatte kein Gesetz gebrochen. So schrieben die Römer auf das Schild: *der König der Juden*. Dies hatte Jesus von sich gesagt und dies war auch die Anklage[235], die die Juden gegen Jesus hervorgebracht hatten. Sie glaubten nicht, dass Jesus ihr König war. Sie hatten alle Wunder gesehen, die er getan hatte, aber sie glaubten trotzdem nicht, dass er der war, der er sagte.

²⁶ Als Grund für seine Hinrichtung hatten sie auf ein Schild geschrieben: „Der König der Juden".

MARKUS 15:26

Jesus hing an dem Kreuz. Jeder in der Gegend konnte ihn sehen. Jesus hatte schon davon gesprochen, dass das mit ihm geschehen würde. Erinnerst du dich, als Jesus sich mit dem Pharisäer Nikodemus unterhielt? Jesus hatte zu Nikodemus gesagt, dass er aufgerichtet werden würde, wie Mose die eherne Schlange aufgerichtet hatte. Die Israeliten, die bei Mose auf die eherne Schlange geschaut hatten, sind nicht am Biss der giftigen Schlangen gestorben. Nun hing Jesus hoch oben am Kreuz. Das hatte er gemeint, als er zu Nikodemus sagte, dass er aufgerichtet werden würde.

²⁷ Zusammen mit Jesus kreuzigten sie zwei Verbrecher, einen rechts und einen links von ihm.

MARKUS 15:27

Rechts und links von Jesus wurden noch zwei weitere Männer gekreuzigt. Einer von ihnen fing an, Jesus zu verhöhnen[236].

---

235. **Anklage** – die Schuld, die einem vor Gericht vorgeworfen wird.
236. **Verhöhnen** – verspotten; sich lustig machen über jemanden, den man nicht respektiert oder mag.

SEINE GESCHICHTE – UNSERE RETTUNG

LUKAS 23:39-43

³⁹ Einer der beiden Verbrecher höhnte: „Bist du nun der Messias oder nicht? Dann hilf dir selbst und auch uns!" ⁴⁰ Doch der andere fuhr ihn an: „Hast du denn gar keinen Respekt vor Gott? Du bist genauso zum Tod verurteilt wie er, ⁴¹ und du bist es mit Recht! Wir beide bekommen, was wir verdient haben, aber der da hat nichts Unrechtes getan." ⁴² Dann sagte er: „Jesus, denk an mich, wenn deine Herrschaft beginnt!" ⁴³ Jesus erwiderte ihm: „Ich versichere dir: Heute noch wirst du mit mir im Paradies sein."

Diese zwei Männer waren Kriminelle. Sie hatten das Gesetz gebrochen und deswegen wurden sie gekreuzigt. Einer von ihnen glaubte nicht, dass Jesus der Sohn Gottes war, und provozierte Jesus nur. Der andere aber rügte ihn dafür und wies darauf hin, dass sie beide rechtmäßig bestraft wurden, da sie wirklich etwas verbrochen hatten, aber dass Jesus nichts Falsches getan und daher das Todesurteil nicht verdient hatte. Dann wandte er sich zu Jesus und sagte: *„Jesus, denk an mich, wenn deine Herrschaft beginnt!"* Dieser Mann glaubte, dass Jesus der Messias war. Er wusste, dass Jesus der rechtmäßige König war. Er hatte auch erkannt, dass er selbst ein Sünder war und nur Gott ihn retten konnte. Und Jesus wusste, dass der Glaube dieses Mannes echt war. Also sagte Jesus zu dem Mann, dass er später am Tag mit Jesus im Paradies²³⁷ sein würde. Nachdem der Mann gestorben war, würde er mit Jesus im Himmel sein.

Auch diese Einzelheiten hatte Gott seinem Propheten Jesaja viele Jahre zuvor mitgeteilt. Jesaja hatte aufgeschrieben, dass Jesus zu den Verbrechern gezählt werden wird, dass er also mit Kriminellen auf dieselbe Stufe gestellt werden würde.

JESAJA 53:12

¹² Darum teile ich die Vielen ihm zu, und die Starken werden seine Beute sein, weil er sein Leben dem Tod preisgegeben hat und sich unter die Verbrecher rechnen ließ. Dabei war er es doch, der die Sünden der Vielen trug und fürbittend (betend) für Verbrecher eintrat.

Markus schrieb auf, was die Menschen taten, die dort vorbeigingen, wo Jesus am Kreuz hing. Viele verspotteten²³⁸ Jesus. Einige der religiösen Führer riefen Jesus niederträchtige Worte zu.

---

237. **Paradies** – ein anderes Wort für Himmel; der Ort, wo der Mensch mit Gott im Reinen ist.
238. **Verspotteten** – Grundform: verspotten; sich auf schlechte Weise über jemanden lustig machen.

LEKTION 22: JESUS WURDE GEKREUZIGT UND BEGRABEN, ABER STAND AUS DEM TOD WIEDER AUF

MARKUS 15:31,32

³¹ Auch die Hohen Priester und Gesetzeslehrer machten sich über ihn lustig. „Andere hat er gerettet", riefen sie, „sich selbst kann er nicht retten!
³² Der Messias, der König von Israel, möge doch jetzt vom Kreuz herabsteigen. Wenn wir das sehen, werden wir an ihn glauben!" Auch die Männer, die mit ihm gekreuzigt waren, beschimpften ihn.

Die Pharisäer riefen Jesus zu, dass er sich selbst retten und vom Kreuz herabkommen solle, wenn er doch der König der Juden sei. Sie glaubten nicht, dass Jesus der Messias war. Sie *beschimpften* ihn und griffen ihn damit an, dass er sich doch selbst retten solle, so wie er andere Menschen gerettet habe. Jesus hätte sich selbst retten können. Er war der Sohn Gottes und deshalb konnte er alles tun. Aber er rettete sich nicht selbst. Auch Gott, der Vater, hätte seinen Sohn retten können. Aber Gott rettete ihn nicht, obwohl er seinen Sohn grenzenlos liebt. Gott hatte etwas Anderes vor.

Jesus wurde um 9 Uhr morgens ans Kreuz genagelt. Am Mittag, in der Mitte des Tages, hing Jesus immer noch am Kreuz.

MARKUS 15:33

³³ Als es dann Mittag wurde, legte sich eine schwere Finsternis über das ganze Land. Den halben Nachmittag blieb es so.

Markus schrieb, dass von 12 Uhr mittags bis 15 Uhr nachmittags *sich eine schwere Finsternis über das ganze Land* legte. Gott ließ es zu dieser Tageszeit ungewöhnlich dunkel werden. Er tat das, um der Welt zu zeigen, dass hier etwas ganz Wichtiges mit Jesus geschah. In dieser Zeit musste Gott sich von seinem Sohn abwenden. Um zu verstehen, warum, müssen wir zurückgehen zum Anfang der Menschheitsgeschichte.

Tausende Jahre zuvor hatten Adam und Eva sich von Gott abgewandt. Als Folge werden seitdem die Menschen in eine Welt voller Sünde und Tod, getrennt von Gott, hineingeboren. Weil sie keine Gemeinschaft mehr mit Gott haben, können die Menschen nicht mehr zu Gott kommen. Von den Menschen aus gibt es keinen Weg zu Gott hin. Auch verspielten Adam und Eva mit ihrem Ungehorsam die Möglichkeit, ewig zu leben, denn sie mussten den Garten Eden verlassen und konnten nicht mehr vom Baum des Lebens essen. So werden seitdem auch alle Menschen älter und schwächer, bis sie schließlich physisch sterben. Nach dem körperlichen Tod erwartet die Menschen der ewige, geistliche Tod, für immer

SEINE GESCHICHTE – UNSERE RETTUNG

von Gott getrennt bleiben. Jeder Mensch, der nach Adam und Eva geboren wurde und wird, ist geistlich tot.

Nur die Menschen, die auf die Art und Weise zu Gott kamen, wie er es gesagt hatte – durch das Opfern von Tieren – konnten zu ihm kommen. Die Menschen mussten Tiere töten, um zu zeigen, dass sie wussten, was die Wahrheit war. Sie zeigten damit, dass sie wussten, dass sie Sünder waren, getrennt von Gott. Sie wussten, dass sie für ihre Sünde sterben mussten. Also mussten sie ein Tier töten, um zu zeigen, dass sie wussten, dass nur Gott sie retten konnte. Doch sie sündigten immer und immer wieder. Und deswegen mussten sie immer und immer wieder Tiere töten. Das Blut der Tiere an sich bezahlte nicht für ihre Sünde. Es war nur ein Zeichen, dass sie die Wahrheit über ihre echte Beziehung zu Gott kannten. Gott wollte die Menschen immer wieder daran erinnern, dass die Sünde, die Trennung von ihm, nur mit einem Tod bezahlt werden konnte. Gott hatte den Plan, einmal selbst für diese Sünde der ganzen Menschheit vollkommen zu bezahlen.

Gott ist vollkommen. Er macht immer das Richtige. Er weiß immer, was richtig und wahr ist. So ist Gott. Er macht nie etwas Falsches und nie etwas Unehrliches. Gott könnte nie eine trügerische Beziehung zu den Menschen haben, sie muss echt und wahr sein. Die Wahrheit ist, dass die Menschen wegen ihrer Sünde von Gott getrennt sind. Diese Wahrheit kann Gott nicht einfach übergehen, er muss gerecht und ehrlich damit umgehen. Seit Adam und Eva sind die Menschen außerhalb des Gartens geboren worden. Sie sind geistlich tot, sind Gott fern und haben keine Beziehung zu ihm. Sie könnten nie so vollkommen sein, wie Gott es ist. Sie könnten nie in den Zustand, wie er ursprünglich im Garten war, zurückkehren. Die Menschen können ihre zerbrochene Beziehung zu Gott nicht reparieren. Nur Gott kann es.

Gott liebt die Menschen, obwohl sie sich von ihm abgewandt haben. Er liebt sie, obwohl sie sündigen und seinen vollkommenen Geboten nicht gehorchen. Gott möchte die Menschen retten, damit sie nicht in Ewigkeit von ihm getrennt sein müssen. Er möchte einen Weg für die Menschen schaffen, zu ihm zu kommen. Gott hatte das versprochen. Er sagte, dass einmal ein Retter käme, der den Satan besiegen würde. Dieser Retter würde dann für die Sünden der ganzen Welt bezahlen – ein für alle Mal.

Dieser Retter sollte Adams Platz einnehmen, also ein Mensch, ein Mann, werden. Dieser Mann war Jesus. Jesus war der menschgewordene Sohn Gottes. Er war nicht wie die anderen Menschen, denn ihn hatte kein menschlicher

LEKTION 22: JESUS WURDE GEKREUZIGT UND BEGRABEN, ABER STAND AUS DEM TOD WIEDER AUF

Vater gezeugt. Somit wurde er nicht als Sünder geboren wie all die anderen Menschen. Er war Gott in menschlicher Gestalt. Gott hatte entschieden, dass sein Sohn wie ein echter Mensch geboren wurde. Nie war Jesus in seinem Leben hier als Mensch Gott ungehorsam. Er wandte sich nicht von Gott ab. Auch als Mensch war er vollkommen, so wie Gott. Weil Jesus als echter Mensch sündlos gelebt hatte, konnte er für die Sünden von anderen sterben. Das war Gottes Rettungsplan von Ewigkeit her gewesen, dass sein Sohn einmal für die Sünden der ganzen Welt sterben sollte. Sein Tod sollte für die Schuld der Sünden der ganzen Welt bezahlen.

Als Jesus also dort am Kreuz hing, wurde es für drei Stunden dunkel. Gott tat dies, um zu zeigen, dass er sich von Jesus abwenden musste, weil nun alle menschlichen Sünden auf Jesus gelegt wurden. Jesus war das Lamm Gottes. Er nahm die Schuld für alle Sünden der Menschen auf sich. Er starb, um für die Sünden von anderen zu bezahlen. Das war eine schreckliche Zeit für Gott und Jesus. Gott hatte sich von seinem Sohn abgewandt, den er so sehr liebte. Und Jesus musste in dieser Zeit allein bleiben, in der er am meisten seinen Vater gebraucht hätte. Aber Gott musste sich abwenden, weil Jesus für die Sünden der Welt bezahlte, als wären es seine eigenen. Jesus war in dieser Zeit von seinem geliebten Vater getrennt, als er starb, um für die Sünden der Menschen zu bezahlen. Gott zeigte, wie schrecklich das für ihn und Jesus war, indem er den Himmel dunkel werden ließ.

Als es 15 Uhr nachmittags war, nach drei Stunden der furchtbaren Trennung von seinem Vater, schrie Jesus nach seinem Vater. Er hielt diese schrecklichen Schmerzen und Leiden ohne seinen Vater kaum noch aus. Jesus rief nach Gott in der aramäischen Sprache, die den anwesenden Menschen nicht so geläufig war. Sie meinten, er würde nach Elija, dem Propheten, rufen.

MARKUS 15:34-37

³⁴ Zuletzt schrie Jesus laut: „Eloi, Eloi, lema sabachthani?" Das heißt: „Mein Gott, mein Gott, warum hast du mich verlassen?" ³⁵ Einige der Herumstehenden hörten das und sagten: „Seht, er ruft Elija!" ³⁶ Einer von ihnen holte schnell einen Schwamm, tauchte ihn in sauren Wein, steckte ihn auf einen Stock und hielt ihn Jesus zum Trinken hin. „Wartet", rief er, „wir wollen doch sehen, ob Elija kommt, um ihn herabzuholen!" ³⁷ Jesus aber stieß einen lauten Schrei aus und starb.

SEINE GESCHICHTE – UNSERE RETTUNG

Jesus stieß einen lauten Schrei aus und dann starb er. Jesus starb, weil er sterben musste. Er hätte sich selbst retten können, aber er tat es nicht. Er wollte sterben, um die Menschen der Welt zu retten. Johannes schrieb die Worte auf, die Jesus mit dem lauten Schrei ausrief, als er starb.

³⁰ Als Jesus von dem Essig genommen hatte, sagte er: „Es ist vollbracht!" Dann ließ er den Kopf sinken und starb.

JOHANNES 19:30

Jesus sagte: *„Es ist vollbracht!"* Er meinte damit, dass die Bezahlung für die Sünden der Welt gemacht worden war. Gottes großer Plan, die Menschen zu retten, der so lange Zeit zuvor begonnen hatte, war nun vollendet. Es war ein Weg für die Menschen geschaffen worden, zu Gott zu kommen und eine echte, wahre und enge Beziehung zu ihm aufzubauen. Deswegen nahm Jesus, Gottes Sohn, die Sünden der Menschen auf sich. Und deswegen starb er, um für diese Sünden für alle Zeiten zu bezahlen. Er hatte die Bezahlung nun vollbracht, die die Beziehung zwischen Gott und den Menschen für immer reparierte. Dieser Tatsache setzte Gott ein Zeichen, das Markus im Folgenden beschrieb:

³⁸ In diesem Augenblick zerriss der Vorhang im Tempel von oben bis unten in zwei Stücke.

MARKUS 15:38

Erinnerst du dich, dass es einen dicken, schweren Vorhang im Tempel gab? Er trennte die zwei Räume im Inneren des Tempels: das Heiligtum und das Allerheiligste. Im Allerheiligsten wohnte Gott unter den Menschen. Nur der Hohepriester konnte ein Mal im Jahr hineingehen, um das Blut der Tiere auf den Deckel der Bundeslade zu sprengen. Wenn eine andere Person hineinging, dann starb sie.

Doch nun hatte Jesus das endgültige[239] Opfer für die Sünde gebracht. Weil er das tat, waren die Menschen frei, zu jeder Zeit zu Gott zu kommen. Gottes Geschichte sagt, dass der Vorhang von oben nach unten zerriss. Nun gab es nichts mehr, was Gott von den Menschen trennte. Jesus hatte die letzte Bezahlung für die Sünde getan. Erinnerst du dich, als Jesus mit seinen Jüngern das Passamahl aß? Er sagte zu seinen Jüngern, dass sein Blut *den Bund zwischen Gott und Menschen besiegelt.* Sein Blut musste also vergossen werden, um die Vereinbarung zwischen Gott und den Menschen in Ordnung zu bringen. Und

---

239. **Endgültig** – letztlich, abschließend und vollständig.

LEKTION 22: JESUS WURDE GEKREUZIGT UND BEGRABEN, ABER STAND AUS DEM TOD WIEDER AUF

das geschah durch Jesus' Opfertod als Gottes Opferlamm. Gott zerriss den Vorhang im Tempel, um zu zeigen, dass die Vereinbarung erfüllt worden war.

Jesus starb an einem Freitag. Der darauffolgende Tag war der jüdische Sabbat, an dem keine Arbeit verrichtet werden konnte. Der Sabbat begann bei Sonnenuntergang am Freitag.

MARKUS 15:42

⁴² Es wurde nun schon Abend, und es war Rüsttag, der Tag vor dem Sabbat.

Es war kurz vor dem Sabbat. Deswegen musste der Körper von Jesus in eine Gruft gelegt werden, bevor der Sabbat begann. Es gab einen reichen Mann namens Josef aus der Stadt Arimathäa. Der war Mitglied des jüdischen Hohen Rates, des Sanhedrins. Josef von Arimathäa war einer der wenigen aus dem Hohen Rat, die an Jesus als den Messias glaubten. Weil er Angst davor hatte, was die Juden mit ihm machen würden, wenn sie es wüssten, dass er Jesus nachfolgte, verheimlichte er seinen Glauben.

MARKUS 15:43-47

⁴³ Da wagte es Josef aus Arimathäa, zu Pilatus zu gehen und ihn um den Leichnam von Jesus zu bitten. Er war ein angesehenes Mitglied des Hohen Rates und einer von denen, die auf das Kommen des Reiches Gottes warteten. ⁴⁴ Pilatus war erstaunt zu hören, dass Jesus schon tot sein solle. Er ließ den Hauptmann kommen und fragte ihn, ob Jesus wirklich schon gestorben sei. ⁴⁵ Als der das bestätigte, überließ er Josef den Leib. ⁴⁶ Josef kaufte ein Leinentuch, nahm Jesus vom Kreuz ab und wickelte ihn darin ein. Dann legte er ihn in eine aus dem Felsen gehauene Grabhöhle und wälzte einen Stein vor den Eingang. ⁴⁷ Maria aus Magdala und Maria, die Mutter von Joses, beobachteten, wohin der Leichnam von Jesus gelegt wurde.

Josef ging zu Pilatus, um ihn um den Leichnam von Jesus zu bitten. Pilatus war überrascht, dass Jesus schon gestorben sein solle. Also klärte er es mit einem Zenturio ab und fand heraus, dass Jesus tatsächlich bereits gestorben war. Dann übergab Pilatus Josef den Leichnam von Jesus. Josef wickelte Jesus' Leiche in ein *Leinentuch*. Dieser Stoff war sehr wertvoll. Dann legte er den Körper in eine Grabhöhle und verschloss deren Eingang mit einem großen, schweren Steinbrocken. Somit konnte kein Mensch oder Tier das Grab öffnen und

SEINE GESCHICHTE – UNSERE RETTUNG

betreten. Einige Frauen, die Nachfolgerinnen von Jesus waren, beobachteten das Begräbnis.

Johannes beschrieb noch weitere Details über Jesus' Bestattung, und zwar, dass auch Nikodemus dabei war. Nikodemus war der Pharisäer, der bei Nacht zu Jesus gekommen war, um mit ihm zu sprechen. Er gehörte wie Josef dem jüdischen Hohen Rat an. Nikodemus half Josef, den Leichnam vom Kreuz herunter zu heben. Er kaufte Myrrhe[240] und Aloe[241]. Das waren gut riechende Ölsalben, die aus natürlichen Harzen gewonnen wurden und sehr teuer waren. Gemeinsam salbten und wickelten sie den Leichnam ein und legten ihn in die Grabhöhle.

JOHANNES 19:38-42

³⁸ Danach bat Josef von Arimathäa Pilatus um die Erlaubnis, den Leichnam von Jesus abnehmen zu dürfen. Josef war auch ein Jünger, allerdings nur heimlich, weil er sich vor den führenden Juden fürchtete. Als er von Pilatus die Genehmigung erhalten hatte, ging er zum Hinrichtungsplatz und nahm den Leichnam von Jesus ab. ³⁹ Auch Nikodemus, der Jesus einmal in der Nacht aufgesucht hatte, kam dazu. Er brachte eine Mischung von Myrrhe und Aloë mit, ungefähr 33 Kilogramm. ⁴⁰ Sie wickelten den Leib unter Beigabe der wohlriechenden Öle in Leinenbinden, wie es der jüdischen Begräbnissitte entsprach. ⁴¹ Der Ort der Kreuzigung lag in der Nähe eines Gartens. Dort befand sich eine neu ausgehauene Grabhöhle, in der noch niemand gelegen hatte. ⁴² In dieses Grab legten sie Jesus, weil es ganz in der Nähe war und er dort noch vor dem Ende des Rüsttags der Juden begraben werden konnte.

Sie hatten nicht viel Zeit, den Leichnam in die Grabhöhle zu legen. Der Sabbat würde bald beginnen. Also legten sie den Leichnam in eine Grabhöhle, die nahe dort war, wo Jesus gekreuzigt worden war. Die Grabhöhle gehörte Josef. Er hatte sie bis jetzt noch nicht benutzt. Viele Jahre zuvor hatte Jesaja geschrieben, dass der Messias in eine Grabhöhle gelegt werden würde, die einem reichen Mann gehörte.

JESAJA 53:9

⁹ Bei Gottlosen sollte er liegen im Tod, doch ins Steingrab eines Reichen kam er, weil er kein Unrecht beging und kein unwahres Wort aus seinem Mund kam.

---

240. **Myrrhe** – gut riechendes Naturharz, das aus einem Baum kommt.
241. **Aloe** – gut riechendes Naturharz, aus dem Duftstoff oder Weihrauch gemacht wird.

LEKTION 22: JESUS WURDE GEKREUZIGT UND BEGRABEN, ABER STAND AUS DEM TOD WIEDER AUF

Nachdem der Sabbat vorüber war, gingen ein paar Frauen zu der Grabhöhle. Es war sehr früh am Sonntagmorgen. Unter diesen Frauen waren Maria aus Magdala, Maria, die Mutter von Jakobus, und Salome. Sie waren bei der Kreuzigung dabei gewesen und hatten die Grablegung beobachtet. Nun wollten sie zu der Grabhöhle, um auch Jesus' Leichnam einzuölen.

MARKUS 16:1-5

¹ Am nächsten Abend, als der Sabbat vorüber war, kauften Maria aus Magdala, Salome und Maria, die Mutter von Jakobus, wohlriechende Öle, um zum Grab zu gehen und den Leichnam von Jesus zu salben. ² Sehr früh am Sonntagmorgen machten sie sich auf den Weg zum Grab. Die Sonne war gerade aufgegangen, als sie dort ankamen. ³ Unterwegs hatten sie sich noch gefragt: „Wer wird uns den Stein vom Eingang des Grabes wegwälzen?" ⁴ Doch als sie jetzt hinblickten, sahen sie, dass der riesige Stein zur Seite gewälzt war. ⁵ Sie gingen in die Grabkammer hinein und erschraken sehr, als sie innen auf der rechten Seite einen jungen Mann in weißem Gewand sitzen sahen.

Die Frauen waren auf dem Weg zum Grab. Sie dachten darüber nach, wer ihnen wohl helfen könne, den schweren Stein, der über der Tür zur Grabhöhle lag, wegzuwälzen. Doch als sie dort ankamen, war der Stein schon weg. Also gingen sie in die Höhle. Darin sahen sie einen jungen Mann sitzen, der mit einem weißen Gewand bekleidet war. Dieser junge Mann war einer von Gottes geistlichen Botschaftern, einer der Engel, die sich am Grab aufhielten. Er hatte sich selbst in menschlicher Gestalt präsentiert, um mit den Frauen zu sprechen. Auch Matthäus, Lukas und Johannes beschrieben verschiedene Begegnungen von Besuchern am leeren Grab mit Engeln.

MARKUS 16:6-8

⁶ Der sprach sie gleich an und sagte: „Erschreckt nicht! Ihr sucht Jesus von Nazaret, den Gekreuzigten. Er ist auferstanden, er ist nicht hier. Seht, das ist die Stelle, wo sie ihn hingelegt hatten. ⁷ Und nun geht zu seinen Jüngern und sagt ihnen und dem Petrus: ‚Er geht euch nach Galiläa voraus. Dort werdet ihr ihn sehen, wie er es euch angekündigt hat.'" ⁸ Zitternd vor Furcht und Entsetzen stürzten die Frauen aus der Gruft und liefen davon. Sie hatten solche Angst, dass sie mit niemand darüber redeten.

SEINE GESCHICHTE – UNSERE RETTUNG

Die Frauen waren erstaunt und ängstlich. Der Engel sagte ihnen, dass sie nicht erschrecken[242] sollten. Er wusste, dass sie Jesus suchten, der gekreuzigt worden war. Er sagte ihnen, dass Jesus nicht mehr im Grab sei, weil er aus den Toten auferstanden war. Er zeigte ihnen die Stelle, wo Jesus gelegen hatte. Aber da war keine Leiche mehr. Der Engel befahl den Frauen, zu den Jüngern zu gehen und mit ihnen zu sprechen. Er sagte, dass sie den Jüngern sagen sollten, dass Jesus vor ihnen hergehen würde nach Galiläa. Der Engel sagte, dass sie zu den Jüngern gehen sollten und Jesus dort treffen würden. Er sagte: *„Dort werdet ihr ihn sehen, wie er es euch angekündigt hat."* Der Engel wollte sie daran erinnern, dass Jesus seinen Jüngern erzählt hatte, dass er sterben und wieder auferstehen würde.

Die Frauen liefen von der Gruft weg. Sie zitterten, weil sie so überrascht und erstaunt waren. Sie sprachen mit niemandem, als sie vom Grab weg zu den Jüngern liefen, um ihnen zu berichten, was der Engel ihnen befohlen hatte.

LUKAS 24:8-12

⁸ Da erinnerten sie sich an seine Worte. ⁹ Sie verließen die Felsengruft und berichteten alles den elf Aposteln und den übrigen Jüngern. ¹⁰ Es waren Maria aus Magdala, Johanna und Maria, die Mutter des Jakobus, und noch einige andere. Sie erzählten den Aposteln, was sie erlebt hatten. ¹¹ Doch die hielten das für leeres Geschwätz und glaubten ihnen nicht. ¹² Petrus allerdings sprang auf und lief zum Felsengrab. Er beugte sich vor, um hineinzuschauen, sah aber nur die Leinenbinden daliegen. Dann ging er wieder zurück und fragte sich verwundert, was da wohl geschehen war.

In den folgenden Tagen erschien[243] Jesus vielen Menschen. Er zeigte sich Maria aus Magdala, einigen anderen Menschen, die auf dem Weg waren, und seinen Jüngern.

MARKUS 16:9-14

⁹ Nach seiner Auferstehung am frühen Sonntagmorgen erschien Jesus zuerst der Maria aus Magdala, aus der er sieben Dämonen ausgetrieben hatte. ¹⁰ Sie ging zu den Jüngern, die um ihn trauerten und weinten und berichtete ihnen, ¹¹ dass Jesus lebe und sie ihn gesehen habe. Doch sie glaubten ihr nicht. ¹² Danach zeigte sich Jesus in anderer Gestalt zwei von ihnen, die zu einem Ort auf dem Land

---

242. **Erschrecken** – fasziniert und furchtsam zugleich.
243. **Erschien** – Grundform: erscheinen; anwesend sein, sich zeigen.

unterwegs waren. ¹³ Sie kehrten gleich zurück und berichteten es den anderen. Doch auch ihnen glaubten sie nicht. ¹⁴ Schließlich zeigte sich Jesus den elf Jüngern selbst, als sie beim Essen waren. Er rügte ihren Unglauben und Starrsinn, weil sie denen nicht hatten glauben wollen, die ihn als Auferstandenen gesehen hatten.

Später gingen die Jünger mit Jesus wieder nach Judäa. Gottes Geschichte erzählt uns, dass Gott Jesus in den Himmel aufnahm, als sie in der Nähe von Betanien waren. Jesus hatte sein Werk beendet, also ging er zurück zu seinem Vater. Dort ist er auch heute.

MARKUS 16:19

¹⁹ Nachdem der Herr mit ihnen gesprochen hatte, wurde er in den Himmel aufgenommen und setzte sich an die rechte Seite Gottes.

Am Kreuz nahm Jesus die Sünden aller Menschen auf sich. Gott verließ Jesus und richtete ihn für unsere Sünden. Jesus wurde von Gott an unserer Stelle verurteilt[244]. Dieses Urteil war der Tod. Jesus starb, um für die Sünden aller Menschen der Welt zu bezahlen. Nachdem Jesus die Strafe für die Sünde getragen hatte, holte Gott ihn wieder ins Leben zurück. Damit zeigte Gott, dass er die Bezahlung akzeptierte, die Jesus geleistet hatte. Das Urteil war vorüber. Die völlige und letzte Bezahlung für die Sünden aller Menschen war getätigt worden.

---

244. **verurteilt** – Grundform: verurteilen; wenn ein Richter das Schuldausmaß und die Strafe festlegt.

1. Woher wussten die Propheten Gottes, was mit Jesus viele Jahre später passieren würde?
2. Warum musste Gott sich von Jesus abwenden, als der am Kreuz starb?
3. Was meinte Jesus mit seiner Aussage: „Es ist vollbracht"?
4. Wer erweckte Jesus aus den Toten?
5. Können Menschen irgendetwas tun, um für ihre eigenen Sünden zu bezahlen und sich selbst zu retten?

UNSER PLATZ IN GOTTES GESCHICHTE

Wir sind Gottes Geschichte von Anfang an gefolgt. Wir haben von den Ereignissen gehört, die Gott von Anbeginn der Zeit gesagt und getan hatte. Nun, im letzten Teil dieses Buches, werden wir darüber nachdenken, wo wir in Gottes Geschichte vorkommen. Jeder Mensch ist Teil von Gottes großem Rettungsplan, und das schließt uns mit ein. Gott möchte, dass jeder Mensch seine Historie kennt, was er gesagt und getan hat. Deswegen stellte er sicher, dass sie deutlich in der Bibel niedergeschrieben wurde. Gott will, dass die Menschen die wahre Geschichte kennen. Er möchte es ihnen ermöglichen, ihn zu kennen und echte Gemeinschaft mit ihm zu haben.

Wir werden zuerst auf das zurückblicken, was bis zur letzten Lektion geschah. Dann werden wir nach vorne auf den Rest der Geschichte schauen, die auch noch in der Bibel aufgeschrieben ist.

Die Weltgeschichte ist *Gottes Geschichte*, weil Gott der Schöpfer der Welt ist. Er schuf die Himmel und die Erde. Er ist der Einzige, der die wahre Geschichte von allem erzählen kann. Er wählte Menschen aus, um seine wahre Geschichte aufzuschreiben. Die Menschen, die er auswählte, schrieben Gottes Worte und Gedanken auf und historische Ereignisse, die Gott lenkte. Alle diese Schriften insgesamt bilden die Bibel.

Gott liebt die Menschen und möchte mit ihnen arbeiten. Von Anbeginn der Zeit, als Gott alles erschuf, dreht sich in Gottes Geschichte alles um seine

SEINE GESCHICHTE – UNSERE RETTUNG

Beziehung zu den Menschen, zu uns. Gott schuf die Menschen nach seinem Vorbild. Er wollte, dass die Menschen fähig sind, engsten Kontakt mit ihm zu haben, eine Beziehung, die von Vertrauen und Liebe geprägt ist. Gott gab Adam und Eva eine wichtige Rolle und echte Verantwortung im Miteinander mit ihm. Adam und Eva waren von Gott geschaffen worden, um sein Volk zu sein, seine Kinder, die eine echte, liebevolle und wahrhaftige Beziehung zu ihrem Vater-Gott leben durften.

Alle Menschen sind Nachkommen von Adam und Eva. Von ihnen stammen wir alle ab. Daher waren unsere Anlagen sozusagen auch schon dort in dem Garten Eden mit Gott. Da gehören wir in Gottes Augen eigentlich hin.

Doch dann veränderte sich alles. Adam und Eva wandten sich von Gott ab. Sie wurden Sünder. Als sie Sünder wurden, bedeutete es, dass alle Menschen, die nach ihnen geboren wurden, auch Sünder waren. Das gilt auch dir und mir. Wir sind die Menschen, die sich von der Wahrheit und von Gott abgewandt haben und die Gottes Feind gefolgt sind. Wir sind die Verlorenen, die von Gott gerettet werden mussten. Jeder von uns ging seinen eigenen Weg. Gottes Prophet Jesaja beschrieb unsere Lage gut:

JESAJA 53:6A

⁶ Wie Schafe hatten wir uns alle verirrt; jeder ging seinen eigenen Weg …

Wir mussten von der Sünde, dem Tod und Satans Macht über uns gerettet werden. Wir hatten nur eine Hoffnung – den von Gott verheißenen Retter, der käme, um den Feind Gottes und der Menschen zu besiegen. Und er kam, wie wir gehört haben. Wir lesen den Vers von Jesaja noch zu Ende:

JESAJA 53:6

⁶ Wie Schafe hatten wir uns alle verirrt; jeder ging seinen eigenen Weg. Doch ihm lud Jahwe unsere ganze Schuld auf.

Hier ist von Jesus die Rede. Jesus trug unsere ganze Schuld und wurde für sie bestraft. Wir haben gehört, wie das geschah. Das Leben von Gottes Sohn Jesus Christus hier auf der Erde trägt einen sehr wichtigen Teil zu Gottes Geschichte bei. Gott sandte ihn, um uns zu retten.

Während wir Gottes Geschichte von Anfang an verfolgten, haben wir von vielen verschiedenen Menschen gehört. Die unterschiedlichen Geschichten, die alle zusammengenommen Gottes eine, großartige Geschichte bilden, sind wahr. Sie geschahen an echten Orten mit echten Menschen. Gott schrieb und schreibt Geschichte – mit dem Ziel, dass wir Menschen ihn und uns selbst verstehen. Er stellte sicher, dass die Historie in der Bibel für uns zum Nachlesen niedergeschrieben wurde. Er wollte uns wissen lassen, wie er uns sieht, mit anderen Worten, er wollte sich uns offenbaren.

So wie Kain und Abel sind auch wir außerhalb des Gartens geboren worden. Wir hatten keinen Weg, um zu Gott zurückzukehren. Wir waren die Menschen, die von Gott abgetrennt waren. Nachdem die Menschen den paradiesischen Garten verlassen mussten, konnten sie nur zu Gott kommen, wenn sie jedes Mal ein Tier opferten. Wir brauchen das nicht mehr zu tun, weil Jesus für uns starb. Gott akzeptierte das Opfer, das Jesus für unsere Sünden geworden war. Daher können wir jetzt jederzeit zu Gott kommen und mit ihm sprechen.

Durch Jesus sind wir nicht mehr abgeschnitten und getrennt von Gott. Wir stehen nicht mehr draußen. Wir sind zurück in die Gemeinschaft mit Gott gebracht worden, zu der Adam und Eva, und auch wir, ursprünglich geschaffen worden waren, ins Innere des Gartens. Wir können Gott begegnen und ihn bitten, uns zu führen und zu helfen. Wir können mit ihm über alles, was wir möchten, reden. Gott möchte, dass wir das tun. Er möchte uns im Leben leiten und helfen.

Wir können uns auch mit den Menschen zur Zeit Noahs vergleichen. Wir waren außerhalb der Arche. Wir kümmerten uns nicht um Gott und wussten somit auch nichts von Gottes kommendem Gericht. Aber hätten wir damals auf Gott gehört und geglaubt, was er durch Noah sagte, dann wären wir durch diese Tür in die Arche gegangen und gerettet worden. Als Jesus auf der Erde war, sagte er, dass er der einzige Weg ist, die einzige Tür. Das Schiff, das Noah gebaut hat, hatte nur einen einzigen Eingang. Genauso gibt es nur eine einzige Tür zu Gott: Jesus. Wenn wir an ihn glauben, dann gehen wir – bildlich gesprochen – durch diese eine Tür. Als Jesus am Kreuz hing, nahm er Gottes Gericht für unsere Sünden auf sich. Gott war mit dieser Bezahlung vollauf zufrieden und wird Jesus nie wieder richten. Der Glaube an Jesus Christus bedeutet sozusagen, im Inneren der Arche in Sicherheit zu sein. Das Gerichtsurteil Gottes findet draußen statt, aber gerettet sind die, die drinnen sind.

Erinnerst du dich an das Versprechen, das Gott Abraham gab? Er sagte, dass durch Abrahams Sohn alle Völker der Erde gesegnet würden. Er sagte, dass Abraham mehr Nachkommen haben würde, als Sterne am Himmel stehen. Abrahams menschliche Nachkommen sind die Israeliten. Aber seine

SEINE GESCHICHTE – UNSERE RETTUNG

geistlichen[245] Nachkommen sind all die Menschen, die durch den verheißenen Nachkomme Abrahams – Jesus Christus – gerettet worden sind. Wenn wir unser Vertrauen auf Jesus gelegt haben, weil wir verstanden haben, dass wir allein durch ihn gerettet werden können, dann sind wir die Nachkommen Abrahams. Wir wurden gesegnet. Wir sind zu Gottes Volk geworden.

Abrahams Enkel Jakob hatte eines Nachts einen Traum. Er sah eine Treppe vom Himmel, die herunter auf die Erde reichte. Jesus ist wie die Treppe, die Jakob in seinem Traum sah. Durch Jesus können wir zu Gott gehen, um mit ihm zu reden. Jesus hat die Verbindung zu Gott wiederhergestellt.

Später in der Geschichte hörten wir vom Volk Israel in Ägypten. Der König von Ägypten war ein grausamer Herrscher, der die Israeliten als Sklaven äußerst schlecht behandelte. Satan ist der böse Herrscher dieser Welt. Uns Menschen behandelt er wie seine Sklaven und wir konnten ihm tatsächlich nicht entkommen. Aber wie Gott Mose sandte, um die Israeliten aus der Sklaverei zu führen, so sandte er auch seinen Sohn Jesus, um uns zu retten.

Nachdem Gott die Israeliten aus Ägypten gerettet hatte, brachte er sie zum Roten Meer. Der Pharao verfolgte sie mit seiner Armee. Sie waren in die Enge getrieben und sahen keinen Ausweg. Aber Gott gebrauchte seinen Diener Mose, um ihnen einen Weg durch das Meer zu bahnen. Für uns gebrauchte Gott seinen Diener Jesus, um einen Weg für uns zu schaffen. Wie die Israeliten auf der anderen Seite des Meeres sicher waren, sind wir mit Jesus ebenso auf der sicheren Seite. Unser Feind wurde besiegt.

Später, in der Wüste, gab es massenweise Giftschlangen, die die Israeliten angriffen. Gott befahl Mose, eine eherne Schlange zu machen und sie auf einen Stab zu stecken. Wer gebissen worden war, konnte auf die eherne Schlange schauen und wurde geheilt. Es ist so, als wären wir von der Sünde und dem Tod gebissen worden. Aber wenn wir im Glauben auf Jesus am Kreuz schauen, dann werden wir geheilt.

Weiter hörten wir in Gottes Geschichte, wie Jesus auf die Erde kam. Als er getauft wurde, sagte Gott: *„Du bist mein lieber Sohn. An dir habe ich meine Freude."* Direkt danach ging Jesus für vierzig Tage in die Wüste. Jesus war sehr hungrig und geschwächt, als der Satan ankam, um ihn zu einer Sünde zu verleiten. Satan versuchte alles, damit Jesus sündigte. Aber Jesus war nicht wie Adam. Er wollte nur seinem Vater gehorchen und Gottes Rettungsplan

---

245. **Geistlich** – das Nichtkörperliche/Nichtmaterielle, das aber auch eine Person ausmacht; der nichtsichtbare Teil des Menschen, der mit Gottes Geist in Verbindung treten kann.

ausführen. Er hörte nicht auf Satan. Jesus entgegnete Satan mit Gottes Worten aus der Bibel. Jesus zeigte uns, wie ein Mensch eng mit seinem Gott verbunden bleiben kann. Er lebte uns Menschen vor, wie man richtig mit Gott, dem Vater, leben kann, was es konkret heißt, ihn zu kennen und zu lieben.

Jesus zeigte auch seine Macht über die Natur, als er den Sturm stillte. Er konnte Kranke und Blinde heilen. Er konnte Tote wieder lebendig machen. Er konnte bösen Geistern Befehle erteilen und sie mussten tun, was er sagte. Jesus ist der Schöpfer. Er ist Gott.

Gott wurde Mensch und starb für uns. Am Kreuz besiegte er die Sünde, den Tod und Satan. Er sagte: *„Es ist vollbracht"*, und dann riss der Vorhang im Tempel von oben nach unten entzwei. Ein klares Zeichen von Gott, dass nun ein Eingang da war in die Gegenwart Gottes. Dank Jesus können wir zu jeder Zeit zu Gott kommen. Wir sind nicht mehr vom Allerheiligsten Gottes getrennt. Wir müssen keine Opfer mehr bringen. Wir brauchen keine menschlichen Priester, die uns helfen, Gott zu erreichen. Wir sind Gottes Volk. Solange wir auf der Erde sind, werden wir fortfahren zu sündigen, aber Gott schaut nicht mehr auf unsere Sünde und er verurteilt uns nicht mehr für sie. Wenn Gott auf uns schaut, sieht er seinen vollkommenen Sohn, der bereits unsere Sünden für uns getragen hat.

Und das Ende der Geschichte?

Wir haben nun darauf zurückgeblickt, wo wir in Gottes wunderbarer Geschichte stehen. Doch was kommt als Nächstes? Als Jesus starb, begraben wurde und wieder auferstand, war Gottes großartiger Rettungsplan vollendet. Es ist jedoch noch nicht alles vollendet. Als Menschen, die ihren Glauben auf Jesus gesetzt haben, sind wir bereits gerettet worden. Aber die Welt ist noch immer die Gleiche, die sie war, als Adam und Eva Gott ungehorsam wurden. Noch ist Satan der Herrscher der Welt. Die Sünde ist immer noch da. Der Tod umgibt uns. Wir spüren noch immer, dass wir mit Sünden und Leiden zu tun haben.

So erging es auch den Jüngern und den anderen Nachfolgern von Jesus. Sie hatten geglaubt, dass er der Messias, der Christus war. Sie waren dahin gekommen zu verstehen, dass sein Tod notwendig war, um für ihre Sünde zu bezahlen. Sie hatten Jesus sterben sehen und ihn dann nach seiner Auferstehung wieder getroffen. Aber dann kehrte Jesus zu seinem Vater in den Himmel zurück. Und die Menschen, die Jesus stets angefeindet hatten, waren nun ihre Feinde. Die

SEINE GESCHICHTE – UNSERE RETTUNG

jüdischen, religiösen Führer verfolgten nun die Jünger und die Nachfolger von Jesus. Jesus' Nachfolger waren nur wenige Menschen, eine kleine Gruppe. Sie hatten es mit allerlei Problemen zu tun und erlebten wie wir, dass sie noch mit ihrer Sündhaftigkeit zu kämpfen hatten. Was würde in der Zukunft geschehen? Was waren Gottes Pläne? Wie würde seine Geschichte weitergehen? Wie würde sie enden? Diese Fragen waren für sie noch ziemlich offen.

Jesus hatte durch seinen Tod am Kreuz einen neuen Bund mit Gott geschlossen. Doch was bedeutete das für Jesus' Nachfolger in ihrem weiteren Leben? Die Beziehung zwischen Gott und den Menschen war wiederhergestellt[246], aber wie würde Gott seine Kinder leiten? Wie sollten sie mit ihm sprechen? Wie sollten sie sich untereinander verhalten? Welchen Aufgaben sollten sie nachgehen? Wie sollten sie mit Menschen umgehen, die noch nichts von ihm gehört hatten? Alle ihre Fragen konnten beantwortet werden, aber zuerst mussten sie etwas sehr Wichtiges glauben, das Jesus ihnen gesagt hatte.

Johannes hatte diese Worte von Jesus aufgeschrieben, die er ihnen schon vor seinem Tod als Versprechen mitgegeben hatte.

JOHANNES 14:16-19

[16] Und ich werde den Vater bitten, dass er euch an meiner Stelle einen anderen Beistand gibt, der für immer bei euch bleibt. [17] Das ist der Geist der Wahrheit, den die Welt nicht bekommen kann, weil sie ihn nicht sieht und ihn nicht kennt. Aber ihr kennt ihn, denn er bleibt bei euch und wird in euch sein. [18] Ich werde euch nicht allein und verwaist zurücklassen. Ich komme zu euch! [19] Es dauert nur noch eine kurze Zeit, dann wird die Welt mich nicht mehr sehen. Ihr aber werdet mich sehen. Und weil ich lebe, werdet auch ihr leben.

Jesus wusste, dass seine Nachfolger ängstlich und irritiert sein würden, wenn er die Erde verlassen hatte. Aber Jesus versprach, dass er sie nicht wie einsame Waisen[247] zurücklassen werde. Er sagte, dass er seinen Vater bitten werde, den Dritten, der auch Gott ist, zu senden – den Geist Gottes. Den Heiligen Geist wird niemand sehen können. Wer Gott nicht kennt, würde noch nicht einmal wissen, dass er da ist. Aber Jesus sagte, dass er kommen und in allen Menschen leben würde, die ihren Glauben auf Jesus gesetzt haben. Der Heilige Geist würde Jesus' Stellvertreter[248] hier auf der Erde sein.

---

246. **Wiederhergestellt** – Grundform: wiederherstellen; neu machen, heil machen, reparieren.
247. **Waisen** – elternlose Kinder.
248. **Stellvertreter** – jemand, der für einen anderen spricht oder arbeitet.

UNSER PLATZ IN GOTTES GESCHICHTE

Jesus nannte Gottes Geist auch *Beistand* oder *Geist der Wahrheit*. Er bezeichnete den Heiligen Geist so, weil der seine Nachfolger an alles erinnern wird, was Jesus sie gelehrt hatte. Er wird ihnen beistehen und sie daran erinnern, wie Jesus war und was sie durch ihn über Gott gelernt haben. Auch wird der Geist ihnen helfen, anderen von Jesus zu erzählen. Johannes beschrieb, was Jesus darüber sagte.

JOHANNES 15:26,27

²⁶ Wenn dann der Beistand gekommen ist, wird er mein Zeuge sein. Es ist der Geist der Wahrheit, der vom Vater ausgeht. Ich werde ihn zu euch senden, wenn ich beim Vater bin. ²⁷ Aber auch ihr seid meine Zeugen, weil ihr von Anfang an bei mir gewesen seid.

Zeuge sein bedeutet, über etwas zu sprechen, das man erlebt hat. Jesus sagte auch, dass der Geist der Wahrheit die Aufgabe habe, seine Nachfolger *zum vollen Verständnis der Wahrheit* zu führen.

JOHANNES 16:13

¹³ Wenn dann jedoch der Geist der Wahrheit gekommen ist, wird er euch zum vollen Verständnis der Wahrheit führen. Denn er wird nicht seine eigenen Anschauungen vertreten, sondern euch nur sagen, was er gehört hat, und euch verkündigen, was die Zukunft bringt.

Jesus erklärte hier, dass Gottes Geist für sie da sein würde, um ihre Fragen zu beantworten. Der Heilige Geist wird ihnen helfen, Gott kennenzulernen. Er wird sie lehren, wie sie in dem neuen Bund leben sollen. Er wird ihnen zeigen, wie sie als Gottes Kinder auf der Erde leben sollen. Er wird ihnen zeigen, was Gott möchte. Und er wird ihnen helfen zu erkennen, wie sie so leben können, wie es Gott gefällt.

Jesus sagte auch, dass der Geist ihnen verkündigen würde, *was die Zukunft bringt*. Gottes Geschichte sollte weitergehen und sie waren Teil dieser Geschichte. Noah, Abraham, Isaak, Jakob, David und viele andere vor ihnen waren Teil seiner Geschichte. Nun würden Petrus, Jakobus, Johannes, Andreas und viele andere auch Teil von Gottes Geschichte werden.

Gottes Geist zeigte den Aposteln, wie Gottes Rettungsplan nun weiter aussehen sollte. Jesus hatte Satan, die Sünde und den Tod besiegt. Nun waren seine Nachfolger diejenigen, die anderen Menschen davon erzählen sollten,

SEINE GESCHICHTE – UNSERE RETTUNG

damit auch sie gerettet werden konnten. Bis heute leben wir innerhalb der Weltgeschichte in dieser Epoche.

Kurz bevor Jesus von Gott in den Himmel aufgenommen wurde, hinterließ er seinen Aposteln eine sehr wichtige Aufgabe.

MATTHÄUS 28:18-20

> [18] Da trat Jesus auf sie zu und sagte: „Mir ist alle Macht im Himmel und auf der Erde gegeben. [19] Darum geht zu allen Völkern und macht die Menschen zu meinen Jüngern. Dabei sollt ihr sie auf den Namen des Vaters, des Sohnes und des Heiligen Geistes taufen [20] und sie belehren, alles zu befolgen, was ich euch geboten habe. Und seid gewiss: Ich bin jeden Tag bei euch, bis zum Ende der Zeit!"

Jesus beauftragte die Apostel damit, anderen Menschen zu sagen, dass sie von Satan und der Sünde befreit werden könnten. Sie sollten den Menschen helfen, zu erfahren, dass Jesus gekommen war, um sie zu retten. Sie sollten andere darin unterrichten, wie auch sie Jesus' Nachfolger werden konnten.

Im restlichen Neuen Testament schrieben die Apostel die Geschichte auf, wie Gottes Geist kam und ihnen Kraft gab, diese Arbeit zu tun. Wir können darin nachlesen, wie die gute Botschaft von Jesus verbreitet wurde. Es fing in Jerusalem an, dann verbreitete sie sich in andere Gegenden von Israel und in andere Nationen. Sie kam zu weiteren Sprachgruppen, auch zu uns. Wenn wir Jesus' Nachfolger sind, dann ist es auch unserer Aufgabe, die gute Nachricht von unserem Erretter weiterzusagen.

Der Geist Gottes kam nicht nur zu den ersten Jüngern, sondern wohnt seither in jedem, der an Jesus gläubig geworden ist. Wir kennen die Wahrheit, die Gott die Apostel niederschreiben ließ. Satan hat seitdem sehr hart gearbeitet, um die gute Botschaft von Jesus und die Rettung zu stoppen. Aber er kann niemals gewinnen. Die Sünde existiert immer noch, aber wenn Jesus' Nachfolger Gottes Worte in der Bibel lesen und auf seinen Geist hören, können sie Gott gefallen. Wir können seine Zeugen[249] sein. Wir können anderen helfen, ihm nachzufolgen.

Gott ließ in der Bibel auch aufschreiben, wie wir zusammenarbeiten sollen und was wichtig ist, wenn wir uns als seine Kinder versammeln. Er hat uns erklärt, wie er von uns gemeinsam angebetet werden möchte und wie wir

---

249. **Zeugen** – Menschen, die anderen von der Wahrheit und dem, was sie erlebt haben, erzählen können.

LEKTION 22: UNSER PLATZ IN GOTTES GESCHICHTE

einander helfen können, ihm besser nachzufolgen und ihn mehr mit unserem Lebenswandel zu verherrlichen.

Wie Jesus es gesagt hatte, so zeigte wirklich der Geist Gottes den Aposteln viele noch zukünftige Ereignisse. Sie schrieben diese Vorhersagen auch für alle nachfolgenden Generationen nieder, damit wir sie in der Bibel lesen können. Wir können lesen, was Gott für die Weltgeschichte prophezeit hat und was mit uns persönlich geschehen wird, wenn wir sterben. Gott hat uns in der Bibel offenbart, dass Jesus wiederkommen wird. Dann wird er Satan endlich ein für alle Mal besiegen. Er wird endlich damit Schluss machen, dass die Sünde und der Tod Macht über uns Menschen hat. Diese wunderbare Zukunft gehört auch zu Gottes Geschichte mit uns Menschen. Und auch daran dürfen wir Anteil haben.

ANHANG – VERZEICHNIS DER WORTERKLÄRUNGEN IN DEN FUSSNOTEN

Abend – die Tageszeit zwischen 18 und 22 Uhr

adoptieren – ein Kind einer anderen Person annehmen und es als sein eigenes ansehen

akzeptieren – etwas annehmen, mit etwas einverstanden sein

Aloe – gut riechendes Naturharz, aus dem Duftstoff oder Weihrauch gemacht wird

anbeten – Gott Liebe zeigen; sich über Gott freuen, davon erzählen, wie gut Gott ist, und ihm danken für das, was er getan hat

Anklage – die Schuld, die einem vor Gericht vorgeworfen wird

Anweisungen – Hinweise oder Aufträge, wie etwas zu tun ist

arm sein – nicht viel Geld zum Leben haben

auf die Probe stellen – herausfinden, ob etwas wahr ist oder nicht

aufwühlen – etwas aus der Ordnung bringen

Ausbildung – zur Schule gehen und lernen

Ausblick – wenn man von einer Anhöhe/einem Gipfel aus das ganze Land überblicken kann

auspeitschen – jemanden mit einer Peitsche oder Geißel heftig schlagen

ausstatten – jemanden auf eine Aufgabe oder Arbeit vorbereiten

austricksen – eine clevere Handlung, damit jemand das tut, was man möchte, dass er es tut

Autorität – die Macht oder das Recht, Aufträge zu erteilen, die andere ausführen müssen

Begleiter/-in – jemand, der Zeit mit dir verbringt und dir hilft

Begrüßung – Worte, die man wechselt, und Gesten, die man formell verwendet, wenn man sich trifft

SEINE GESCHICHTE – UNSERE RETTUNG

bereitmachen – jemanden auf etwas vorbereiten

bereuen – vor Gott zugeben, dass man gegen ihn gesündigt hat; zu Gott umkehren

berühmt – bekannt bei vielen Menschen

beschuldigen – jemandem etwas Negatives vorwerfen; jemanden anklagen

beschuldigen – sagen, dass jemand anderes etwas getan habe

besiegen – in einem Kampf oder Wettbewerb gegen jemanden gewinnen; überwinden oder schlagen

besiegt werden – den Kampf verlieren, geschlagen sein, unterlegen sein

bestürzt sein – sehr traurig, besorgt, erschrocken oder verzweifelt sein

beten – mit Gott über etwas sprechen

betrauern – traurig sein, weil jemand gestorben ist, und Abschied von ihm nehmen

Beweis – eine Aussage kann nachgewiesen werden

Beziehung – die Art und Weise, wie zwei oder mehrere Menschen miteinander verbunden sind; eine Freundschaft

blenden – strahlen; eine so starke Helligkeit, dass es schwierig ist, darauf zu schauen

Bosheit – etwas sehr Böses oder Schlechtes tun

Botschafter – eine Person, die für jemanden etwas an andere Personen weitergibt

Brotlaibe – ganze, fertig gebackene Brote

Bund – ein Versprechen oder Vertrag zwischen zwei oder mehreren Personen

Bund – eine Vereinbarung zwischen zwei Menschen oder einer Gruppe von Menschen

dekorieren – etwas schön gestalten; ein Zimmer einrichten, indem man Vorhänge, Farben oder Accessoires hinzufügt

die Ehe brechen – Ehebruch begehen; Sex zwischen einer verheirateten Person und jemandem, der nicht ihr Ehemann oder seine Ehefrau ist

Diebe – Räuber; Menschen, die nehmen, was anderen gehört

Diener – eine Person, die Arbeit für jemanden erledigt

Dornen – harte, spitze Stacheln an Pfanzenstielen

dürfen – etwas, das erlaubt ist zu tun

Ehre – Wertschätzung; Anerkennung; besonderer Respekt; ein besonderes Lob

ehren – jemandem Liebe und Respekt entgegenbringen für etwas, das er getan hat

ehrlich – die Wahrheit sagen und nichts verbergen

Einrichtungsgegenstände – Dinge, die Menschen in einem Raum gebrauchen, wie Möbel, Lampen etc.

endgültig – letztlich, abschließend und vollständig

Energie – die Kraft, etwas geschehen zu lassen

entfliehen – entkommen; von etwas wegkommen

entscheiden – darüber nachdenken, was man tut

erklären – über etwas berichten und genau sagen, was es bedeutet

erscheinen – anwesend sein, sich zeigen

erschrecken – fasziniert und furchtsam zugleich

ANHANG – VERZEICHNIS DER WORTERKLÄRUNGEN IN DEN FUßNOTEN

erstaunt sein – sehr überrascht und verwundert über etwas sein

Erstgeburtsrecht – alles, was dem erstgeborenen Sohn gehören wird, nachdem dessen Vater gestorben ist; auch die Segnung, die der Vater dem ältesten Sohn gab, damit der nach seinem Tod das Haupt der Familie würde

Eselfohlen – ein junges Tier, das zum Reiten, aber vor allem zum Transportieren von Dingen genutzt wird

ewig – etwas, das für immer anhält

ewig – für immer; ohne Ende

existieren – da sein, um etwas zu tun

Experten der jüdischen Religion – Menschen, die die Schriften, Gesetze und Regeln der Juden gut kennen

Fähigkeit – Können; Vermögen/Potential, etwas zu tun

falsch – nicht echt, nicht wahr, nicht richtig

falsche Zeugen – Menschen, die absichtlich etwas behaupten, das nicht der Wahrheit entspricht

Feier – Fest; das Zusammenkommen von Menschen, die sich an etwas Gutes erinnern und darüber freuen

Feige – eine Baumfrucht

freilassen – aus dem Gefängnis entlassen; gerichtlich freisprechen

Gebiete – Bereiche eines Landes, die einen Staat/einen Regierungsbezirk bilden

Gebote – Regeln bzw. Gesetze von Gott, die befolgt werden müssen

Gefangener – eine Person, die im Gefängnis sitzt

gehorchen – auf jemanden hören und ihm folgen

geistlich – das Nichtkörperliche/Nichtmaterielle, das aber auch eine Person ausmacht; der nichtsichtbare Teil des Menschen, der mit Gottes Geist in Verbindung treten kann

Gemeinschaft – eine Gruppe von Menschen, die in der gleichen Gegend zusammenleben

Gemüse – Essen, das von Pflanzen kommt, wie Karotten, Kartoffeln oder Zwiebeln

Generation – die Mitglieder einer Familie, die zur gleichen Zeit leben; die Zeit in einer Familie, wenn Kinder geboren werden, aufwachsen und ihre eigenen Kinder bekommen

genießen – etwas tun oder sehen, das man mag

Gerechte – Menschen, die mit Gott im Reinen sind, weil sie alle seine Gebote befolgt haben

gerechtfertigt werden – von Gott in die richtige Beziehung zu ihm versetzt werden, indem Gott selbst für die Sünde des Betreffenden bezahlt

gerichtet werden – gesagt bekommen, wie Gott einen beurteilt; Belohnung oder Strafe bekommen für das, wie man war und was man getan hat

Geschwüre – entzündete, mit Eiter gefüllte Schwellungen auf der Haut

Getreide – Essen, das Menschen aus Pflanzen bekommen, wie Weizen oder Reis

giftig – eine Substanz mit Gift darin, die Menschen töten kann

gigantisch – extrem groß

glauben – denken, dass etwas wahr ist; an Gott glauben, Gott vertrauen

Gnade – Liebe, Freundlichkeit oder Vergebung, die man nicht verdient hat, aber dennoch bekommt

SEINE GESCHICHTE – UNSERE RETTUNG

Gnade – wenn Gott die Menschen liebt, ihnen vergibt und sie rettet, obwohl sie das nicht verdient haben

gnädig – jemandem Vergebung zeigen, obwohl man die Macht und das Recht hat, denjenigen zu bestrafen

Götter – was Menschen anstelle des einen wahren Gottes anbeten

Götze – etwas, das Menschen aus Metall oder Holz machen und als Gott anbeten

Grabhöhle – eine Steinhöhle, in der Tote bestattet werden; Felsengrab

grasen – das Gras fressen

Grenze – die äußere Linie eines Gebiets

Grenze – eine Linie, die einen bestimmten Bereich markiert

Grundlage – der Ausgangspunkt oder das Fundament (für alle anderen Gesetze)

haargenau – sehr genau; sorgfältig; detailliert

Hagelsturm – Hagel; Eisstücke, die wie Regen vom Himmel fallen

hämmern – etwas mit dem Hammer schlagen; einen Nagel mit dem Hammer in die Wand schlagen

Haupt – der Führer, der die meiste Verantwortung trägt

Hebräisch – eine der ältesten Sprachen; Gottes Geschichte wurde zum großen Teil in dieser Sprache aufgeschrieben

heilen – jemanden wiederherstellen, sodass es ihm gut geht

heiliger Ort – ein Ort, der für Gott abgegrenzt bzw. bestimmt ist

Heuschrecken – große, fliegende Grashüpfer, die Pflanzen fressen

Himmel – ein echter Ort, von dem Gottes Geschichte sagt, dass dort Gott ist

Hirte – jemand, der auf Schafe aufpasst

Höhle – eine Felsenöffnung, in die man hineingehen kann

hören – sich entscheiden, jemandem zuzustimmen und zu tun, was er sagt

Hundsfliege – eine andere Art Stechmücke

ignorieren – sich so verhalten, als wüsste man etwas nicht, und nichts tun deswegen

in einer Falle sitzen – keinen Ausweg haben, um zu fliehen

Innenhof – ein Hof, der von Gebäuden umschlossen ist

Jäger – jemand, der zur Nahrung Tiere sucht und tötet

Jahwe – auf Deutsch übersetzt: Gott, der HERR

jammern – klagen; rumheulen; sagen, dass man unglücklich ist; schlecht über etwas oder jemanden reden

Junge – Babys oder Nachwuchs

Jünger – Männer, die enge Nachfolger von Jesus waren

jungfräulich – jemand, der noch keinen Sexualverkehr hatte

Kalb – ein junges Rind

Kamele – große, haarige Tiere mit langem Nacken und langen Beinen, die in sehr trockenen Gegenden leben können

Kenntnis – alles, was Menschen wissen

klar und deutlich – leicht zu verstehen

ANHANG – VERZEICHNIS DER WORTERKLÄRUNGEN IN DEN FUßNOTEN

Knüppel – ein schweres Stück Holz, das zum Einsatz mit Gewalt gebraucht wird
Königreich – ein Gebiet und eine Menschengruppe, die von einem König regiert werden
Krampf – auf den Boden fallen und am ganzen Körper zittern, ohne dass man es stoppen kann
Kreaturen – alle Lebewesen, die Gott schuf
Kriminelle – Menschen, die das Gesetz gebrochen haben
lagern – für eine absehbare Zeit einen Platz errichten, um dort zu bleiben
Lämmer – junge Schafe
Leib – Körper, Rumpf
leiden – wenn man etwas Schlechtes, Schmerzhaftes oder Verletzendes erlebt
Lieblingssohn – den man am meisten liebt von seinen Kindern
liegen – ausgebreitet sein
Linsen – Hülsenfrucht einer kleinen Krautpflanze, ähnlich wie Bohnen, die man trocknen und essen kann
meißeln – mit etwas Spitzem und Scharfem in etwas hineinritzen
Menge – eine sehr große Gruppe von Menschen
Messing – ein gelbliches Metall, gemacht aus Kupfer und Zink
missbrauchen – etwas auf die falsche Weise gebrauchen
mit jemandem schlafen – Geschlechtsverkehr/Sex haben
morden – das Töten bzw. Umbringen von (einem) Menschen
Musiker – jemand, der Musik macht und Lieder schreibt
Myrrhe – gut riechendes Naturharz, das aus einem Baum kommt
Nachfolger – Jünger; Menschen, die jemandem folgen, dem sie glauben und vertrauen, bei dem sie bleiben, auf den sie hören und von dem sie lernen
Nachkommen – jegliche Menschen in deiner Familie, die nach dir geboren und leben werden
Nationen – verschiedene Volksgruppen; innerhalb einer Nation haben alle einen gemeinsamen Vorfahren
Neffe – der Sohn deines Bruders oder deiner Schwester
Opfer – ein Geschenk, das Gott gegeben wird
Palast – ein großes und wunderschönes Gebäude, in dem Könige und Herrscher leben
Paradies – ein anderes Wort für Himmel; der Ort, wo der Mensch mit Gott im Reinen ist
physisch – den menschlichen Körper aus Fleisch und Blut betreffend
Plagen – Katastrophen, die großen Schaden an vielen Menschen anrichten
predigen – Gottes Wort lehren, verkünden
Priester – jemand, der anderen Menschen hilft, Gott anzubeten
Propheten – Menschen, die Gottes Wort den anderen Menschen mitteilten und niederschrieben
Regenbogen – ein Bogen mit vielen Farben, den man am Himmel sehen kann, wenn es regnet und gleichzeitig die Sonne scheint
regieren – als Oberhaupt/König herrschen
Regierung – die Menschengruppe mit der Autorität, ein Land oder einen Staat zu führen
Region – ein großer Bereich mit einigen Ländern und Volksgruppen

SEINE GESCHICHTE – UNSERE RETTUNG

Retter – derjenige, der die Menschen vom Verlorensein rettet und von der Strafe der Sünde befreit
Riese – ein außergewöhnlich großer Mann
rituelle Gesänge – Lieder, von denen religiöse Menschen meinen, dass sie bei Gott oder Göttern etwas bewirken könnten, wenn sie diese immer wieder wiederholen
rudern – ein Boot mit Paddeln oder Rudern voranbringen
rügen – widersprechen; tadeln; beschimpfen; zurechtweisen; Vorwürfe machen
ruhig – still; friedlich; leise
Schädel – der große Knochen des Kopfes, der das Gehirn schützt
Schafbock – ein männliches Schaf
schämen – sich traurig fühlen über etwas, das man getan hat; sich verstecken wollen, weil man etwas falsch gemacht hat
scheitern – nicht in der Lage sein, etwas zu tun; etwas nicht schaffen
Schlacht – Kampf; Krieg
schlimm – wenn etwas nicht so gut ist, wie es vorher war
schmelzen – ein Element (z. B. Gold) so stark erhitzen, dass man ihm eine andere Form geben kann
Schöpfer – derjenige, der alles geschaffen beziehungsweise gemacht hatte
schrecklich – etwas sehr Schlechtes; etwas, das einen ängstigt
schrecklich – sehr schlecht oder unangenehm
Schriftgelehrte – religiöse Führer der Juden, die schreiben und lesen konnten und die die jüdischen Gesetze studiert haben
Schuld – etwas, das du jemandem schuldest und ihm zurückzahlen musst
Schutz – Bewahrung vor Leid und Verletzung
schwanger sein – ein Baby erwarten
Schwefel – ein gelbes Pulver, das in Felsen und Verschmutzungen gefunden wird und brennen kann
schwierig – nicht einfach
Seefahrer – Menschen, die auf Schiffen reisen, um Länder zu entdecken und zu erobern
segnen – Gott um dessen Schutz und Fürsorge bitten
sich scheiden lassen – ein gerichtliches Urteil, das eine Ehevereinbarung auflöst
sich sorgen – Angst haben, dass etwas Schlimmes passiert
sinken – im Wasser untergehen
Sklaven – Menschen, die für andere Menschen arbeiten, ohne bezahlt zu werden
Soldaten – Männer, die in der Armee sind
sorgen – für etwas sorgen; etwas geben; etwas zur Verfügung stellen
sprenkeln – etwas mit kleinen Tropfen (Blut) bedecken; besprühen; befeuchten
Stamm – eine Gruppe von Menschen, die die gleiche Sprache und Kultur teilen und vom gleichen Vorfahren abstammen
Stellvertreter – jemand, der für einen anderen spricht oder arbeitet
still – ruhig, leise, nicht sprechen

ANHANG – VERZEICHNIS DER WORTERKLÄRUNGEN IN DEN FUßNOTEN

Strafe – etwas, das man bekommt, wenn man etwas Falsches getan hat
Streitwagen – ein kleiner Wagen für Soldaten, der von Pferden gezogen wurde
streng – strikt; unbedingt; ohne Ausnahme oder Einschränkung
Sturm – heftiger, starker Wind; Unwetter
sündigen – gegen das gehen, was Gott gesagt hat; Gott ungehorsam sein
Taube – ein Vogel, der für Frieden steht
Teleskop – ein Gerät, durch das man schauen und sehr weit gucken kann
Tieropfer – ein Tier als Opfer für Gott töten
trennen – eine Sache von der anderen wegbewegen
Trennung – weg sein von jemandem, nicht am gleichen Ort sein
Tuch – ein Stück Stoff
überrascht sein – etwas sehen, das man nicht erwartet hat
Ufer – Gewässerrand; Küste; Meeresrand
Umhänge – Mäntel und Gewänder, die über anderer Kleidung getragen wurden
umwickeln – etwas in eine lange Stoffbahn einpacken
ungehorsam sein – nicht gehorchen; nicht das tun, was man soll
Universum – alles im Weltall; alle Sterne und Planeten
unmöglich – etwas, das nicht getan oder geschafft werden kann
verändern – sich stark wandeln
verängstigt sein – sehr eingeschüchtert und furchtsam sein
verdienen – etwas bekommen für etwas, das man getan hat; Lohn, Bezahlung bekommen
verfluchen – jemanden verletzen oder schaden wollen, sodass ihm etwas passiert
vergeben – die Schuld erlassen; von Sünde und deren Folgen befreien
vergewaltigen – jemandem sexuelle Gewalt antun; jemanden zum Sex zwingen
verhaftet werden – ins Gefängnis kommen
verhöhnen – verspotten; sich lustig machen über jemanden, den man nicht respektiert oder mag
verhungern – vor Hunger sterben, weil man kein Essen hat
verlobt sein – an jemanden gebunden sein, dem man versprochen hat, ihn/sie zu heiraten
verraten – zu den Feinden überlaufen oder den Feinden helfen, einen Verbündeten zu fangen oder zu verletzen
verspotten – sich auf schlechte Weise über jemanden lustig machen
versprechen – sagen, dass du etwas tun möchtest
Vertrag – etwas, das niedergeschrieben wird, über das zwei oder mehrere Personen übereingekommen sind; eine Abmachung
vertrauen – glauben, dass das, was Gott sagt, wahr ist; glauben, dass Gott immer das Beste tut
verunreinigen – etwas schmutzig machen; etwas verderben
verurteilen – wenn ein Richter das Schuldausmaß und die Strafe festlegt
verwerfen – ablehnen; verstoßen; nicht haben wollen; jemanden nicht lieben oder mögen; jemandem nicht zustimmen
vorbereiten – jemanden bereit für etwas machen, das er tun soll

SEINE GESCHICHTE – UNSERE RETTUNG

Vorfahre – eine Person in unserer Familie, die vor uns gelebt hat
Vorhang – ein Stück Stoff, das oben befestigt wird, sodass eine Zwischenwand entsteht
vorübergehend – etwas, das nur für eine begrenzte Zeit gilt
wach bleiben – nicht einschlafen
Wahl – entweder das eine oder das andere tun, zwischen zwei Dingen entscheiden
Waisen – elternlose Kinder
warten – irgendwo stehen, bis zu einem späteren Zeitpunkt
Wasserkrug – ein großes Tongefäß für Wasser
Wasserschicht – eine Ebene, die dick oder dünn sein kann
wiederherstellen – neu machen, heil machen, reparieren
Wildnis – ein Bereich, in dem keine Menschen leben und wo sie auch nichts anbauen
Wolkensäule – eine Art Turm aus wolkenartiger Luft oder Rauch
wunderbar – etwas sehr Gutes, das uns glücklich macht, wenn wir es sehen
Wüste – ein sehr trockenes Gebiet ohne Wasser
zerstören – töten; zunichtemachen; etwas beenden, sodass es nicht mehr da ist
Zeugen – Menschen, die anderen von der Wahrheit und dem, was sie erlebt haben, erzählen können
Zeugenaussage – vor Gericht wahrheitsgetreu über etwas berichten, das man gesehen, gehört oder erlebt hat
Zöllner – Zolleinnehmer; jemand, der für den Staat Geld von den Menschen einsammelt
Zukunft – die Zeit nach jetzt
zur Hölle machen – andere in sehr schwierige und unglückliche Situationen bringen; andere misshandeln
zusammen – gemeinsam oder nahe beieinander
Zwillinge – zwei Kinder, die zur gleichen Zeit von einer Mutter geboren werden

For more resources visit accesstruth.com
info@accesstruth.com

www.ingramcontent.com/pod-product-compliance
Lightning Source LLC
Chambersburg PA
CBHW081354290426
44110CB00018B/2371